CHINA SERVICES TRA
RESEARCH REPORT No.1

于立新 主 编
冯永晟 副主编

中国服务贸易研究报告

No.1

经济管理出版社
ECONOMY & MANAGEMENT PUBLISHING HOUSE

图书在版编目（CIP）数据

中国服务贸易研究报告 No.1/于立新主编. —北京：经济管理出版社，2011.8
ISBN 978-7-5096-1592-8

Ⅰ.①中…　Ⅱ.①于…　Ⅲ.①服务贸易—研究报告—中国　Ⅳ.①F752.68

中国版本图书馆 CIP 数据核字（2011）第 180925 号

出版发行：**经济管理出版社**

北京市海淀区北蜂窝 8 号中雅大厦 11 层

电话：(010)51915602　　　邮编：100038

印刷：北京银祥印刷厂　　　　　　经销：新华书店

组稿编辑：徐　雪　　　　　　责任编辑：徐　雪
技术编辑：黄　铄　　　　　　责任校对：超　凡

720mm×1000mm/16　　　　18.75 印张　　　357 千字
2011 年 11 月第 1 版　　　　2011 年 11 月第 1 次印刷

定价：48.00 元

书号：ISBN 978-7-5096-1592-8

《中国服务贸易研究报告 No.1》编委会

顾 问

李 扬　中国社会科学院副院长、学部委员、博导

高培勇　中国社会科学院财政与贸易经济研究所所长、学部委员、博导

裴长洪　中国社会科学院经济研究所所长、博导

杨圣明　中国社会科学院财政与贸易经济研究所学部委员、博导

荆林波　中国社会科学院财政与贸易经济研究所副所长、博导

夏杰长　中国社会科学院财政与贸易经济研究所所长助理、博导

徐 策　国家信息中心经济预测部助理研究员

主 编

于立新　中国社会科学院财政与贸易经济研究所服务贸易与WTO研究室主任

中国社会科学院对外经贸国际金融研究中心副主任、秘书长

副主编

冯永晟　中国社会科学院财政与贸易经济研究所助理研究员

中国社会科学院对外经贸国际金融研究中心副秘书长

前　言

改革开放 30 多年来，中国开放型经济快速发展，服务贸易从无到有、从小到大，发生了翻天覆地的变化，服务贸易进出口总额从 1982 年的 43.4 亿美元上升到 2010 年的 3624.2 亿美元。尤其是 21 世纪初随着我国加入世界贸易组织，国内服务业加大了对外开放的力度，服务经济领域的国际合作日趋深化，并取得了令世人瞩目的经济高速增长成就。虽然中国作为全球第一大出口国和第二大经济体，但在服务贸易领域截至 2009 年统计，却只居世界第四服务贸易进口国和第五服务贸易出口国。这不仅与我国作为世界经济大国的地位不相称，而且也有悖于作为人力资源大国发挥潜在服务经济优势的基本国情。大力发展服务贸易可以在新一轮国际经济结构调整中抢占有利的战略位置，同时也能积极地推动世界经济的复苏与贸易可持续均衡增长。更为重要的是，对"十二五"时期我国转变经济与外贸发展方式、提升服务业与制造业国际竞争力、优化外贸与经济结构将产生积极的深刻影响。

环顾当今世界，经济全球化浪潮蓬勃发展，国际产业转移重心逐渐向服务业倾斜，国际服务贸易方兴未艾。发达国家凭借其在后工业化经济发展阶段所积累的服务业竞争优势，在国际金融资本市场上呼风唤雨，通过金融服务贸易，依仗"铸币税"特权来攫取发展中国家或中等收入国家的国民财富，导致全球经济周期性地出现金融经济危机。从 2008 年国际金融海啸，到美联储两轮量化宽松的货币政策，再到 2009 年和 2010 年希腊等欧洲各国爆发的主权债务危机，无不说明当代全球化的发展在一定程度上加剧了世界资源配置和国际经济发展的不平衡性。发展中国家要想在激烈的全球市场竞争中占有一席之地，就不能不在大力发展国际货物贸易的同时，加快发展国际服务贸易。

乌拉圭回合谈判于 1994 年 4 月 15 日正式签署的《国际服务贸易协定》(GATS)，是第一个全球范围内有关国际服务贸易的多边法律文件，它与《多边货物贸易协定》及《与贸易有关的知识产权协定》共同构成当代 WTO 规范管理国际贸易秩序的基本法律框架。GATS 的宗旨是通过推动服务贸易自由化，来促进世界各国服务贸易的发展和各国经济的增长，并明确了跨境支付、境外消费、商业存在和自然人流动为国际服务贸易的四种主要提供方式。中国作为早期参与该协定谈判的签约国，如何顺应世界经济发展潮流，充分利用国际服务贸易规则，维护发展中国家在服务业开放中的自身利益，将是下一阶段逐步完善开放型经济发展体系所面临的重要机遇和挑战。

胡锦涛总书记早在"十七大"报告中就明确提出"大力发展服务贸易"。温家宝总理也在政府工作报告中指出，"抓紧完善鼓励服务贸易的政策措施"，"努力扩大服务出口"。"十二五"规划中也突出强调"大力发展服务贸易，促进服务出口，扩大服务业对外开放，提高服务贸易在对外贸易中的比重。在稳定和拓展旅游、运输、劳务等传统服务出口的同时，努力扩大文化、中医药、软件和信息服务、商贸流通、金融保险等新兴服务出口。大力发展服务外包，建设若干服务外包基地。扩大金融、物流等服务业对外开放，稳步开放教育、医疗、体育等领域，引进优质资源，提高服务业国际化水平"。

研究表明，现阶段我国服务贸易竞争力不强，服务贸易长期处于逆差状态，除了经济发展阶段所致以外，主要源于战略实施路径偏差导致国内服务部门成为国民经济发展的"短板"，尚未充分发挥人力资源大国发展服务贸易的潜在比较优势，教育、研发等高端要素投入欠缺，成为制约我国服务贸易向高附加值服务产品出口跨越的瓶颈；服务业成长滞后不能为服务贸易快速发展提供强大的产业基础保障，尤其是包括生产性服务业在内的新兴现代服务业发展落后，很难满足我国日益增长的制造业改造升级与服务贸易出口规模扩大的需求；货物贸易金额虽然庞大并连年处于贸易顺差的状况，但不能起到促进服务贸易协调发展的作用，导致我国服务贸易与货物贸易发展两张皮，既阻碍了二者相互促进发展的良性互动，又背离了当代国际货物贸易与服务贸易二者融合发展的世界潮流。

　　从我国服务贸易的金融、旅游、电信、航运、劳务输出、软件信息及服务外包等几个重要行业领域看，虽然这些服务部门在发展服务贸易方面起步晚，基础弱，但都能在相关扶助政策的支持下，经过短短几年的发展，取得突破性的进展。现在的问题是，如何借鉴世界服务贸易先进国家的发展经验，取长补短，为我所用。我们认为下列因素值得重视：一是扩大服务业开放，夯实服务贸易发展的国内市场经济体制基础，提高服务产品国际竞争力；二是建立健全服务贸易及服务业法律法规，与 GATS 框架相接轨，培育符合国际规范且适宜服务贸易发展的国内法制环境；三是继续推进服务贸易自由化改革，积极开展多边区域服务领域合作，放宽市场准入限制并消除体制性障碍；四是通过服务业 FDI 打破垄断，带动中国服务经济高端要素生成机制与供给能力的提高，为服务贸易发展提供坚实的产业基础；五是借鉴澳大利亚服务圆桌会议"小政府，大社会"的制度设计，集服务业、服务贸易权威研究和协调发展的行业机构于一体，创新管理模式并增强政府对该领域的支持力度及社会认知度，加快现代服务业与服务贸易的发展。

　　中国社会科学院财政与贸易经济研究所服务贸易与 WTO 研究室作为 2009 年 2 月新成立的研究室，首次编撰《中国服务贸易研究报告 No.1》，旨在探索当下我国发展服务贸易所遇到的热点、难点问题，以期为相关部门统筹指导企业又好又快地发展服务贸易提供具有参考意义的决策依据。感谢来自国务院发展研究中心对外经济研究部、工信部电信研究院、商务部国际贸易经济合作研究院、中央财经大学国际经济与贸易学院、大连海事大学国际贸易与跨国投资研究所、广东金融学院旅游与经济管理研究所，以及中国社会科学院经济研究所、中国社会科学院财政与贸易经济研究所服务经济研究室、旅游与休闲研究室等单位的国内著名专家及知名学者参与本报告的研究撰写工作。我们期望国内外更多专家学者跟踪中国服务贸易发展进程，并为其健康稳步发展献计献策。

于立新

2011 年 11 月

目 录

第一部分

总报告

一、我国服务贸易出口竞争力观察分析与发展展望

裴长洪　王　栋　汤　婧①

摘　要： 2010 年国内外经济扭转下滑势头，整体呈现冷中回暖，并带动中国服务经济逐渐复苏，也为中国服务贸易稳定发展创造了条件。与此同时，传统服务业成为拉动中国服务贸易快速增长的主要动力，运输、旅游进出口占服务贸易进出口总额的五成以上。另外，高附加值服务贸易出口额不断增加，这是近年来我国产业结构调整、经济发展转型的结果，也反映出我国服务贸易结构不断优化的趋势。放眼未来，"十二五"期间，中国服务贸易必将扮演更为重要的角色，发挥更为重要的作用。

关键词： 服务贸易出口　竞争力指数　发展路径

（一）服务贸易出口增速快，世界市场份额不断提高

2010 年世界商业服务②出口增长 8.27%，达到 36639 亿美元。世界贸易组织的统计数据表明，全球主要地区和三个大类的服务贸易额均呈现上升趋势。③服务贸易加速增长的主要原因在于汇率变动，某些情况下也是由运输的原料成本升高所致。可以说，汇率变动对以美元计价的服务贸易领域的影响远大于对以美元计价的货物贸易领域的影响，因为欧洲（由于其货币正在升值）服务贸易出口所占的份额远大于货物出口贸易的份额。在交通运输服务、旅游服务和其他商业服务这三大类主要商业服务中，其他商业服务在过去 5 年中增长最

---

① 裴长洪，中国社会科学院经济研究所所长、研究员、博导；王栋，中国社会科学院研究生院硕士研究生；汤婧，中国社会科学院财政与贸易经济研究所服务贸易与 WTO 研究室助理研究员。

② 商业服务，包括交通运输服务、旅游服务和其他商业服务，但不包括政府服务。

③ 中东地区是 2007 年唯一的服务贸易增长速度低于 2006 年的地区。

快，占服务出口总额的 50%以上；2010 年，其他商业服务增速再次超过同期交通运输服务和旅游服务增速，较 2009 年增长 6.3%。由于燃料成本较高，以美元计价的运输服务贸易额增长相对较快。近年来，受国际金融危机的影响，世界服务贸易出口增长速度下降，根据世界贸易组织数据库最新数据显示，2009 年世界服务贸易出口比 2008 年减少 11.9%，金额为 4563 亿美元。但 2010 年，随着世界经济回暖，各国相继走出最低谷，世界服务贸易恢复性上升（见表 1-1）。

表 1-1　2006~2010 年世界货物和服务贸易出口① 情况

单位：亿美元，%

分类 ＼ 年份	2010	2000~2008	2006	2007	2008	2009	2010
货物贸易	152380	9.4	16	16	15	-22	22
服务贸易	36639	7.8	13	19	11	-12	8

资料来源：世界贸易组织秘书处。

2010 年，在世界服务出口贸易中排名前 10 位的国家分别是美国、德国、英国、中国、日本、法国、印度、荷兰、新加坡和西班牙。其中，中国商业服务出口贸易在全球所占比重进一步上升至 4.64%，而在 2000 年，我国商业服务出口贸易在全球所占比重仅为 2%。从发展趋势来看，尽管美国商业服务出口贸易仍稳居全球第一，但其出口额在全球中的比重一路下降，已经从 2000 年的 18.8%下降至 2010 年的 14.05%。呈明显上升势头的除中国外，还有印度和新加坡，它们的服务贸易出口额所占比重从 2000 年的 1.1%和 1.9%已经上升至 2.99%和 3.0%。但总体而言，与发达国家服务贸易出口额相比，发展中国家服务贸易发展水平还存在相当大的差距（见表 1-2、图 1-1）。

表 1-2　世界服务贸易大国出口规模变化

单位：亿美元

国别 ＼ 年份	2000	2006	2007	2008	2009	2010
全　球	14807	28315	34087	38404	33841	36639
美　国	2736.0	3934.0	4625.3	5104.7	4759.8	5149.7
德　国	796.6	1878.3	2219.3	2557.9	2257.6	2298.6
英　国	1185.7	2322.9	2836.1	2822.4	2282.6	2272.0
中　国	301.5	914.2	1216.5	1464.5	1286.0	1702.0

---

① 服务贸易出口额为全口径统计，即包括政府服务。

续表

年份 国别	2000	2006	2007	2008	2009	2010
日　本	694.3	1151.4	1270.6	1464.4	1259.2	1375.5
法　国	821.2	1276.9	1481.9	1653.5	1419.7	1399.9
印　度	160.3	694.6	866.1	1038.3	901.9	1095.1
荷　兰	483.6	945.1	1090.8	1230.4	1113.5	1112.6
新加坡	284.3	660.8	848.2	990.0	932.4	1117.4
西班牙	521.1	1055.0	1267.5	1417.5	1215.2	1208.5

资料来源：世界贸易组织数据库。

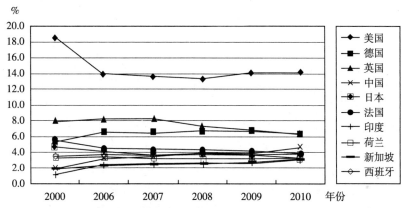

图 1-1　前 10 位服务贸易大国在世界出口总额中的比重变化

资料来源：世界贸易组织数据库。

表 1-3　前 10 位服务贸易大国在世界出口总额中的比重变化

单位：%

年份 国别	2000	2006	2007	2008	2009	2010
美　国	18.5	13.9	13.6	13.3	14.1	14.1
德　国	5.4	6.6	6.5	6.7	6.7	6.3
英　国	8.0	8.2	8.3	7.3	6.7	6.2
中　国	2.0	3.2	3.6	3.8	3.8	4.6
日　本	4.7	4.1	3.7	3.8	3.7	3.8
法　国	5.5	4.5	4.3	4.3	4.2	3.8
印　度	1.1	2.5	2.5	2.7	2.7	3.0
荷　兰	3.3	3.3	3.2	3.2	3.3	3.0
新加坡	1.9	2.3	2.5	2.6	2.8	3.0
西班牙	3.5	3.7	3.7	3.7	3.6	3.3

资料来源：世界贸易组织数据库。

2010 年我国服务贸易进出口额企稳回升，并创历史新高，贸易总额为 3624.2 亿美元，比上年增长 26.4%，超过世界服务进出口平均增幅 18 个百分点。其中服务贸易出口出现强劲反弹，出口额为 1702.5 亿美元，同比增长 32.4%，与 2009 年相比增幅达到 32.4 个百分点，比世界服务贸易出口增长幅度高 24 个百分点，我国服务贸易出口份额也从上年的 3.8% 上升到 4.6%。说明在后金融危机时代，我国服务贸易出口的抗风险能力比货物贸易出口强。

（二）服务贸易收支平衡能力仍然不强

"十一五"以来，我国服务贸易差额呈现先缩小后拉大的趋势，2006 年逆差 88 亿美元，2009 年逆差 277 亿美元。2010 年我国服务贸易逆差大幅缩减，逆差额为 200 亿美元，同比减少 27.8%（见表 1-4）。其中，主要逆差项目为运输、保险、专有权利使用费和特许费。2010 年这三项逆差分别是，运输逆差为 290 亿美元，比上年增加 40 亿美元；保险逆差为 140 亿美元，同比增长 44.3%；专有权利使用费和特许费逆差为 122 亿美元，同比增长 15.1%；同时，值得注意的是以往通常表现为顺差的旅游服务项目，自 2009 年开始就持续表现为逆差，2010 年竟达到了逆差 91 亿美元。近年来，跨境旅游人数明显增多，境外消费也持续增加，中国游客日益成为各国奢侈品的消费主流，这一方面反映居民收入水平升高，另一方面也显示出我国在旅游服务项目上的比较优势有所下降。2010 年，主要顺差项目为建筑服务、计算机信息服务、咨询和其他商业服务，顺差分别为 94 亿美元、63 亿美元、77 亿美元、184 亿美元。运输和旅游仍是我国服务贸易的主要项目。运输和旅游收入分别占服务贸易总收入的 20.1% 和 26.9%，支出分别占服务贸易总支出的 32.9% 和 28.6%，两项收支合计占服务贸易总规模的 54.7%，此比例近年来变化不大。高附加值服务增速高于服务贸易总体增速，逆差有所下降。计算机信息服务、咨询、专有权利使用费和特许费以及广告宣传 4 个高附加值服务项目总收支为 689 亿美元，较上年同期增长 19.8%，略低于同期服务贸易总体增幅 6 个百分点。高附加值服务项目收入 358 亿美元，增长 28.8%；支出 331 亿美元，增长 11.4%，值得注意的是高附加值服务不但没有出现逆差，相反出现了顺差 27 亿美元，尽管顺差额较小，但反映出我国高附加值服务的比较优势渐渐表现出来。服务贸易主要伙伴国家和地区基本保持稳定，集中度较高。2010 年，我国服务进出口仍然集中于中国香港、欧盟、美国、日本、东盟等国家和地区。上述五大国家和地区在 2010 年继续成为中国前五大服务贸易伙伴。中国与这些国家和地区实现服务进出口贸易额 2209.1 亿美元，占中国服务进出口总额的六成，比重较 2009 年有所上升。除对中国香港地区呈现贸易顺差外，中国对其他四大服

表 1-4　中国服务贸易统计

单位：亿美元

项　目	2006 年			2009 年			2010 年		
	差额	出口	进口	差额	出口	进口	差额	出口	进口
服务贸易	-88	920	1008	-294	1295	1589	-221	1712	1933
1. 运输	-134	210	344	-230	236	466	-290	342	633
2. 旅游	96	339	243	-40	397	437	-91	458	549
3. 通信服务	0	7	8	-0	12	12	1	12	11
4. 建筑服务	7	28	20	36	95	59	94	145	51
5. 保险服务	-83	5	88	-97	16	113	-140	17	158
6. 金融服务	-7	1	9	-3	4	7	-1	13	14
7. 计算机和信息服务	12	30	17	33	65	32	63	93	30
8. 专有权利使用费和特许费	-64	2	66	-106	4	111	-122	8	130
9. 咨询	-6	78	84	52	186	134	77	228	151
10. 广告、宣传	5	14	10	4	23	20	8	29	20
11. 电影、音像	0	1	1	-2	1	3	-2	1	4
12. 其他商业服务	84	197	113	59	247	188	184	356	172
13. 别处未提及的政府服务	1	6	5	1	9	8	-2	10	11

资料来源：《中国国际收支平衡表》。

务贸易伙伴均为逆差。

（三）转变服务贸易竞争力整体薄弱态势仍需努力

就当前我国服务贸易的发展水平来看，主要存在服务贸易规模不大、服务贸易逆差比较突出、服务贸易与货物贸易的比例严重失衡等问题。这些问题的出现在很大程度上是由服务贸易出口增长相对较弱造成的。出口增长的快慢是由贸易竞争力来决定的，这事实上意味着我国服务贸易竞争力还需要进一步提高。一般来说，关于服务贸易国际竞争力，国内外学者大都采用国际市场占有率、贸易竞争力指数（Trade Comparative，TC）和显示性比较优势指数（Revealed Comparative Advantages，RCA）等工具来衡量。

第一，根据国际市场占有率的分析。国际市场占有率等于一国某种产品或服务的出口额与该产品或服务世界出口总额之比。这一指标在一定程度上反映了一国在贸易出口方面的国际竞争力。从本报告第二部分世界贸易组织的数据可以看出，近年来我国服务贸易的出口额及国际市场占有率是逐年递增的，世界排名也有所上升。2000 年我国服务贸易出口额是 301 亿美元，2010 年则为 1702.5 亿美元，增长了 5 倍以上，国际市场占有率也由 2000 年的 2% 上升到

2010 年的 4.6%，排名则上升到第 4 位。尽管如此，我国服务贸易的国际市场占有率还远远落后于发达国家。以 2010 年为例，世界服务贸易额排名前 3 位的美国、英国和德国国际市场占有率分别为 14.1%、6.3% 和 6.2%，中国只相当于美国的 1/3，这与我国贸易大国的地位是不相称的。

第二，基于显性比较优势指数的分析。该指数最早由巴萨拉提出，是指一国某种商品占该国出口总值的份额与世界上该种商品占世界出口份额的比例。服务贸易的 RCA 计算公式为 RCA=（该国服务出口额/该国货物和服务总出口额）/（世界服务出口额/世界货物和服务总出口额）。一般来讲，RCA > 1 表示产品具有比较优势，数值越大优势越大；RCA < 1 则表示产品处于比较劣势。根据世贸组织和中国国际收支平衡表的数据，可以计算出中国服务贸易 RCA 指数在 0.49~0.60 变动，并且整体上处于下降的趋势。相比之下，美国、英国和法国的 RCA 指数始终处于 1.0 以上。中国与这些发达国家服务贸易国际竞争力差距很大，其原因是一方面美国、西欧等发达国家服务贸易的基础比较雄厚，另一方面服务贸易的发展如金融、保险、电信等服务行业越来越趋向于知识、技术、资本密集化，而我国服务贸易比较优势的载体并没有得到明显的改善。因此，RCA 指数的提升还需要一个过程。

第三，基于贸易竞争优势指数的分析。该指标是指一国某一产业或商品进出口贸易额的差额占进出口贸易总额的比重，其计算公式为 TC 指数 =（出口−进口）/（出口 + 进口）。作为一个与贸易总额的相对值，该指标剔除了通货膨胀等宏观方面波动的影响。其取值范围为（−1, 1），当其值接近 0 时，说明竞争优势接近平均水平；大于 0 时，说明竞争优势大，越接近 1，竞争力越强；反之，越接近−1 则说明竞争力越小。从整体上看，2010 我国服务贸易竞争力指数较 2009 年有所上升，但仍有许多服务项目的 TC 指数小于 0，反映出我国的服务贸易竞争力比较弱。从各行业来看，传统的建筑行业的竞争力指数保持在 0 以上，相比较而言有一定优势，但是优势并不明显。但是从 2009 年起，作为传统优势项目的旅游的竞争力指数一直没有提高，甚至还下降到负值，2010 年达到−0.0904，这说明旅游服务比较优势有所下降。我国的金融、保险专利使用费和特许费等项目的竞争力指数仍然都接近−1，而且近年来也没有大的改观，反映出这些行业发展仍然滞后于国内需求，只能依靠进口。咨询、广告以及计算机信息的竞争力指数呈现上升态势，特别是计算机和信息在 2009 年和 2010 年的指数提高比较快，分别达到 0.3402 和 0.5122，主要原因是软件外包服务的出口快速增长，这一变化反映出了我国服务贸易发展的新方向（见表 1–5）。

表 1-5 服务贸易分项目竞争力指数

年　份	2000	2004	2005	2006	2007	2008	2009	2010
整　体	-0.08	-0.07	-0.05	-0.05	-0.03	-0.04	-0.10	-0.06
运　输	-0.48	-0.34	-0.03	-0.02	-0.16	-0.13	-0.33	-0.30
旅　游	0.11	0.15	0.15	0.17	0.11	0.06	-0.05	-0.09
通　信	-0.17	-0.03	-0.10	-0.02	0.04	0.03	0.00	0.04
建　筑	-0.01	0.05	0.23	0.15	0.30	0.40	0.23	0.48
保　险	-0.85	-0.88	-0.85	-0.88	-0.84	-0.80	-0.75	-0.81
金　融	-0.11	-0.20	-0.04	-0.72	-0.41	-0.33	-0.27	-0.04
咨　询	-0.29	-0.20	-0.07	-0.03	0.03	0.33	0.34	0.51
广　告	0.05	0.1	0.20	0.20	0.18	-0.89	-0.93	-0.88
电影音像	-0.34	-0.62	-0.06	0.08	0.35	0.15	0.16	0.20
计算机和信息	0.15	0.13	0.06	0.26	0.07	0.07	0.07	0.18
专利使用和特许费	-0.88	-0.9	-0.94	-0.94	-0.92	0.14	-0.5	-0.6
其他商业服务	0.07	0.31	0.28	0.27	0.19	0.06	0.14	0.35

资料来源:《中国国际收支平衡表》。

　　上述分析都是基于单个指标的分析，也有研究综合了服务出口额、服务进口额、贸易竞争力指数、显性比较优势指数、服务贸易额占总贸易额比重、除运输旅游外的服务贸易额占服务贸易总额的比重 6 个指标，利用因子分析法，使用 2006 年的横截面数据对中国服务贸易竞争力进行了国际比较。分析结果表明，虽然中国服务贸易竞争力近年来呈上升趋势，但是与其他国际和地区相比，中国服务贸易竞争力还很弱，尤其在服务贸易质量上。[①] 应该说，我国服务贸易国际竞争力不强，与我国资源禀赋有关，服务业特别是现代服务业要求更多使用具有专业知识的人力资本。而我国劳动力虽多，但具有专业知识的人力资本要素并不丰富。要改变这种状态，需要在教育和职业教育上发生新的变化。这几年随着我国教育事业和高等教育事业的空前发展，人力资本要素的供给已有明显改善，大学生就业从供不应求变为供给过剩，发展服务贸易的要素禀赋状况大大改善。特别是发展国际软件业外包的承接业务，只需要对现有大学生进行简单的业务培训就可以上岗。如果我们在这一轮国际产业转移中抓住机遇，像印度、爱尔兰、菲律宾等国那样，使承接国际软件业务有一个大发展，就不仅能使服务贸易出口有一个新飞跃，而且将使出口增长方式转变出现新增长点，这对扩大我国就业和增加国民收益，提高就业者收入水平，促进社会和谐都将具有非常实际的意义。

――――――――――

　　① 王新华：《中国服务贸易竞争力的评价研究》，《湖北三峡职业技术学院学报》，2007 年第 4 卷第 2 期。

(四) 中国服务贸易发展路径及展望

1. 中国服务贸易发展路径

改革开放 30 多年来，我国依靠"三来一补"的加工贸易，凭借低廉的成本优势，着力发展货物贸易，取得了惊人成就，被誉为"世界的加工厂"。但是在光环背后，货物贸易强大竞争力的根本来源却一直没有升级换代，劳动力价格优势和资源成本优势已渐渐不具有可持续性。同时，资源、能源过度消耗，环境污染等问题也逐渐突显。我国经济发展模式及贸易模式亟待转型。

与货物贸易相对应的是高速发展的服务贸易对我国转变经济发展方式和优化贸易结构以及贸易竞争力的提升的影响逐年增加。近年来服务贸易总量不断扩大，服务贸易出口额占贸易出口总额比重持续增大。然而出口方面的表现不能掩饰我国服务贸易持续逆差的现状，2010 年逆差额达到 221 亿美元。同时，由于我国服务贸易的发展主要依靠传统劳动或资源密集型服务来拉动，如运输和旅游，这在一定程度上限制了高知识附加值、高技术含量的新兴服务的发展。而且，这类服务也没有显现出明显的竞争优势，如保险、金融和专利权使用费的 TC 指数均为 0 以下，说明这类服务出口仍处于相对劣势的地位，对服务贸易贡献不足。为了高效发挥服务贸易在转变经济发展方式、抵御经济危机冲击、促进经济转型中的作用，急需调整对外贸易结构、优化服务贸易产业结构并建立健全服务贸易法律法规体系。具体来说，发展服务贸易的路径包括微观和宏观两个层面。

(1) 微观层面。微观层面在这里指的是服务贸易内部产业结构的优化与均衡。长久以来，我国服务出口各行业发展不平衡，目前仍以传统服务为主，资本、技术知识密集型的新兴服务产业和生产者服务开展不足。上面提到，传统的旅游及运输服务收支总额已占到服务进出口总额的五成以上，相比之下，高技术知识附加值服务仅能占到两成左右。但值得欣慰的是随着我国服务业发展和对外开放程度的不断提高，很多新兴服务出口增长速度惊人，表现抢眼，特别是计算机信息、金融服务及通信服务。鉴于上述情况，在未来，我国服务贸易产业调整的方向和路径应该是"立足传统服务，发展新兴服务，优化调整服务贸易结构"。以下分别以运输、旅游两个传统服务出口产业及金融、通信两个新兴服务产业为例来做更深入的分析。

第一，立足传统服务。

首先，以运输服务为例。运输服务出口是传统服务贸易的一项重要内容。运输服务贸易与货物贸易有很强的关联性，也就是说，我国高速发展的货物贸易理应为我国运输服务贸易提供巨大的发展动力和市场机会。的确，运输服务出口额仍能在所有服务产业出口中排到前列，2010 年达到 342 亿美元，仅次于旅游行业。特别是运输服务中的民航业和海运业近年来表现突出，2008 年中国民航完成总周转量 377 亿吨公里，连续三年位列世界第二位，成为全球仅次于美国的第二大航空运输系统。但是，另一方面，运输服务贸易却持续逆差，市场占有率极低，例如，中国海运贸易市场占有率不及全球份额的 3%。同时运输服务贸易竞争力指数经常在 0 以下，这说明我国运输服务发展相当滞后，竞争力十分欠缺。运输服务持续逆差，竞争力差的主要原因有：国际运输服务多头管理，条块分割，资源分流；基础建设不完善等。因此，提升运输服务竞争力，改善运输服务逆差情况，必须从以下方面入手：①建立健全运输管理机制；②提高国货国运比例；③加强基础设施建设。

其次，以旅游服务为例。我国已经迈入旅游服务贸易大国的行列，2009 年我国旅游服务贸易进出口世界排名已上升至第三位，仅次于欧盟和美国。但是旅游服务从 2009 年起已连续两年表现逆差，竞争力指数也为负值。从旅游行业自身来看，其短板主要在于产品创新不足，宣传力度不够，旅游企业竞争力弱，旅游人才供给量不足等问题。目前，旅游服务贸易已经进入升级转型的攻坚阶段，而改善旅游服务贸易逆差状态，使旅游服务在未来重新焕发竞争力优势，必须做到以下几点：①优化升级旅游产品供给结构；②积极引导帮助旅游企业"走出去"；③加强旅游人才队伍建设；④完善旅游市场秩序监管。

第二，发展新兴服务。

首先，以金融服务为例。金融服务作为服务贸易的一个重要组成部分，以其对国民经济的重要影响而备受关注。甚至有观点认为一个国家金融服务业发展的高度就代表了这个国家服务业及服务贸易的发展高度。金融服务业的竞争力和比较优势渐渐成为衡量一个国家服务贸易竞争力的标杆。近年来，我国金融服务贸易出口额小幅增加，逆差有所减少，贸易竞争力指数逐渐趋于正值，但仍很小，金融服务的国际市场占有率仍处于明显劣势。尽管目前金融服务尚处于起步学习阶段，但可以预见，金融服务在未来的服务贸易中将成为主要作用点和突破口。为提升我国金融服务贸易竞争力，需要做到以下几点：①完善金融调控机制；②培养金融人才资源；③发展技术创新；④加强金融服务法律法规。

其次，以通信服务为例。加入世界贸易组织以来，我国通信服务贸易持续快速增长。2009 年中国通信服务出口额在全球排名由第 25 位上升至第 18 位。但从通信服务占服务贸易总额之比这一相对指标来看，我国只能排在 130 位左右。从 TC 指数来看，到 2010 年也只为 0.04，说明我国在通信服务上的比较优势较弱。但是随着信息技术的进步，对通信服务的需求将持续增加，通信服务业吸收的就业量也将不断扩大，可以说通信服务的发展关乎整个经济的发展，因此通信服务发展潜力巨大。要发展通信服务，主要的着力点在于：①完善法律制度环境，提升通信服务监管能力；②建立科学的市场准入体系，使市场结构更富弹性；③构建完善的监管体系，创造良性竞争；④积极应对外来压力与冲击，促进通信企业"走出去"。

总之，服务贸易的良性发展离不开服务贸易内部产业结构的优化调整，统筹兼顾。既要立足于传统服务产业，又要积极推动新兴服务产业发展，不可顾此失彼。同时，发展服务贸易，除了服务贸易内部调整优化外，还需考虑服务贸易与外部条件的互动关系，也就是要考虑到服务贸易宏观层面的情况。只有内外协调互动，才能够使服务贸易又好又快地发展。

(2) 宏观层面。宏观层面在这里指两个方面：第一个方面是指服务贸易与货物贸易的关系，也就是对外贸易结构优化的问题。第二个方面是指服务贸易与转变经济发展方式的关系。其实二者也可以综合为如何协调服务贸易与货物贸易的关系，使二者共同为经济发展做出贡献的问题。服务贸易的发展必须考虑到宏观环境，首先要考虑的就是整体贸易环境。我国经过 30 多年改革开放，货物贸易取得巨大成就，使我国经济腾飞，国际经济地位上升。但是，近些年以来，长期依赖"三资一高"、"代人做嫁衣"发展起来的货物贸易开始问题重重，在金融海啸狂袭之下更是步履维艰。对外贸易结构调整已刻不容缓，这也是我国从贸易大国转型成为贸易强国所必须解决的首要问题。

当今，服务贸易与货物贸易的界限越来越模糊，虽然国际贸易中货物贸易的比重仍然较高，但是全球贸易结构正在向服务贸易倾斜，服务贸易比重不断上升。经济服务化或者说服务型经济已成为世界经济发展的必然阶段与未来趋势。可以预见，未来国际贸易的竞争将由货物贸易转向服务贸易，货物贸易产品中的服务产品嵌入、复合的因素越来越多，都预示着服务贸易的质量将决定货物贸易的竞争力。但这并不意味着货物贸易将变得不重要。相反，正是因为货物贸易的长足发展，才能够使服务贸易获得发展的基础和平台。尽管有学者认为，货物贸易出口与服务贸易出口在一定时间段内是相互替代的，也就是说货物贸易顺差与服务贸易顺差不能同时达到。但是考虑到技术进步，在长期，货物贸易与服务贸易是紧密相连、相辅相成的。服务贸易是货物贸易持续、稳定发展的条件，增加货物贸易竞争力，而货物贸易是服务贸易快速发展的载体，货物贸易进出口对服务贸易进出口的促进作用逐渐增强。因此，长期内，货物贸易与服务贸易将更多地体现出高度相关、良性互动的关系。

优化对外贸易结构的基本立足点在于服务贸易与货物贸易协调发展，促进二者比较优势的动态优化与组合，实现二者在贸易规模和贸易结构等方面比例得当，相互适应，彼此配合，最大化地发挥区域比较优势，促进区域协调发

展。而协调货物贸易与服务贸易关系的主要策略是:

第一,借鉴发达国家贸易发展经验,走中国特色贸易发展路线。以发达国家为例,英国虽然在货物贸易上自 20 世纪 90 年代开始一直保持逆差,但是其发达的服务贸易带来的顺差弥补了货物贸易的逆差,维持了英国的国际收支平衡。而英国服务贸易发展迅速的主要原因是其在 20 世纪末进行的两次改革,改革的结果是建立了英国金融服务局,颁布了《金融服务和市场法》。因此英国的经验表明,成熟的国际货物贸易中心必然有着发达的服务贸易来支撑。

第二,夯实服务产业,推进供应链管理,引导社会资金向服务业流动。进一步积极稳妥地扩大服务业的对内对外开放度,消除不合理的行业准入障碍,建立国内服务市场公平、规范的竞争环境,减少垄断和过度管制。重点发展与货物贸易相关的服务业,发展总部经济,使高附加值服务行业加快产业集聚,发挥规模效应。制定税收、金融、外汇等优惠政策,鼓励企业实施良好的供应链管理。推动金融、保险、运输等与服务贸易相关的服务业发展,引导外商投资、人才流动及区域合作向这些领域倾斜。引导社会资金从生产领域流向服务领域,对民间资本开放所有对外资准入的领域。

第三,大力发展生产性服务、服务外包,促进服务贸易与货物贸易协调发展。以生产性服务业为突破口就是要加大高级要素投入力度,提高制造业附加值。通过专业化分工,利用规模经济促使服务业与制造业分离,促使企业获得价值链中的高附加值部分,如产品设计、整合营销、项目管理等,从而实现功能升级、产业链升级。增强自主创新能力,积极培育国际知名品牌。重点支持和鼓励附加值高、技术含量高、产业拉动力强、就业拉动力强的外包行业快速发展,推动服务外包从区域优惠向行业优惠转化,鼓励在岸、离岸业务共同发展。

(3)总体发展路径。中国服务贸易发展的路径,简单来说就是服务贸易结构调整优化。其发展的主要策略如下:

第一,优化调整服务贸易和货物贸易的关系,促进二者互利共生。服务贸易要发展就必须解决好服务贸易与货物贸易的关系。要继续提升服务贸易对货物贸易的支持力度,促进货物贸易改善产品品质,摒弃价格成本竞争的老路子,走服务化产品路线。另外,也要充分发挥货物贸易对服务贸易的支撑作用,使服务贸易少走弯路,尽快跟上货物贸易的脚步。最终,促使服务贸易与货物贸易互利共生,优化对外贸易结构,增强外贸竞争力和抵御风险的能力。

第二,传统与新兴服务并重,推进服务贸易产业结构优化升级。我国在运输、旅游等劳动、资源密集型服务行业拥有比较优势,因此应该适当地向这类优势行业倾斜,充分发挥其规模效应及国际竞争力。另外,要加大力度发展高技术附加值的新兴服务业,增加其在服务贸易额中的比重,逐步加强其国际竞争力，为我国服务贸易产业结构升级提供基础和动力。

第三，建立健全服务贸易法律法规，完善服务贸易促进体系。近年来，尽管中国加快了服务贸易立法步伐，颁布了一批涉及服务贸易领域的重要法律、法规，但零碎立法尚未形成体系，严重制约我国服务贸易健康发展。因此，为保证服务贸易良性发展，应加强对 GATT、GATS、WTO 等条款的研究，尽快建立符合本国客观情况与实际需要但又不违反国际准则的基本精神的法律、法规。保护我国服务贸易企业参与国际竞争的权利，减缓外界不正当冲击。另外，搭建服务贸易发展促进平台，构建服务贸易促进体系，实现我国服务贸易与国际服务贸易合作的有效对接。扩大我国服务贸易的国际声誉和影响力。

第四，加大服务贸易人才培养，加速企业自主创新。人力资本积累与服务贸易存在积极的互动机制。大力培养和引进服务业及服务贸易人才，提高从业人员素质，对服务贸易发展至关重要。同时，要着重培养金融、保险、通信等高技术附加值服务行业的人才，促进服务贸易产业结构优化升级。此外，加强服务贸易企业技术引进与吸收，加速企业自主创新，也是服务贸易结构优化、良性发展所必须解决的问题。政府应支持"三自三高"产品的出口（即拥有自主知识产权、自主品牌、自主营销、高技术含量、高附加值、高效益），深入实施自主创新与品牌建设，争取建立世界知名服务企业与品牌。

2. 中国服务贸易发展展望

2011 年是中国"十二五"规划实施的开局之年，世界经济扭转下滑势头，国内外经济环境有利于服务贸易发展。首先，政府高度重视服务贸易的发展，提出"努力扩大服务出口"，陆续出台一系列服务贸易政策，多次举办有关服务贸易的交易会。其次，对外开放水平不断提高，为服务贸易发展廓清道路。中国已与世界许多国家签订自由贸易协定，并积极参与磋商建立自由贸易区问题，中国与世界在服务贸易领域的交流与合作不断扩展、深化。但是，中国服务贸易仍有自身的短板，例如，服务贸易发展的基础——服务业仍然薄弱，2009 年中国第三产业增加值占 GDP 的比重仅为 43.6%，远低于发达国家 70% 的水平，也低于发展中国家 50% 的水平。国内传统服务业仍处于低水平、低附加值的阶段，国际竞争力较差。而金融、保险等高技术服务业尚处于起步学习阶段。另外，中国服务贸易企业规模普遍较小，技术水平不高，管理相对落后，这在一定程度上也制约了我国服务贸易的发展。尽管有困难在前，但是中国服务贸易发展的强劲势头不会改变，即便是近年来呈现弱势的旅游业，也会随着世界经济回暖而重新焕发新春。同时，我国其他服务出口，如航运、建筑等行业，也会继续保持优势。总之，在"十二五"期间，中国应进一步扩大重点领域服务市场的深度，进一步加大服务出口扶持力度，尽快建设服务贸易促进体系，完善服务贸易统计和监测工作，最终使服务贸易更好地发挥在对外贸易结构调整、转变经济发展方式中的作用。

参考文献：

［1］商务部服务贸易司：《金融危机下我服务贸易冀望逆势而上》，《国际商报》，2009 年 7 月 2 日。

［2］梁艳芬：《全球贸易遭遇寒流 中国难以独善其身》，《国际商报》，2009 年 4 月 15 日。

［3］商务部综合司：《中国服务贸易状况》，商务部综合司网站：http：//zhs.mofcom.gov.cn，2010 年 11 月 12 日。

［4］陈松洲：《中国服务贸易发展的现状、制约因素及对策研究》，《经济与管理》，2010 年第 2 期。

［5］任剑婷、刘苏：《中国金融服务贸易国际竞争力指数分析》，《商业时代》，2010 年第 1 期。

［6］王新华：《中国服务贸易竞争力的评价研究》，《湖北三峡职业技术学院学报》，2007 年第 4 卷第 2 期。

［7］王佃凯：《我国服务贸易的发展状况与竞争力分析》，《中共济南市委党校学报》，2008 年第 4 期。

［8］王英：《中国货物贸易对服务贸易的促进作用——基于服务贸易引力模型的实证分析》，《世界经济研究》，2010 年第 7 期。

［9］余道先、刘海云：《中国生产性服务贸易结构与贸易竞争力分析》，《世界经济研究》，2010 年第 2 期。

［10］杨韬：《中国服务贸易发展现状与提升国际竞争力分析》，《中国外贸》，2011 年第 2 期。

［11］周瑞华：《我国运输服务贸易存在的问题及对策》，《对外经贸实务》，2011 年第 2 期。

二、中国服务业与服务贸易
协调发展对策

于立新　　陈昭[①]

摘　要：改革开放以来，中国的服务业和服务贸易取得了长足进步，但在规模总量、行业结构、管理体制、法制环境等方面均存在明显不足。本报告从中国服务业与服务贸易发展实际出发，对二者之间的联动关系作了深入剖析，得出服务业成长是服务贸易加快发展的产业基础保障，服务贸易的发展反作用于服务业稳步增长的结论，并依据突破服务业及服务贸易发展瓶颈，促进二者协调发展的政策目标，提出了若干建议，比如优化服务业内部结构、完善服务业及服务贸易管理体制、发展服务外包、加强服务经济型人才培养等。

关键词：服务业　服务贸易　服务外包　协调发展

改革开放 30 多年来，中国的服务业取得了长足的发展，尽管在规模上与发达国家相比还存在较大差距，但可以清楚地看到，服务业的增长尤为迅速，服务业增加值占国民生产总值的比重也有了一定程度的提高。而服务贸易作为服务业在海外市场上的延伸，贸易总量持续扩大，贸易结构不断优化，新兴的服务外包产业蓬勃发展。我国服务业与服务贸易的同向变动趋势，说明服务业与服务贸易之间存在正向关联性，至于服务业如何促进服务贸易发展，而服务贸易又是如何反作用于服务业，其路径、机理和相关理论模型分析逻辑框架，是本报告需要诠释的重点。

---

① 于立新，中国社会科学院财政与贸易经济研究所服务贸易与 WTO 研究室主任、研究员；陈昭，中国社会科学院财政与贸易经济研究所服务贸易与 WTO 研究室实习研究员、硕士。

（一）中国服务业与服务贸易的发展现状

1. 中国服务业发展状况与特征

中国的服务业经过 30 多年的发展，在规模、结构和开放度等方面均明显改观。

（1）中国服务业的总量规模不断扩大。改革开放以来，中国服务业的总量规模逐年扩大，服务业增加值已经从 1978 年的 872.5 亿元增加到 2010 年的 171005 亿元，增长了 190 多倍。从国内三次产业增加值占 GDP 比重的变化来看，服务业增加值占 GDP 的比重由 1978 年的 23.9%上升至 2010 年的 43%，30 多年间上升了近 20 个百分点（见表 2-1、图 2-1），成为推动国民经济增长的重要力量。而从国内三次产业的年均增长率来看，1978~1990 年，多数年份里服务业产值的年增长率高于第一产业和第二产业年增长率；1990 年之后，第三产业增加值增长率先是低于第二产业增长率，随后几年又略高于第二产业增长率，直到近几年与第二产业增长率持平，且具有相似的变动轨迹。此外，作为服务业发展水平的一个重要标志，中国服务业对国民经济的贡献率从 1990 年的 17.3%提高到 2009 年的 42.9%，提高了 25 个百分点；相应的，对国民经济的拉动率也从 0.6%提高到 3.9%，提高了 3 个百分点。尽管同第二产业

表 2-1　中国第三产业在 GDP 中的比重（以现价计算）

单位：10 亿元人民币，%

年份	国内生产总值（GDP）	第三产业	
		增加值	比重
1978	364.52	87.25	23.0
2000	9921.46	3871.40	39.0
2001	10965.52	4436.16	40.5
2002	12033.27	4989.89	41.5
2003	13582.28	5600.47	41.2
2004	15987.83	6456.13	40.4
2005	18493.74	7491.93	40.5
2006	21631.44	8855.49	40.9
2007	26581.03	11135.19	41.9
2008	31404.54	13134.00	41.8
2009	34050.69	14764.21	43.4
2010	39798.30	17100.50	43.0

资料来源：《中国统计年鉴》（2010）、中国国家统计局网站。

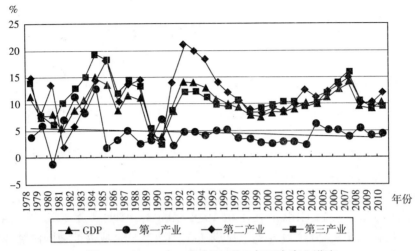

图 2-1 1978~2010 年中国 GDP 与三次产业增速

资料来源:《中国统计年鉴》(2010)、中国国家统计局网站。

相比,这两项指标仍存在一定程度的差距,但近年来差距在逐渐缩小,并在较稳定的数值区间内波动。

(2)中国服务业成为吸纳就业的主渠道。中国服务业吸纳就业的能力也在逐渐增强。改革开放以来,服务业就业人数逐渐增多,其从业人员比重已经从 1978 年的 12.2%上升至 2007 年的 34.1%,30 多年里上升了近 22 个百分点。服务业就业比重从 1994 年开始超越工业,成为中国吸纳就业人数第二多的产业,并随着城镇化进程的加快,以及服务业本身的发展壮大,而逐年缩小与农业在吸纳就业方面的差距。统计数据表明,服务业吸纳新增劳动力的能力尤为突出。1978~2009 年新增劳动力 3.78 亿人,其中第一产业就业 0.14 亿人,第二产业就业 1.47 亿人,而第三产业吸纳新增就业人员达到 2.17 亿人,占全部新增劳动力的 57.4%。而就行业法人单位数来看,2009 年第三产业法人单位数为 543.27 万个,占当年全部法人单位数的 67.9%。[①]

(3)中国服务业内部结构有所优化。尽管总体上服务业的传统部门仍然占据主导地位,但是随着经济社会发展水平的提高,传统服务业占比呈下降趋势,而新兴服务业始终保持着稳定上升的态势,在服务业中所占比重逐渐提高。2009 年,批发零售业、交通运输仓储邮政业和住宿餐饮业占服务业总增加值的比重为 36%,较之 1978 年的 54%降幅较大,而金融服务业增长则异常迅速,已成为仅次于批发零售业与房地产的第三大产业,占整个服务业增加值

---

① 中国国家统计局:《中国第三产业统计年鉴》(2010),中国统计出版社,2011 年。

的比重为 12%。具体来看，交通运输仓储业、批发零售业、住宿餐饮业等传统服务业比重逐年下降，金融保险业、房地产业、科学研究和技术服务业等新兴服务业的比重逐年上升，这种变动趋势与国际上服务业内部结构演变规律相符合，也意味着我国服务业内部结构趋于合理化调整。

（4）中国服务业开放范围逐渐拓宽。自 2001 年加入世界贸易组织以来，中国服务业开放的行业领域就不断增加。单从服务业内部行业开放范围看，中国的服务业开放已经接近发达国家水平，涵盖了《服务贸易总协定》12 个服务大类中的 10 个，涉及总共 160 个小类中的 100 个。截至 2006 年年底，包括银行、保险、证券、电信服务、分销等在内的 100 个服务贸易部门已全部向外资开放，占服务部门总数的 62.5%。[①] 在服务业利用外资方面，由于长期以来外商在我国的直接投资主要集中在制造业，因此服务业所占比重相对偏低。如表2-2 所示，1997~2009 年，绝大多数年份中外商在服务业领域投资所占份额不超过 30%。不过，自 2006 年来有所改观后，2007 年第三产业实际利用外资额占到实际利用外资总额的 41.43%，2009 年该数值更是达到 42.79%，达到历史新高。

表2-2　1997~2009 年外商实际直接投资在中国三次产业的构成

单位：%

年份	第一产业	第二产业	第三产业
1997	1.39	71.97	26.65
1998	1.37	68.91	29.72
1999	1.76	68.90	29.34
2000	1.66	72.64	25.70
2001	1.92	74.23	23.85
2002	1.95	74.83	23.21
2003	1.87	73.26	24.87
2004	1.84	74.98	23.18
2005	1.19	72.21	24.72
2006	0.95	67.45	31.60
2007	1.24	57.33	41.43
2008	1.29	57.64	41.07
2009	1.59	55.62	42.79

资料来源：《中国统计年鉴》（1998~2010）。

[①] 廖晓淇副部长 2006 年 9 月 27 日在北京出席服务贸易国际研讨会上的讲话。

2. 中国服务贸易的发展状况与特点

伴随着服务业的快速发展，中国服务贸易也取得了可喜的成绩。

（1）中国服务贸易的总量继续扩大。从总量上看，2009 年中国服务贸易进出口额达到 2868 亿美元，占当年全部贸易进出口额的 13%，其中，服务贸易出口 1286 亿美元，同比下降 12.2%；服务贸易进口 1582 亿美元，同比增长 0.1%，服务贸易出口和进口分别位居世界第五位和第四位。受国际金融危机影响，中国服务贸易进出口额较去年有所下滑，但总体上保持稳定增长态势。我国服务贸易总额已从 1985 年的 51.9 亿美元增长到 2009 年的 2868 亿美元，增长了近 55 倍（见图 2-2）。同时，中国服务贸易规模在世界服务贸易总规模中的比重也在逐渐上升，目前已从 1982 年的 0.6% 提高到 2009 年的 4.5%。特别是从 2005 开始，中国服务贸易规模不断扩大，服务贸易逆差呈逐渐缩小的趋势。但是，在 2008 年国际金融危机的冲击下，由于服务贸易出口额下降幅度过大，服务贸易逆差有所扩大。不过，随着国内服务产业结构优化升级的加快，以及国际服务贸易市场的重大调整，我国服务贸易面临较好发展机遇，如果可以适时调整并加以扶持，那么，中国服务贸易国际市场占有率上升潜力巨大。

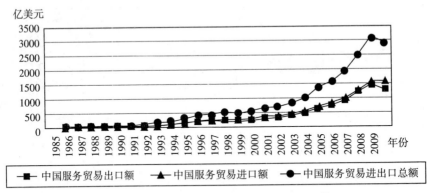

图 2-2　1985~2009 年中国服务贸易增长趋势

资料来源：国家统计局公布的历年统计公报。

（2）服务贸易结构不断优化。数据显示，近年来中国服务贸易进出口结构有所改善，除深受国际金融危机影响的 2009 年外，旅游、建筑服务、计算机和信息咨询及其他商业服务贸易顺差不断增长。根据中国商务部服务贸易司数据，2009 年，旅游收入 397 亿美元，同比下降 2.8%；支出 437 亿美元，同比增长 20.9%；逆差 40 亿美元。同年，咨询及计算机和信息服务顺差迅猛增长，其中，咨询收入 186 亿美元，同比增长 2.5%；支出 134 亿美元，同比下降

1%；顺差 52 亿美元；计算机和信息服务收入 65 亿美元，同比增长 4%；支出 32 亿美元，同比增长 0.1%；顺差 33 亿美元。可以说 2005 年以来的逆差规模的下降主要是由旅游、咨询、计算机、信息服务以及其他商业服务的顺差增加导致的，尽管 2009 年受国际金融危机影响服务贸易逆差有所扩大，但高附加值服务贸易项目额及其顺差的加大表明我国的服务贸易结构在不断地升级和改善。

（3）服务外包发展迅速。中国服务外包从 20 世纪 90 年代末到现在为止，短短十几年发展很快，取得了良好成就。中国商务部的统计数据表明，2006 年中国服务外包产业收入总额达 118 亿美元，其中 IT 服务外包产业规模为 75.6 亿美元，业务流程外包产业规模达 42.7 亿美元。全国承接服务外包业务的企业所承接的离岸服务外包业务收入额约占整体产业收入额的 12.2%，而大部分服务外包收入来自国内业务。2007 年，中国服务外包出口合同执行金额 20.94 亿美元，比 2005 年增长 118%。根据 IDC 中国研究数据，中国离岸服务外包业发展迅速，2008 年中国的离岸外包规模达到了 67.4 亿美元，同比增长 24.4%。即使在国际金融危机的影响下，中国 2009 年服务外包的发展形势也相对较好。整体看来，中国服务外包产业总体规模不断扩大，业务层次不断提升，离岸业务和业务流程外包增长迅速。借助国内外市场和国内高素质的人力资源，我国服务外包产业发展前景颇为乐观。

（二）中国服务业与服务贸易发展瓶颈剖析

1. 中国服务业发展过程中存在的问题和不足

虽然不能否认中国服务业取得快速发展的事实，但同时也要看到中国服务业在发展过程中存在的不足，以及同世界发达国家之间的差距。通过与发达国家的比较，中国服务业的问题与不足主要体现在以下三个方面：

第一，服务业占国民生产总值的比重偏低。通过上述的数据可以清楚地看到，中国服务业占 GDP 比重在逐年提高，并且近几年都保持在 40% 以上，但还是与世界平均水平（约为 69%）存在较大差距，同发达国家（约为 70% 以上）相比差距就更大，[①] 甚至还达不到发展中国家的平均水平（约为 55%）。

第二，服务业吸纳就业的比重偏低。根据国际一般规律，随着经济发展水平的提高及产业结构的优化调整，服务业势必成为吸纳就业的第一大渠道。中

---

① 2006 年美国、法国、英国、德国、日本的服务业比重已分别达到 76.7%、75.8%、72.7%、69.8% 和 68.1%。

国服务业吸纳就业的能力虽然已经超过工业，但较之发达国家服务业就业比重差距显著（其平均水平为60%以上），如美国77.8%、英国76.3%、澳大利亚75%、法国71.5%等；甚至低于某些发展中国家，如乌克兰56.4%、墨西哥58.6%、阿根廷75.1%。

第三，服务业内部结构层次偏低。传统服务业一直占据主导地位，而新兴服务业，特别是生产性服务业发展严重不足，是制约中国服务业层次提升的关键所在。研究表明，生产性服务业发展严重滞后，约占整体服务业比重仅47%，远低于发达国家70%的水平；同时，市场化发展水平低，如金融服务、科研技术服务对经济增长的贡献率及市场化发展水平低，严重影响了各产业的优化升级及宏观经济的有效运行。[①]

2. 中国服务贸易发展过程中存在的问题和不足

改革开放以来，虽然中国服务贸易发展良好，但在整体水平、贸易结构、管理方式及相关法律法规方面仍存在着一定程度的不足。

第一，服务贸易整体水平偏低。服务贸易发展水平远落后于货物贸易发展水平，服务贸易额占中国贸易总额的比重较低，2009年中国服务贸易出口与货物贸易出口之比为1∶10.25，低于同期国际平均水平（该比值为1∶4.2）。同时，中国服务贸易进出口总额占世界服务贸易进出口总额的比重长期以来都低于5%，其中，2009年该比值为4.5%。此外，中国服务贸易持续逆差的局面始终未能扭转。

第二，服务贸易结构不合理。单从中国服务贸易产品出口结构来看，主要集中在运输、旅游、建筑等传统服务部门，而金融、信息技术、版权服务等新兴服务部门发展缓慢，行业规模较小，如2009年我国运输服务与旅游服务出口额之和仍然占整个服务贸易出口额的一半以上。此外，服务贸易的区域结构也存在一定程度的失衡。在国内，东部和中西部地区服务贸易发展不平衡，东部较为发达，中西部地区则较为落后；在国外，进出口市场则主要集中在香港地区、欧盟、美国和日本，合计约占我国进出口总额的60%以上。

第三，服务贸易管理体制落后。中国缺乏对服务贸易统一的制度安排和有效的经营秩序规范，服务贸易的管理监督部门相互交叉，分工不明确，管理秩序混乱。因为服务业及服务贸易管理体制不健全，使得我国的服务行业经营秩序混乱，行业的垄断现象长期存在，极大地影响了服务业国际竞争力的提高，进而制约了服务贸易结构的优化及良性发展。此外，可与国际接轨的服务型行

---

① 张祥：《大力发展服务经济，加快转变发展方式》，中国网，http://www.china.com.cn/economic/txt/2010-08/26/content_20795966.htm，2010年8月26日。

业划分标准及服务技术规范标准也不完善，从而使得我国服务贸易出口时，很大程度上受制于国外的技术性贸易壁垒。

第四，服务贸易法律法规不健全。随着对外开放程度的加深，我国法律体系建设滞后的负面影响也在逐渐加大。就服务业及服务贸易而言，很多配套法律要么不具备可操作性，要么欠缺相应配套衔接的法律条文，如电信业、旅游业相应法规缺乏；而现有的与之相关的其他法律如《知识产权保护法》、《税法》、《公司法》等综合法律中缺乏配套条款。这就使得我国在发展服务业和服务贸易时存在着无法可依的现实窘况，从而在较大程度上制约着服务业及服务贸易的良性发展。同时，我国服务贸易对 GATS 的运用程度不高，在多个方面与 GATS 规定的原则存在一定出入，这些问题都亟待我们去正视并尽快解决。

3. 制约中国服务业及服务贸易发展的主要因素

中国服务业发展不足的原因大体上可概括为以下两个方面：

第一，发展层面的历史性具体因素。包括整体性服务产业化进程缓慢、城镇化发展水平偏低、生产性服务业难以满足我国日益增长的制造业改造升级的需求、服务业开放的广度和深度不够、服务经济型人才缺乏以及统计方面规范的计算口径尚未建立等原因。

第二，政策层面的制度性因素。包括经济发展理念落后，导致各级政府重视不够；长期存在的城乡二元结构，缺乏关键领域改革的突破，比如国家垄断土地一级市场开发，国企垄断土地二级市场招拍挂，颠覆了房地产市场本质上应有的市场逻辑，大大阻碍中国服务经济化进程；制度缺陷导致服务业市场化发育程度低，垄断盛行并有蔓延之势；有利于服务业发展的政策体系与法制环境不够完善，拖了后腿；不利于服务业充分发展的地方政府考核机制和工业主导发展模式等。

（三）中国服务业与服务贸易发展的相关性分析

1. 服务业与服务贸易关系的一般机理分析

一般情况下，服务业在国内发展到一定程度后，会随着对外开放程度的提高延伸到国外市场，即产生国际服务贸易。因此，有必要对服务业与服务贸易二者之间发展的关联性进行理论上的探讨。

张为付（2006）对服务业与服务贸易发生发展机理进行研究，他认为随着国际分工，特别是垂直分工的深化，服务业开始从国家内、区域内转向国际间、区域间，从而产生了服务贸易，而全球服务业的外包化趋势成为服务贸易发展的新方向。[①] 董小麟和董苑玫 (2006) 分析了服务贸易的竞争力及服务业的结构性缺陷，提出了通过发展服务业提升服务贸易竞争力的相关政策建议。[②] 何德旭 (2007) 对中国服务贸易开放的效应进行了研究，他认为提高服务贸易开放度，既可以促进服务业的发展，也有利于扩大服务贸易的规模，改善服务贸易结构，进而增强服务业对国民经济的贡献率和拉动力。[③] 李秉强、吕义军 (2009) 分析了服务业与服务贸易的协调度，通过构建测度协调性的模型，来考察 1983~2006 年"服务业—服务贸易"复合系统的协调度，并得出我国2001 年后二者表现为协调发展的结论。[④]

上述国内学者的研究从不同角度分析了服务贸易与服务业的关联性，可以发现，原理和实践都印证了服务业是服务贸易发展的产业基础保障，服务业的规模与结构决定了服务贸易的规模与结构，而服务贸易的国际间竞争，实际上是各国服务业相互竞争的体现。同时，服务贸易也反作用于服务业，服务贸易的开放程度与发展水平，也在很大程度上促进着服务业的发展。

2. 服务业是服务贸易的产业基础保障

（1）服务业决定着服务贸易的发展水平。无论是货物贸易还是服务贸易，只有其相对应的国内产业得到发展，才能为其提供可贸易的产品。同样，服务业作为服务贸易的基础性产业，其发展水平及规模大小决定了服务贸易的质量与数量。近几十年来，国际服务贸易之所以高速发展，根源在于服务产业基础的奠定，服务业增加值及其吸纳就业人员占比过半，在某种意义上，代表了发达国家服务经济时代的到来，在这样的经济发展阶段，服务业已然成为推进国民经济增长的最主要的驱动力，这也使得服务贸易增长速度超越货物贸易，并最终在规模上超越货物贸易，成为国际贸易的主流。而在发展服务业的同时，由于各国提供的服务产品存在质量和数量上的差距，因此，为了满足各自的需求，就必然会产生服务产品的跨国交易，大力发展服务贸易。

（2）服务业决定服务贸易的结构。服务业作为产业基础，决定着用于贸易的服务产品的类别，服务贸易的结构也随着服务业的内部结构的调整而有所改变。就从中国目前的服务贸易结构来看，旅游服务、运输服务之所以占据主导

---

① 张为付：《服务业与服务贸易发生发展机制研究》，《世界经济与政治论坛》，2006 年第 4 期。

② 董小麟、董苑玫：《中国服务贸易竞争力及服务业结构缺陷分析》，《国际经贸探索》，2006 年第 6 期。

③ 何德旭：《中国服务业体制改革与创新》，见：《中国服务业发展报告 No.5》，社会科学文献出版社，2007 年。

④ 李秉强、吕义军：《我国服务业与服务贸易协调度分析》，《对外经济贸易大学学报》，2009 年第 2 期。

地位，关键在于中国服务业基础仍以传统服务经济部门为主，并且在第二产业一枝独大的情况下，服务贸易基本上是围绕着货物贸易做大来进行的，如运输服务、保险服务、国际结算和金融汇兑服务等。随着中国服务业规模的扩大及内部结构的优化升级，生产性服务业及新兴服务业势必取得较快发展，从而也会影响到未来中国服务贸易的进出口结构。此外，外商直接投资向服务业倾斜的力度逐年加大，也必将带动了服务贸易的快速增长。

3. 服务贸易促进服务业的增长分析

通过实证分析若干发达国家早期及部分新兴发展中国家现阶段的统计数据，可以发现服务贸易与服务业呈同向增长态势，且前者的增长速度要明显高于后者，这在一定程度上说明了服务贸易对服务业有一个正向的拉动作用。而经过多年的发展，国际服务贸易增速迅猛，这当然得益于服务产业竞争力的有效提升，但同时也要看到，服务贸易的发展也在反作用于服务业快速成长。随着经济全球化程度的日益加深，世界各国服务业拓展已不仅仅将视野锁定在国内有限的空间里，而是立足于国际市场，积极参与国际竞争，因此，服务贸易的发展势头在很大程度上也得益于国际市场的激烈竞争。为了能够提高国际竞争力，为国内外市场提供优质的本国服务，服务业发展的重点也随之调整。

（1）促进服务业内部结构的优化。大力发展服务贸易，可以提高服务业增加值占国民生产总值的比重，优化产业结构，也符合应对全球气候变化及"十二五"节能减排的要求。同时，为了提升服务贸易国际竞争力，就需要将其基础保障产业—服务业作为突破口，率先优化服务业内部结构，使得服务业发展重点逐渐由批发零售、住宿餐饮等传统部门向金融、保险、信息、技术、咨询、通信等新兴部门倾斜，产生一种结构升级的倒逼机制，以促进服务业规模的扩大及结构优化。如目前中国正在大力发展的服务外包产业，就是一种重要的服务贸易形式，若想从国外主要发包商手中承接业务，就需要国内有坚实的产业基础作为支撑，因此，与服务外包有关的服务行业会得到普遍重视，而这些部门多涉及信息技术、现代物流、生物医药研发等高端现代服务经济环节，可以极大地提升我国服务业的发展层次。

（2）促进服务业创造大量就业机会。大力发展服务贸易，有助于我国服务业吸纳就业能力的提高。仍以服务外包为例，当下中国承接服务外包，与当年改革开放初期承接国际制造产业转移一样，会对目前中国的就业产生积极的效应。只是承接国际制造业转移，可使得工业部门创造大量的就业机会，而承接服务外包产业，则体现为服务业领域吸纳就业能力的提高。而服务外包产业较之制造业对劳动者的素质要求相对较高，特别是在缓解大学生就业难方面发挥着极其重要的作用。截至 2010 年年底，中国服务外包企业 12706 家，从业人员共 232.8 万人，其中大学以上学历的从业人员就达 165 万人，占服务外包就业人数的 70.9%。而随着国际服务外包产业转移速度的加快，涉及金融、IT 等部门的劳动力需求也在不断增加，也就是说，服务外包产业在向东道国转移的同时，相关服务产业的就业岗位也随之转移到承接国，从而为承接国创造了大量的高素质劳动人员就业机会，这些就业机会就体现在服务业上。

（3）促进服务业资本积累的增加。服务贸易出口额的增加，在改善服务贸易出口收入的同时，也是服务业实现扩大再生产所需资本积累的过程，随着服务贸易出口收入的不断增加，用于发展服务业的投资额也会随之扩大。同时，伴随着国际服务外包产业的转移，跨国公司也会增加相应服务部门的直接投资，从而为中国服务业的快速发展提供有效的资本保障。

（4）促进涉及服务业的法律法规的完善。发展服务贸易，就需要熟知国际相关法律规则，特别是 GATS 的贸易规则与实际操作，并使得国内相关法律逐渐与国际接轨，以实现服务贸易竞争力的提高。上面提到中国在发展服务贸易时，存在法律法规上的缺陷，从而在进行贸易时，常常处于被动的局面，受制于服务贸易壁垒及技术性贸易壁垒等。若想摆脱这种困境，就必须从国内服务业相关法律着手，完善涉及服务业的法律法规，建立有利于服务业发展的法制环境。可见，服务贸易除了对服务业的规模、结构、投资、就业等方面有正面影响外，还对服务业发展的软环境及管理体制提出了改善要求，进而从制度上保障服务业健康有序的发展。

4. 中国服务业与服务贸易关系实证分析

通过以上的定性分析，可以看出服务业与服务贸易存在着紧密的关联性，服务业做大做强是服务贸易发展的产业基础保障，服务贸易快速发展又可以反作用于服务业。但这种关联性属于一般性规律，可套用于不同的国家或地区，要探寻具有中国特色的服务业和服务贸易是否真正符合这种关联性，还需要经过定量分析，做进一步的研究。

（1）指标的选取。考虑到考察服务业与服务贸易相关联的要素，分别选取服务业增加值（SE）、服务贸易出口额（SEX）、服务贸易进口额（SIM）为研究变量，同时为了消除汇率影响，将服务业增加值按照当年汇率折算为亿美元单位，以使得三个变量均统一为亿美元单位。此外，考虑到数据收集的困难，选取了 1990~2009 年的相关数据，数据来源自历年《中国统计年鉴》、《中国国际收支平衡表》及商务部服务贸易司网站，表 2-3 为原始数据。

表 2-3　1990~2009 年中国服务业与服务贸易相关数据

单位：亿美元

年份	服务业增加值（SE）	服务贸易出口（EX）	服务贸易进口（IM）
1990	1231.1	57	41
1991	1378.3	69	39
1992	1696.9	91	92
1993	2068.0	110	116
1994	1877.3	164	158
1995	2392.3	184	246
1996	2805.7	206	224
1997	3255.7	245	277
1998	3693.8	239	265
1999	4091.9	262	310
2000	4676.6	301	359
2001	5359.7	329	390
2002	6028.7	394	461
2003	6766.3	464	549
2004	7800.3	621	716
2005	8964.3	739	832
2006	10408.2	914	1003
2007	12668.1	1216	1293
2008	18784.3	1465	1580
2009	21613.5	1286	1582

资料来源：《中国统计年鉴》、《中国国际收支平衡表》及商务部服务贸易司网站。

（2）相关性分析。通过将服务业增加值、服务贸易进口额和服务贸易出口额三个变量指标的相关数据输入计量分析软件，计算服务业增加值与服务贸易额之间的关系，来验证服务业与服务贸易是否存在相关性。具体系数如表 2-4 所示。

表 2-4　服务业增加值与服务贸易额相关系数

相关系数 r	EX	IM
SE	0.9673	0.9822

从表 2-4 中可以看到，服务业增加值与服务贸易出口额、服务贸易进口额的相关系数分别为 0.9673 和 0.9822，即相关系数值 r 均接近于 1，r 为描述两个变量之间线性相关程度的定量指标，r > 0 就意味着两个变量之间存在正相关，并且 r 的绝对值越接近于 1 就说明两个变量之间的关联性就越强，因此，

可以看出，服务业增加值同服务贸易出口额、服务贸易进口额之间存在着较为紧密的关系。

对 SE、IM、EX 三个序列取对数得 LSE、LIM、LEX 三个序列。

1) 单位根检验：

第一，原序列检验。

[1] LSE。

根据图形，选择带有常数项和趋势项的单位根检验。

ADF 检验，AIC 下 0 阶滞后，t 值大于 10%显著水平的临界值，因此接受原假设，即有单位根。

考虑到样本数只有 20 个，ADF 检验可能存在问题，因此采用 PP、NP、ERS 检验，检验结果都是 10%显著水平有单位根。

[2] LIM。

根据图形，选择带有常数项和趋势项的单位根检验

DFGLS 检验，DW 值为 1.96，在 10%显著水平下接受原假设，因此有单位根。

类似，用 PP 检验，10%显著水平接受原假设，有单位根；用 ERS 检验，10%显著水平接受原假设，即存在单位根；NP 检验，接近 10%显著水平接受原假设，有单位根。

[3] LEX。

根据图形，选择带有常数项和趋势项的单位根检验。

ADF 检验，10%显著水平下接受原假设，有单位根。类似做 PP、ERS、NP 检验，接受原假设，有单位根。

因此，三个序列都是含单位根的不平稳序列。

第二，一阶差分后单位根检验。

采用 ADF 单位根检验方法对各个变量的单整阶数进行检验，检验结果如表 2-5 所示。

表 2-5 ADF 单位根检验结果

变量	ADF 统计量	临界值（10%）	结论
ΔLSE	−4.63	−2.66	平稳
ΔLIM	−5.16	−2.66	平稳
ΔLEM	−2.74	−2.66	平稳

注：表中所有 ADF 检验结果是采用计量分析软件计算得出，其中，Δ 表示差分算子。

可见，一阶差分后，含常数项零阶滞后的 LSE 差分序列、含常数项零阶滞后的 LIM 差分序列及含常数项零阶滞后的 LEM 差分序列在 10%的显著性水平平稳，即在一阶差分后，三个序列都成为平稳序列。

2）协整检验。

第一，LSE 和 LIM。

[1] 对 LSE 和 LIM 采用基于回归系数的协整检验。首先按照 LSE=βLIM+u 进行 OLS 回归。

变量	系数	标准差	T 统计	概率值
LIM	1.429919	0.029380	48.67032	0.0000
R^2	0.156781	DW 统计值		0.163921

[2] 再对拟合残差做单位根检验，在 10%显著性水平，ADF、PP、NP、ERS 检验（含或者不含趋势项）都接受原假设，存在单位根，即不平稳。因此 LSE 和 LIM 间不存在协整关系。

[3] OLS 回归。

变量	系数	标准差	T 统计	概率值
C	1.760276	0.115349	15.26042	0.0000
LIM	0.753404	0.045063	16.71906	0.0000
R^2	0.939501	DW 统计值		0.611790

两者关系较为紧密，但是 DW 值较小，残差存在较强自相关。

第二，LSE 和 LEX。

[1] 对 LSE 和 LEX 采用基于回归系数的协整检验。首先按照 LSE=βLEX+u 进行 OLS 回归。

变量	系数	标准差	T 统计	概率值
LEX	1.452599	0.022916	63.38832	0.0000
R^2	0.501263	DW 统计值		0.133803

[2] 再对拟合残差做单位根检验，在 10%显著性水平，ADF 不含趋势项时以及 PP、NP、ERS（含或者不含趋势项）检验都接受原假设存在单位根，即不平稳。因此 LSE 和 LEX 间不存在协整关系。

[3] OLS。

变量	系数	标准差	T 统计	概率值
C	1.511089	0.091739	16.47164	0.0000
LIM	0.861756	0.036348	23.70856	0.0000
R^2	0.968971	DW 统计值		0.919558

两者关系较为紧密，但是 DW 值较小，残差存在较强自相关。

3）格兰杰因果检验。

第一，滞后两阶时，LSE 是 LIM 的格兰杰原因，LEX 是 LIM 的格兰杰原因。

零假设	Obs	F 统计	概率值
LIM 不是 LSE 的 Granger 原因	18	0.65603	0.5353
LSE 不是 LIM 的 Granger 原因		12.34050	0.0010
LEX 不是 LSE 的 Granger 原因	18	2.49740	0.1208
LSE 不是 LEX 的 Granger 原因		1.09158	0.3646
LEX 不是 LIM 的 Granger 原因	18	17.48340	0.0002
LIM 不是 LEX 的 Granger 原因		0.19063	0.8287

第二，滞后一阶时，LEX 是 LIM 的格兰杰原因，LEX 是 LSE 的格兰杰原因。

零假设	Obs	F 统计	概率值
LIM 不是 LSE 的 Granger 原因	19	0.10077	0.7550
LSE 不是 LIM 的 Granger 原因		1.82089	0.1960
LEX 不是 LSE 的 Granger 原因	19	5.08215	0.0385
LSE 不是 LEX 的 Granger 原因		0.26540	0.6135
LEX 不是 LIM 的 Granger 原因	19	6.90157	0.0183
LIM 不是 LEX 的 Granger 原因		0.17535	0.6810

第三，滞后三阶时，LSE 是 LIM 的格兰杰原因，LEX 是 LIM 的格兰杰原因，LEX 是 LSE 的格兰杰原因。

零假设	Obs	F 统计	概率值
LSE 不是 LIM 的 Granger 原因	17	20.47660	0.0001
LIM 不是 LSE 的 Granger 原因		4.28459	0.0346
LEX 不是 LIM 的 Granger 原因	17	4.27663	0.0347
LIM 不是 LEX 的 Granger 原因		1.65910	0.2380
LEX 不是 LSE 的 Granger 原因	17	3.35683	0.0635
LSE 不是 LEX 的 Granger 原因		1.16012	0.3726

综上分析，LEX 是 LIM 和 LSE 的格兰杰原因，LSE 是 LIM 的格兰杰原因。这也表明服务业进出口与服务业增长有明显的正向联系，服务业增长构成了服务贸易进出口的原因，同时服务贸易进出口也构成了服务业增长的原因。其政策含义为：要加强服务业与服务贸易的协调发展。首先，大力发展新兴服务业和生产性服务业，为服务贸易的发展奠定坚实的产业基础保障，即通过服务业的发展来促进服务贸易的蓬勃发展；其次，还要重视服务贸易的发展，通过服务贸易的快速增长来拉动服务业的规模扩大与结构优化，尤其是要加强服务贸易出口，其对服务业的拉动作用更为显著。

因此，经过定性与定量分析后，可以给出服务业与服务贸易存在正相关关系的结论，即服务业的发展会促进服务贸易的发展，而服务贸易的快速增长也会在很大程度上拉动服务业的快速发展。

（四）促进中国服务业和服务贸易协调发展的对策思路

1. 加快产业结构优化升级，大力发展生产性服务业

要想促进中国服务业和服务贸易的协调发展，关键还在于第三产业基础的夯实。这就需要从中央到地方都切实重视服务业发展，在巩固传统服务业的同时，积极发展金融保险、信息技术、会计咨询、现代物流等新兴服务业和生产性服务业，促进制造业中服务环节的再分工与剥离，实现产业结构的优化升级。同时，还要立足中国国情，站在国际竞争的战略高度，发展服务贸易中具有比较优势的行业部门，并把握国际服务贸易发展潮流，在国内确立服务业发展重点领域，培育相应的服务产业基础，有计划、有步骤地实现国内服务业规模的扩大及结构的优化，为服务贸易奠定坚实的产业基础。

2. 建立服务业与服务贸易管理体制，完善相关法律法规

由于服务业涉及部门种类繁多，且内部各行业所要求的服务制度环境千差万别，也就决定了服务业不是某个单独行业管理部门或系统特立独行地制定相应的管理办法就能其健康运行的，而服务贸易也是如此。鉴于此种情况，以及我国服务业和服务贸易管理体制的严重缺位与不足，应该在中央层面上，建立健全相应的管理体制和部门协调机制。借鉴澳大利亚联邦政府设立服务贸易权威圆桌会议制度安排的经验，统筹全国服务业及服务贸易发展的一切事务，避免多头管理的混乱局面，平衡服务行业各管理部门的利益，统筹规划并适时调整中国服务贸易发展战略。同时，还要健全服务业与服务贸易的统计体系，并建立完善相关行业协会的促进体系。此外，要广泛学习借鉴发达国家在服务业

及服务贸易立法方面的先进经验，结合我国实际情况制定完善既符合我国服务贸易发展特点，又与世界贸易组织贸易规则特别是 GATS 接轨的服务贸易法律法规体系，使我国的服务贸易发展有法可依，有章可循。[①]

3. 加强地方政府在服务业与服务贸易领域的引导作用，加大公共支出力度

服务业所要求的制度环境同制造业相比，有很大的差异，而目前的制度环境基本上都是按照制造业的发展需求设计的，针对服务业发展特点的制度建设相对滞后，再加上多数地方政府急功近利，仍然将制造业作为地方经济发展的重点，忽视了服务业的发展。这就需要各级政府转变观念，统筹兼顾，在发展制造业的同时，更加重视服务业的发展，按照实际经济增长需求，积极引导，合理有序地促进服务业的增长。经济发达的地区，可以依托雄厚的制造业基础，大力发展金融、物流、信息、会展等生产性服务业，优化产业结构；经济落后地区，也可以巩固传统服务业，大力发展商贸、住宿、餐饮、旅游等服务行业，增加地方就业，繁荣市场经济。同时，还要注重与服务业相关的基础设施建设，对出口服务产品给予财税政策扶持和补贴等。

4. 积极承接国际服务产业转移，提升中国服务外包国际竞争力

服务外包已成为当代服务贸易跨国产业转移的主要形式，经过多年的发展，中国的服务外包产业取得一定的成绩，但还存在一些问题，如缺乏服务外包的航母级规模企业、缺乏高端专业技术人才、缺乏品牌效应、缺乏有效的服务外包行业中介组织、缺乏知识产权保护的制度环境建设等。面对这些问题，中国政府应认真对待，并积极借鉴国外服务外包先进国家的经验，立足中国服务外包产业发展实际情况，探索服务外包产业发展的中国模式。同时，要清醒地认识到中国服务外包产业竞争力主要体现在本土服务外包企业核心竞争力的打造上，无论是服务外包示范城市，还是将服务外包产业作为重点政策扶持规划的其他城市，若想提高本地区服务外包产业的综合竞争力，都应该通过政策引导和激励机制设计来增强当地服务外包企业的核心竞争力。这就需要各级政府提高公共服务能力，为服务外包企业营造良好的投融资氛围；通过国际交流宣传中国服务外包产业，努力开拓多元化市场；加强知识产权和数据隐私保护力度，为服务外包业构建完善的法律制度环境；加强人才培训，实施一系列引进中高端服务专业技术人才的优惠措施。当然，最重要的还是培养本土服务外

① 于立新、冯永晟、陈昭：《中国服务贸易发展现状、目标、思路和政策建议》，见：荆林波、史丹、夏杰长：《中国服务业发展报告 No.9》，社会科学文献出版社，2011 年。

包龙头企业，打造服务外包企业的国际化经营品牌，以期通过中国服务外包领军企业的集聚效应，提升中国服务外包产业的整体竞争力。

5. 以人为本，立足于服务业及服务贸易人才的培养工作

我国劳动力资源丰富，但高素质服务业及服务贸易行业人才仍显短缺。要实施多层次、多渠道培养和引进各类服务产业所需人才战略工程，构建强有力的人才支持体系。要拓宽人才培养途径，积极吸引和聘用国外高层次服务产业人才，鼓励海外留学人员回国创业，强化人才奖励与保障制度，为服务产业人才提供良好的创业和发展环境。针对不同类型服务业从业人员的特点，开展多层次、多形式的岗位职业培训，提高职业资格培训和岗前培训补贴标准，提高服务业从业人员的职业道德素质、服务意识和业务水平。引导高等院校、职业学校和培训机构增设服务业紧缺专业，加强人才培养，发展服务业高等职业教育和高级技工教育，完善服务业人才培养机制。推进生产性服务业技能型紧缺人才示范性培养培训基地建设，支持高等院校、中等职业技术学校等与企业共建实习、实训基地。

参考文献：

[1] 刘绍坚：《国际服务贸易发展趋势及动因分析》，《国际贸易问题》，2005 年第 7 期。

[2] 张为付：《服务业与服务贸易发生发展机理研究》，《世界经济与政治论坛》，2006 年第 4 期。

[3] 于立新、冯永晟、陈昭：《中国服务贸易发展现状、目标、思路和政策建议》，见：荆林波、史丹、夏杰长：《中国服务业发展报告 No.9》，社会科学文献出版社，2011 年。

[4] 张祥：《大力发展服务经济，加快转变发展方式》，中国网，http://www.china.com.cn/economic/txt/2010-08/26/content_20795966.htm，2010 年 8 月 26 日。

[5] 赵景峰：《中国服务贸易：总量和结构分析》，《世界经济》，2006 年第 18 期。

[6] 董小麟、董苑玫：《中国服务贸易竞争力及服务业结构缺陷分析》，《国际经贸探索》，2006 年第 6 期。

[7] 鹿朋、王文新：《比较优势与中国服务贸易结构优化》，《石家庄经济学院学报》，2008 年第 2 期。

[8] 何德旭：《中国服务业体制改革与创新》，见：《中国服务业发展报告No. 5》，社会科学文献出版社，2007 年。

[9] 赵志耕：《国外现代服务业发展对我国的启示》，《太原科技》，2008 年第 7 期。

[10] 邓于君：《国外新兴服务业发展政策及其借鉴》，《科技管理研究》，2008 年第 6 期。

[11] 李秉强、吕义军：《我国服务业与服务贸易协调度分析》，《对外经济贸易大学学报》，2009 年第 2 期。

[12] 陈凯：《美国服务业内部结构变动趋势分析》，《软科学》，2008 年第 3 期。

[13] 陈宇红、杨杨：《发达国家服务业的发展现状与模式研究》，《兰州交通大学学报》，

2008 年第 4 期。

　　[14] 陈怡：《我国服务贸易发展的波动性分析》，《南京审计学院学报》，2006 年第 2 期。

　　[15] 李莹：《日本服务贸易的发展及启示》，《黑龙江对外经贸》，2007年第 1 期。

　　[16] 张汉林：《世贸组织与服务贸易自由化及我国的对策》，《国际贸易问题》，1998 年第 10 期。

　　[17] 盛斌：《中国加入 WTO 服务贸易自由化的评估与分析》，《世界经济》，2002 年第 8 期。

三、GATS[①] 框架下中国服务贸易发展的机遇与挑战

冯 远 张继行[②]

摘 要：乌拉圭回合签署的《服务贸易总协定》纳入多边贸易体系后，加快了世界服务贸易自由化进程。中国于 2001 年正式加入世界贸易组织，开始在 GATS 框架下发展服务贸易。随着服务贸易后续谈判的不断推进，各国服务贸易的相互依存也在不断加深，这既给中国带来新的发展机遇，又造成相应的风险和挑战。本报告分五部分，前两部分介绍《服务贸易总协定》与中国服务贸易的发展，第三、第四部分着重分析中国面临的机遇与挑战，第五部分是中国发展服务贸易的政策建议。

关键词：GATS 服务贸易法律体系 政策建议

（一）《服务贸易总协定》（GATS)

1. GATS 的产生

早在 1946 年，同盟国在其筹建的"国际贸易组织"（ITO）所签署的"哈瓦那宪章"中曾经有一些条款涉及服务贸易问题。ITO 夭折后，关贸总协定（GATT）所涉及的主要是货物贸易的多边贸易体制，乌拉圭回合之前 GATT 举行的七轮多边贸易谈判中很少涉及服务贸易，服务贸易也一直未被纳入世界多边贸易体系。

1986 年 5 月，关贸总协定启动了新一轮多边贸易谈判即乌拉圭回合多边

---

① General Agreement of Trade in Services，即《服务贸易总协定》。
② 冯远，中国社会科学院财政与贸易经济研究所服务贸易与 WTO 研究室副研究员；张继行，中国社会科学院研究生院硕士研究生。

贸易谈判进程，在此次谈判过程当中，美国由于在货物贸易领域遭受欧盟、日本等国家和地区的巨大挑战，已逐渐丧失优势，但是在服务贸易领域美国却发展迅速，顺差不断扩大，成为世界最大的服务贸易出口国。为弥补其在货物贸易领域的巨大逆差，美国急于在服务贸易领域打开其他国家的市场，加快服务贸易的出口。然而其他各国，特别是发展中国家，对服务贸易不同程度的限制成为美国发展服务贸易的障碍，因此美国极力推动服务贸易成为乌拉圭回合谈判的议题，欧盟和日本由于在服务贸易方面也具有一定的优势，因此也赞同美国的主张。

　　然而大多数的发展中国家却反对将服务贸易问题纳入乌拉圭回合谈判框架，因为同发达国家相比，服务业在各发展中国家中还处于起步阶段，属于绝对弱势产业，过早开放服务行业会造成国外同类行业的大举入侵，对本国服务业造成毁灭性打击，更无从发展本国服务贸易。而且有些服务行业还涉及国家主权与安全问题，使得发展中国家更加不敢轻易开放本国服务市场。

　　随着全球服务贸易的发展和发达国家不断推动服务贸易谈判的压力，发展中国家也开始认识到，服务贸易纳入多边贸易体系是大势所趋，如果发展中国家不能参与到服务贸易的多边谈判中去，则有可能造成发达国家控制全球服务贸易体系的结局，这样对发展中国家服务贸易的打击也是毁灭性的。因此，各发展中国家也陆续同意参加服务贸易谈判，力求在服务贸易谈判中为发展中国家争取有利的条件。在发达国家推动和发展中国家妥协的形势下，服务贸易在乌拉圭回合第一次被列入了 GATT 多边贸易谈判的正式议题。

　　1994 年 4 月 15 日，包括中国在内的 111 个国家和地区在摩洛哥的马拉喀什正式签署了《服务贸易总协定》(GATS)，该协定于 1995 年 1 月 1 日正式生效。中国作为服务贸易谈判的参加国，全面参与了《服务贸易总协定》文本的制定工作并最终签署了《服务贸易总协定》。

　　《服务贸易总协定》作为国际范围内第一个有关国际服务贸易的多边法律文件，与《多边货物贸易协定》及《与贸易有关的知识产权协定》一起构成了世界贸易组织管理国际贸易秩序的基本文件。一般认为，GATS 是第二次世界大战以来多边贸易规则体系发展过程中最重要的成果，首次把国际协定和贸易承诺纳入国际贸易规则体系，并适用于所有的服务贸易领域与贸易形式，为世界经济的发展与融合起到了很好的促进作用，也为国内的服务贸易发展提供了强大的动力。[①]

---

① 沈大勇、金孝柏：《国际服务贸易：研究文献综述》，人民出版社，2010 年。

2. GATS 的基本框架与主要内容

GATS 是依据关税与贸易总协定的精神、宗旨和基本原则建立起来的国际多边服务贸易法律框架，通过推动服务贸易自由化，促进世界各国服务贸易的发展和经济的增长，GATS 框架主要包括三个方面的内容：一是服务贸易总协定的基本原则和条款规定；二是总协定的附件规定的部门协议；三是各缔约方在服务贸易市场准入承诺的减让表。其适用范围是世界贸易组织成员方所采取的影响服务贸易的各项措施，包括中央政府和当局及其授权行使权利的非政府机构所采取的政策措施。这些措施是成员一方以法律、规则、法规、程序、决定、行政活动以及其他形式所采取的任何措施，旨在影响跨国界的购买、支付或使用一项服务。

（1）服务贸易的定义。《服务贸易总协定》定义服务贸易为：①自一成员领土向其他成员领土提供服务；②在一成员领土内向任何其他成员的服务消费者提供服务；③一成员的服务提供者通过在其他成员领土内的商业存在提供服务；④一成员的服务提供者通过在其他成员领土内的自然人存在提供服务。该定义实际上也表明了适用于所有服务贸易的四种提供方式，即跨境交付、境外消费、商业存在和自然人流动。

（2）GATS 的基本原则与主要内容。《服务贸易总协定》的基本原则指的是贯穿整个《服务贸易总协定》始终，统率、规范、指导和协调《服务贸易总协定》的内在的、稳定的原理和准则，也是该协定的具体法律规范的基础。主要包括：

1）最惠国待遇。GATS 第 2 条第 1 款规定，关于本协定涵盖的任何措施，每一成员对于任何其他成员的服务和服务提供者，应立即无条件地给予不低于其给予其他国家同类服务和服务提供者的待遇。

GATS 的最惠国待遇原则与 GATT 不同，GATS 的最惠国待遇是有条件的，GATS 第 2 条第 2 款规定：世界贸易组织成员可以维持与这一原则不一致的措施，将该措施列入《关于第 2 条豁免的附件》中，并符合该附件的条件。原则上这种免除不得超过 10 年并且每 5 年进行一次复审，由服务贸易理事会负责，而且在任何情况下可由将来举行的多边贸易谈判予以变更。

2）透明度原则。GATS 第 3 条规定，除紧急情况外，每一成员应迅速公布有关或影响本协定运用的所有普遍适用的措施，最迟应在此类措施生效之时。一成员为签署方的有关或影响服务贸易的国际协定也应予以公布。同时该协定还规定当一国对 GATS 项下具体承诺所涵盖的服务贸易有重大影响的任何新的法律、法规、行政准则或现有法律、法规或行政准则的任何变更发生时，应迅速向服务贸易理事会报告，但是对于一旦泄露即妨碍执法或违背公共利益或损害特定公私企业合法商业利益的机密信息可不予公布。该原则保证了国际服务贸易活动中的公平竞争，使国际服务贸易正常进行。

3）市场准入与国民待遇原则。GATS 第 17 条第 1 款规定，对于列入减让表的部门，在遵守其中所列任何条件和资格的前提下，每一成员在影响服务提供的所有措施方面给予任何其他成员的服务和服务提供者的待遇，不得低于其给予本国同类服务和服务提供者的待遇。

4）逐步自由化原则。GATS 在其第四部分规定，各成员应通过具体承诺的谈判、具体承诺减让表和减让表的修改逐步提高国际服务贸易的自由化程度。

GATS 规定，谈判中准则的确立应考虑前一阶段谈判结果的评估、发展中国家的更多参与、自愿原则、最不发达国家的特殊困难等因素。这种规定考虑到各国服务贸易发展的不平衡，并且服务行业众多，情况甚复杂，不宜采用一揽子谈判方式，因此在协定建立后对各种服务贸易分别谈判，逐步完善规则内容。

5）发展中国家的更多参与。GATS 在其目标中明确提出要"促进发展中国家的发展"，因此在其内容中也包含了发展中国家更多参与国际服务贸易的原则，这是发展中国家积极争取的结果，也是发展中国家最为关心和重视的一项原则。

GATS 第 4 条第 1 款规定，不同成员应按照本协定第三部分和第四部分的规定，[①]通过谈判达成有关以下内容的具体承诺，以便利发展中国家成员更多地参与世界贸易：①提高其国内服务能力、效率和竞争力，特别是通过在商业基础上获得技术；②增加其进入分销渠道和利用信息网络的机会；③将对其有出口利益的部门和服务提供方式实现市场准入自由化。

第 4 条第 2 款还规定，发达国家成员和在有可能的限度内的其他成员，应在《世界贸易组织协定》生效之日起 2 年内设立联络点，以便利发展中国家成员的服务提供者获得与其各自市场有关的、关于以下内容的信息：①服务提供的商业和技术方面的内容；②专业资格的登记、认可和获得；③服务技术的可获性。

同时，GATS 还指出，以上两款规定的实施应给予最不发达国家成员特别优先。但与货物贸易相比，世界服务贸易的情况更加错综复杂，范围又极其广泛，各成员服务业发展不平衡，在一些方面对发展中国家成员的经济与技术现状有考虑不足之处。[②]

---

① 指具体承诺和逐步自由化的内容。
②《世界贸易组织百科全书》，中国大百科全书出版社，2007 年。

3. GATS 的意义与存在的问题

GATS 把关税与贸易总协定的精神与基本原则引入到了世界服务贸易的法律框架之中，为世界贸易组织总协定增加了新的内容，拓展了国际贸易规则和国际贸易发展的适用范围，对于推动世界服务贸易的发展起到了非常重要的作用。GATS 将服务贸易原则与规则纳入国际贸易法律体系，为国际贸易新的发展格局奠定了法律基础。

然而，由于以美国、欧盟和日本为代表的发达国家服务业的发展水平远远高于发展中国家，在乌拉圭回合前发达国家的服务贸易规模就已经占世界服务贸易总量的近 80%，因而 GATS 的法律框架实际上是保证了发达国家服务贸易发展的利益，确立了发达国家服务贸易发展在国际贸易分工中的优势地位，同时也为发达国家跨国公司进一步进入和控制发展中国家市场奠定了法律基础。

发展中国家与发达国家在服务贸易发展方面存在着巨大的利益冲突，利益冲突的矛盾点在于发达国家无论是在服务贸易发展的技术水平、发展程度方面，还是在经营规模方面都远远领先于发展中国家，在国际服务贸易竞争中发展中国家处于绝对劣势。虽然在 GATS 中也把促进发展中国家的经济发展和提高发展中国家服务的能力、效率和竞争力，以及加速发展中国家参与服务贸易和扩大服务出口紧密结合起来等内容从文字上写入 GATS 法律框架之中。但是实质上 GATS 并没有解决发展中国家与发达国家在服务贸易上的利益冲突。因为 GATS 对于发达国家对发展中国家应尽义务的条款并没有具体的强制性规定，所以 GATS 中把促进发展中国家的经济发展和提高发展中国家服务的能力、效率和竞争力，以及加速发展中国家参与服务贸易和扩大服务出口等内容实际上只是一纸空文，发展中国家服务贸易发展和经济增长的利益基本上得不到切实保障。

（二）GATS 框架下中国服务贸易发展问题

1. 中国服务贸易加入世界贸易组织的承诺

我国承诺开放 GATS 项下 12 大类部门中的 9 个部门，包括商业服务、通信服务、分销服务、教育服务、环境服务、建筑与相关工程服务、金融服务、旅游服务和运输服务，对文化服务、健康与社会服务以及其他服务并没有做出承诺。

如表 3-1 所示，在 149 个服务分部门中，中国对 82 个部门做出了约束承诺，承诺比例为 55%，在排除视听、邮政、速递、基础电信、运输服务等 46

个部门（这些部门今后将作为世界贸易组织议程的一部分得到修改或撤销）后，中国的承诺比率上升为63%。与其他WTO成员相比较，中国对服务业的承诺百分比远远高于发展中国家，但是低于发达国家。

表3-1 中国与不同类型世界贸易组织成员对具体服务活动的承诺概况

单位：%

	对149种具体服务活动的承诺	对149种具体服务活动除视听、邮政、速递、基础电信、运输服务外的承诺
中 国	55	63
发达经济体	64	82
转型经济体①	52	66
发展中经济体	16	19

资料来源：盛斌：《中国加入世界贸易组织服务贸易自由化的评估与分析》，《世界经济》，2002年第8期。

从表3-1中可以清晰地看出，我国服务贸易市场的开放步伐和开放速度不仅远远大于一般发展中国家，而且开放程度和开放力度已经接近中等发达国家。中国服务贸易加入世界贸易组织的承诺，既表明了中国开放服务贸易市场的诚意，也意味着中国服务贸易市场化进程的加快，同时也表示出中国发展服务业和服务贸易的信心与能力。

2. 中国服务贸易发展问题分析

长期以来，我国服务贸易发展严重滞后于货物贸易的发展，改革开放以后逐渐重视服务贸易对贸易增长和经济发展的拉动作用。特别是加入世界贸易组织以后，我国的服务贸易与世界服务贸易多边规则及谈判接轨，中国服务贸易发展迅速，但是与发达国家和一些新型工业国家相比，我国的服务贸易发展还很落后，服务贸易发展任重而道远。

（1）贸易总额迅速增长，贸易逆差逐年扩大。1985年我国服务贸易额总额为51.9亿美元，2010年我国服务贸易额已经增长为3624亿美元，增长了近69倍。进入20世纪90年代中期以来，我国积极融入世界服务贸易多边体系，于1995年签订了《服务贸易总协定》并在2001年加入了世界贸易组织，之后中国服务贸易更是取得了迅速的发展。从图3-1可以看出1997年起我国服务贸易进出口额一直处于增长状态，特别是自2001年之后进出口增速加快。受国际金融危机的影响，2009年我国服务贸易出口出现下滑，但经过调整与恢

---

① 转型经济体包括：捷克、匈牙利、波兰和斯洛伐克。

复，2010 年我国服务贸易出口强势反弹，相比 2009 年增长了 32%，继续保持良好的增长势头。但是我们同样应该认识到，2001~2009 年我国服务贸易额占世界服务贸易额的比率分别为 2.2%、2.5%、2.5%、2.8%、3.1%、3.4%、3.7%、3.9%和 3.9%，虽然一直处于增长状态，但是比重绝对值却依然较低，与世界服务贸易发展水平相比较为落后。与此同时，我国服务贸易多年来一直处于逆差状态，而且近两年逆差额有逐步扩大的趋势，如何改变逆差的形势是我国今后一段时间改善服务贸易状况的重点。

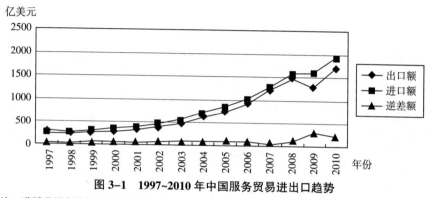

图 3-1　1997~2010 年中国服务贸易进出口趋势

注：遵循世界贸易组织有关服务贸易的定义，中国的服务贸易数据不含政府服务。
资料来源：世界贸易组织国际贸易统计数据库（International Trade Statistics Database）。

（2）出口结构不合理，出口以传统产品为主。从表 3-2 我们可以看出，1997~2010 年，旅游服务贸易出口一直占我国服务贸易出口的首位，而且在 2005 年之前几乎占据了我国服务贸易出口的一半份额。2005 年之后旅游出口所占比重逐渐降低，运输服务贸易出口的比重逐渐增加，至 2010 年二者比例已近乎相等，成为我国服务贸易出口额最高的两个部门。与此同时，以金融服务、计算机和信息服务以及专有权利使用费和特许费为代表的知识型和高科技服务贸易部门出口额所占比重却一直处于较低的水平。由此看来，我国的知识技术密集型服务的比重偏低，劳动密集型和自然禀赋型的旅游和运输服务贸易占据了我国服务贸易出口的半壁江山，服务贸易出口结构急需改善。

表 3-2 1997~2010 年中国服务贸易部分类别出口占比统计

单位：%

年份＼项目	运 输	旅 游	金融服务	计算机和信息服务	专有权利使用费和特许费
1997	12.1	49.3	0.1	0.3	0.2
1998	9.6	52.8	0.1	0.6	0.3
1999	9.2	53.9	0.4	1.0	0.3
2000	12.2	53.8	0.3	1.2	0.3
2001	14.1	54.1	0.3	1.4	0.3
2002	14.5	51.8	0.1	1.6	0.3
2003	17.0	37.5	0.3	2.4	0.2
2004	19.4	41.5	0.2	2.6	0.4
2005	20.9	39.6	0.2	2.5	0.2
2006	23.0	37.1	0.2	3.2	0.2
2007	25.7	30.6	0.2	3.6	0.3
2008	26.2	27.9	0.2	4.3	0.4
2009	18.4	30.9	0.3	5.1	0.3
2010	20.1	26.9	0.8	5.5	0.5

注：遵循世界贸易组织有关服务贸易的定义，中国的服务贸易数据不含政府服务。

资料来源：中国商务部服务贸易统计；2010 年数据根据《中国国际收支平衡表》(2010) 计算。

（3）出口产品的国际市场竞争力低。贸易竞争力指数（Trade Competitive Power Index)，即 TC 指数，表示一国贸易进出口差额占其贸易进出口总量的比重，是对一国贸易国际竞争力进行分析时的常用测度指标。指数越接近于 1 表示竞争力越大，等于 1 时表示该产业只出口不进口；指数越接近于–1 竞争力越弱，等于–1 表示该产业只进口不出口；等于 0 表示该产业竞争力处于中间水平。表 3–3 和表 3–4 分别是中国、美国、法国、日本和英国的 2010 年服务贸易 TC 指数和 2010 年中国服务贸易分行业贸易竞争力指数。

表 3–3 2010 年主要服务贸易出口国服务贸易 TC 指数

国 家	中 国	美 国	德 国	英 国	日 本	法 国
TC 指数	–0.061	0.180	–0.054	0.185	–0.060	0.054

资料来源：世界贸易组织国际贸易统计数据库（International Trade Statistics Database)。

表 3–3 的数据表明，我国服务贸易总体竞争力较低，与欧美发达国家有很大差距，在国际服务贸易中处于比较劣势的地位。从表 3–4 的数据可以看出，我国服务贸易分行业的竞争优势指数整体偏低，在保险、金融以及专有权利使用费和特许费等现代服务贸易领域的竞争优势指数极低，说明我国服务贸易不

表 3-4　2010 年中国服务贸易分行业贸易竞争力指数

单位（出口、进口、差额）：亿美元

行　业	出　口	进　口	差　额	TC 指数
运输	342	633	-291	-0.298
旅游	458	549	-91	-0.090
通信服务	12	11	1	0.043
建筑服务	145	51	94	0.480
保险服务	17	158	-141	-0.806
金融服务	13	14	-1	-0.037
计算机和信息服务	93	30	63	0.512
专有权利使用费和特许费	8	130	-122	-0.884
咨询	228	151	77	0.203
广告、宣传	29	20	9	0.184
电影、音像	1	4	-3	-0.600
其他商业服务	356	172	184	0.348

注：遵循世界贸易组织有关服务贸易的定义，中国的服务贸易数据不含政府服务。

资料来源：2010 年《中国国际收支平衡表》。

但在总体上竞争力较低，而且在全球现代服务业领域国际竞争力更低。随着我国服务贸易开放程度的不断提高，和世界经济形势的日趋复杂，中国的服务贸易必将面临着更大的竞争与挑战。

（三）GATS 为中国服务贸易的发展提供了机遇

GATS 把服务贸易纳入了世界多边贸易体系，加快了全球服务贸易自由化的进程，有利于我国在服务贸易中发挥比较优势，提升国际市场竞争力，为我国服务贸易扩大出口和服务贸易的快速发展提供了发展机遇。

1. 有助于服务贸易在全球发展，促使我国服务企业加快实施"走出去"战略

GATS 不仅为我国传统服务贸易产品扩大出口提供了市场机遇，而且为我国生产性服务业的出口发展，以及新兴产业和高端服务业提供了新的发展机遇。党的十七大报告明确指出："坚持对外开放的基本国策，把'引进来'和'走出去'更好地结合起来，扩大开放领域，优化开放结构，提高开放质量，完善内外联动，建立互利共赢、安全高效的开放型经济体系，形成经济全球化条件下参与国际经济合作和竞争的新优势。"纵观中国"走出去"战略的实施现状，在货物贸易方面，进出口额不断增加，贸易顺差也在不断扩大，出口的

商品门类也越来越多，在很多行业我国货物贸易都有很强的国际竞争力，国际市场占有率较高；然而在服务贸易方面，虽然进出口额及市场占有率均处于上升态势，但是与发达国家及一些新兴市场国家相比，仍处于十分落后的地位。如何加快服务业"走出去"的步伐是我国今后"走出去"战略实施的重点。

GATS 的签署为我国发展服务业"走出去"战略提供了良机，因为 GATS 本身就是发达国家与发展中国家相互妥协的产物，发达国家希望将服务贸易纳入世界多边贸易体系，依靠自身服务业的优势打开发展中国家服务业市场的大门；发展中国家通过谈判为自己争取了很多有利的规定，同时很多发展中国家特别是新兴市场国家的服务业已经有一定程度的发展，也希望通过服务贸易的自由化来发展本国的服务贸易。根据 GATS 逐步实现服务贸易自由化的原则，各成员国必须履行逐步开放本国服务市场的义务，这有利于我国服务业进入以前无法进入的市场，并享受最惠国待遇及国民待遇。

此外，GATS 规定的透明度原则以及市场准入的承诺有助于我国的服务提供者更加及时准确地了解贸易伙伴方有关的法律、法规，以及各种管理措施，获得国际服务业和服务贸易的各种信息，在一定程度上解决服务贸易中的信息不对称问题，为服务贸易企业"走出去"创造条件。同时，在 GATS 框架下发展服务贸易也减少了我国服务产品在国际市场中所遭遇的服务贸易壁垒，有助于我国服务产品打入国际市场。

2. 引进竞争机制，有利于改善我国服务业竞争环境，提高效率

长期以来，我国服务贸易以及服务业发展速度缓慢的原因之一，就是国内服务产业竞争程度不高，电信、银行、保险等很多行业垄断现象比较严重，这不仅破坏了正常的公平竞争秩序，还导致行业创新力下降，企业安于现状不思进取，效率低下，缺乏忧患意识。GATS 要求各国加大服务业的对外开放程度，我国服务产业和企业将直接与外国服务或服务提供者展开面对面的竞争，这样我国服务企业与产业的竞争压力将不断加大，有助于服务业变压力为动力，积极创新，提高效率，在与国外服务提供者的竞争中不断壮大我国服务业，提高我国服务出口产品的竞争力，进而促进我国服务贸易的发展。

3. GATS 有助于我国通过参与国际分工与合作，提升服务贸易发展水平

在 GATS 框架下，通过参与国际分工与合作，有利于发挥我国服务贸易比较优势，学习发达国家先进的服务贸易经验，降低我国服务贸易发展的成本，加快我国服务业与服务贸易产业优化升级的步伐，缩短与发达国家服务贸易发展水平的差距。大卫·李嘉图的比较优势理论指出，国际贸易使得世界产出增

长的原因是：它允许每个国家专门生产自己有比较优势的产品，如果每个国家都出口本国具有比较优势的商品，则两国间的贸易能使两国都受益。赫克歇尔和俄林的要素禀赋理论（H-O 理论）认为，比较优势产生的根源在于各个国家或区域的生产要素相对禀赋不同，以及不同商品生产在要素实用密集形式上存在差别。因此，各国应生产出口那些密集使用本国相对充裕要素的产品，而进口那些密集使用本国相对稀缺要素的产品。

根据 Falvey 和 Gemmell（1991）通过计量分析方法分析所得出的结论，发达国家在金融、工程咨询、信息处理等资本、技术密集型服务方面具有比较优势；而某些发展中国家在工程承包等劳动密集型服务上具有比较优势。[①]

通过表 3-2 可以看出，以运输与旅游服务为代表的劳动密集型和资源禀赋型服务出口一直占据了我国服务贸易出口的半壁江山，而金融服务、计算机和信息服务以及专有权利使用费和特许费等高附加值的技术与知识密集型服务的出口却始终停滞不前，直接限制了我国服务业与服务贸易的产业优化升级。因此，在参与国际服务贸易，特别是与发达国家进行服务贸易时，一方面我们进口发达国家的优质服务产品；另一方面要学习发达国家带给我们的先进的服务理念、技术和管理经验，并应用于我国服务业与服务贸易的管理中，提高我国服务业的服务质量和水平，进而带动服务贸易的发展。

4. GATS 为我国加快发展服务贸易提供了历史性机遇

GATS 在其序言中即明确表示："期望便利发展中国家更多地参与服务贸易和扩大服务出口，特别是通过增强其国内服务能力、效率和竞争力"。协定中的最惠国待遇、透明度规定、逐步自由化规定都有助于发展中国家服务贸易的发展，与此同时，GATS 还将"发展中国家的更多参与"列为其一项重要的原则和各成员必须遵守的义务。可见，GATS 为发展中国家的服务业与服务贸易发展提供了便利的途径，也为发展中国家与发达国家的服务贸易创造了一个相对公平的外部环境。

我国作为世界上最大的发展中国家应该充分利用 GATS 关于发展中国家的优惠规定。发展中国家服务贸易的优势在于自然人流动等劳动和资源禀赋型服务，因此如何在与发达国家的服务贸易中发挥这方面的优势就成为我国发展服务贸易的重点。我国可以根据发展中国家的更多参与这一原则要求发达国家更多地开放市场，同时我国也可以要求发达国家或其他成员国给予特殊支持与帮助。

---

① Falvey, Gemmell. Explaining Service-Price Differences in International Comparisons. The American Economic Review, Vol.81, No.5 1991.

作为发展中国家，我国在金融、视听以及咨询等知识和科技禀赋型服务贸易方面与发达国家存在不小的差距，我国可借助 GATS 关于促进发展中国家服务贸易发展的优惠规定，发展与发达国家的服务贸易与国际合作，借鉴发达国家的经验，在开放的服务贸易中提升自己，缩小与发达国家在服务贸易方面的差距。

5. GATS 有利于我国发展国际区域经济合作和双边贸易

由于世界经济发展不平衡，世界经济出现了区域经济一体化与经济全球化两大趋势并存的状况，但二者之间的目标均是消除各经济体之间的贸易与投资障碍。在服务贸易领域，服务贸易发展地区不平衡性表现得更加明显，因此 GATS 兼顾了这两大趋势，其中关于经济一体化的部分明确规定，对于旨在实现参加方之间服务贸易自由化的区域一体化协议，只要其不违反作为参加方的成员方在 GATS 下的具体承诺，不提高该协议之前所存在的服务贸易壁垒水平，GATS 不得阻止任何成员参加或达成在参加方之间实现服务贸易自由化的协定。

国际区域服务贸易的发展由来已久，早在 1957 年欧盟成立之初，《罗马条约》即规定要逐步废止成员国国民在共同体内自由提供服务的限制。《北美自由贸易协定》第一章即确立了"消除贸易壁垒，促进成员之间商品和服务流动"的目标，并且就北美自由贸易区内服务贸易自由化的问题做出了详细安排。

我国服务贸易的发展落后于世界服务贸易平均发展水平，通过一体化经济组织内部的服务贸易协定可以进一步减少服务贸易壁垒，使得一体化组织内部服务贸易自由化程度提高，有利于进一步拓展双方服务部门的互利合作，实现优势互补，增强竞争力，扩大服务贸易出口。而且发展中国家之间的贸易协定还可以增强发展中国家服务贸易的整体竞争力，减少在服务贸易方面对发达国家的依赖，改善服务贸易发展地区不平衡问题。因此，通过经济一体化组织达成服务贸易协定是我国发展服务贸易的良好路径与机遇。

实际上为了发展地区间服务贸易，我国就曾谋求与东盟国家建立服务贸易多边关系，发展自由服务贸易。早在 2002 年《中国与东盟全面经济合作框架协议》中，双方就明确表示要通过谈判逐步实现地区间服务贸易自由化，此类谈判应致力于在各缔约方之间的服务贸易领域，逐步取消各缔约方之间存在的所有歧视，并（或）禁止采取新的或增加歧视性措施；并在中国与东盟各成员国根据 GATS 所做承诺的基础上，继续扩展服务贸易自由化的深度与广度。包括新加坡、马来西亚、泰国、菲律宾、文莱、印度尼西亚、柬埔寨、老挝、缅甸和越南在内的东盟各国也在其世界贸易组织承诺的基础上作出了新的开放承诺，减少市场准入限制。中国与东盟签署的《服务贸易协议》是中国在自贸区框架下与其他国家签署的第一个服务贸易协议，是我国在经济一体化背景下发展服务贸易的一次重要尝试。

（四）GATS 框架下中国发展服务贸易面临的挑战

1. 市场开放，我国服务业和服务贸易发展面临巨大冲击

服务业是一种信息密集、知识密集和高端人力资本密集产业。拥有信息密集、知识密集和高端人力资本密集服务业的国家，在国际贸易中也必然占据竞争优势。发达国家将服务贸易纳入乌拉圭回合谈判的主要目的就是利用其在服务业与服务贸易方面的巨大优势打入发展中国家服务市场，但这样会对发展中国家的服务业与服务贸易造成严重的打击。虽然经过谈判与协商，GATS 在很大程度上保护了发展中国家的利益，并且给予发展中国家的服务贸易很多优惠措施，但是在服务贸易方面我国与发达国家仍然存在着巨大差距。市场开放，特别是开放进程过快，不仅会对我国传统服务产业，而且会对我国新兴服务业的发展，特别是对我国尚处于萌芽状态的高端服务业的发展带来不同程度的冲击和挑战。

服务贸易的发展与国内服务业发展状况以及服务市场成熟度密切相关，我国目前服务市场的现状是服务业发展滞后，国际竞争力不强，不但与发达国家存在着严重差距，而且落后于印度、巴西等发展中国家。国内服务业的问题主要表现为市场层次单一，服务业种类少，主要集中表现在劳动密集型服务行业缺乏技术含量高的视听、金融、信息咨询等服务。因此，在 GATS 框架下实施服务自由化，必然导致大量外资进入附加利益高的行业，对我国这些尚不成熟的幼稚行业造成强大冲击。由于我国某些服务业与外资相比力量太悬殊，国内服务市场易被发达国家产业和企业占据，我国服务贸易也必将面临巨大的危机。而且对外开放服务市场在一定时期内不可避免地会出现国际服务贸易逆差扩大问题，如果这种逆差长期得不到改变，就很有可能部分抵消掉我国在国际货物贸易方面取得的顺差，从而影响到我国的国际收支平衡，并且有可能对我国国民经济的总体运行产生负面影响。

2. GATS 对于我国法律法规的改革与调整提出了新的挑战

我国现行服务贸易法律体系不健全，管理体系落后，一些政策法规有待于进一步推陈出新，否则难以适应 GATS 框架下我国服务贸易的发展要求。国际服务贸易活动无法依靠诸如关税等边境措施来加以限制，只有通过国家立法的形式，依靠相关的法律规章制度来实施管理。发达国家一般都已形成一套完整

的服务贸易法律体系以及管理体制，在发展服务贸易和开放服务市场方面有一套严格的法律规定。然而我国在立法管理方面却比较落后，机构不健全，管理法律法规混乱，缺乏内在统一性，高素质的服务业管理人才也十分匮乏。非但不能适应服务贸易对外开放的形势，而且无法完全保证我国服务业不受外国服务产品的侵害。

虽然在加入世界贸易组织以后，我国相继修订和颁布了一系列涉外的法律法规，但是由于我国服务贸易法律法规体系不健全且相关法律法规缺失或不够细化，在与其他国家和地区的服务贸易活动中，其他国家和地区的服务提供者会抓住我国服务贸易法律不健全的漏洞，实施服务贸易侵害行为，而我方却无法通过有效的法律方式进行诉讼或反诉讼，从而对服务贸易部门甚至整个经济运行造成损害。

与此同时，由于我国服务贸易方面的法律体系不健全，很多服务贸易行为还需要通过各种行政指令、规章进行规范，这种方式不但效率低下，而且还容易造成服务贸易伙伴对于我国一些服务贸易的法规政策曲解或误解，这也容易为竞争对手提供对我国服务贸易行为进行诉讼的理由。

3. 市场开放，会加大我国区域间服务业和服务贸易的不平衡

随着市场开放程度的加深和贸易自由化进程的加快，外国服务资本和产品的自由流动将会加大我国服务业与服务贸易发展的区域间和部门间的不平衡性，从而影响我国服务业和服务贸易的均衡发展。根据我国的承诺与世界贸易组织的规定，我国不能对外国服务提供者的投资地域与部门进行限制。《服务贸易总协定》第16条规定，作出市场准入承诺的部门，除非在其减让表中另有列明，否则一成员不得在其一地区或在其全部领土内维持或采取如下措施：①以数量配额、垄断、专营服务提供者的形式和经济需求测试要求的形式，限制服务提供者的数量；②以数量配额或经济需求测试要求的形式限制服务交易或资产总值；③以配额或经济需求测试要求的形式，限制服务业务总数或以指定数量单位表示的服务产出总量；④以数量配额或经济需求测试要求的形式，限制特定服务部门或服务提供者可雇用的、提供具体服务所必需且直接有关的自然人总数；⑤限制或要求服务提供者通过特定类型法律实体或合营企业提供服务的措施；⑥以限制外国股权最高百分比或限制单个或总体外国投资总额的方式限制外国资本的参与。

我国在制定服务业发展规划时，服务贸易对外开放的试点大都集中在沿海发达地区，虽然此举能在短时间促进我国服务贸易的发展，但中西部地区服务业的落后最终也会阻碍服务贸易的进一步发展，从而不利于我国服务业从根本上发展壮大，而且要认识到中西部服务业与服务贸易的发展对我国服务贸易对

外开放与发展的重要作用。外国服务提供者的投资将主要投向经济比较发达、基础设施比较好、服务需求比较旺盛的东部沿海地区和一些中心城市。从而导致经济较发达的东部沿海地区服务贸易发展较快，而中西部地区服务贸易出口增长缓慢。这必将进一步拉大东部沿海与中西部地区之间、农村与城市之间的差距，与我国服务业与服务贸易均衡发展的总体规划相违背，制约我国服务贸易的进一步发展。

在投资部门方面，外国服务提供者追求其利润最大化的本性决定了其对所投资的服务部门和投资的场所，必然有所偏好、有所选择。其资本将主要投向一些具有高附加值和高回报率的部门。外商投资的自由流动直接影响我国服务业和服务贸易的均衡发展，导致我国服务业和服务贸易发展的两极分化，不利于我国服务业与服务贸易的良性发展。

（五）GATS 框架下中国发展服务贸易的政策建议

1. 建立完善的服务贸易法律体系、政策体系及预警和监管体系

（1）建立完善的服务贸易法律保障体系。首先要加快服务贸易领域法律法规改革和调整的步伐，增强我国服务贸易政策法规的透明度。在保证国家安全、商业秘密不受影响的前提下，增强政策法规的透明度，积极履行承诺的作为 GATS 成员国的义务。与此同时，我们还要加强服务贸易相关法律的制定，与国际服务贸易法律体系相一致，使各项服务贸易活动都能做到有法可依，切实保护正常服务贸易活动按照 GATS 的原则与规定有序进行，为我国服务贸易的快速发展提供法律保障。在我国已经承诺开放的服务领域系统完善服务贸易法律体系。对于已经完成立法的承诺开放领域，要予以更新与调整；对于尚未完成立法的承诺开放领域，要加快立法步伐，确保服务贸易活动有法可依。对于不符合市场经济规律、不符合 GATS 精神与原则的法律要坚决予以废止。

（2）建立服务贸易发展政策促进体系。首先从政策制定的角度看，应高度重视服务业和服务贸易的发展，摒弃重货物贸易、轻服务贸易的陈旧观念，将发展服务贸易摆在重要的战略高度予以支持。其次要建立完善的服务贸易政策促进体系，保证从政府、行业协会各个层面都有完善的服务贸易促进措施。政府要制定服务贸易发展的总体目标与战略规划，并在资金、政策以及信息提供等方面给予国内服务贸易企业支持，提高其竞争力，与国外同行业厂商相对抗。最后要加大力度促进中西部落后地区服务业与服务贸易的发展，服务贸易的对外开放应认识到中西部地区服务贸易发展、服务业竞争力的增强对我国整体经济发展和地方区域经济的发展的重要战略意义，要进一步促进中西部地

区服务贸易的对外开放，迅速增强我国中西部地区服务业和服务贸易发展的竞争力。

（3）建立灵敏的预警机制和科学的监管体系。金融危机后，全球贸易保护主义盛行，各种服务贸易壁垒层出不穷，政府、行业协会以及企业要增强忧患意识。政府各驻外机构要加强服务贸易预警，给国内应对服务贸易壁垒争取充足应对时间，便于国内针对预警情况及时做出战略调整。

2008 年以来，金融危机源头之一即是美国的金融监管缺失，这也为其他国家对金融服务贸易等服务贸易部门的监管敲响了警钟。在电信、金融等关系国家安全的重要部门，要加强服务贸易自由化过程中的对外部和内部预警和风险防范，建立比较完善的监管制度与体系，确保这些部门在对外开放的过程中安全与稳定。

2. 实行渐进市场开放策略，减少国外对我国服务业和服务贸易的冲击

我国服务业与服务贸易的发展均落后于发达国家，特别是在视听、金融和信息等知识与技术禀赋型的服务部门更是与其他国家存在较大的差距。因此，我国在根据 GATS 逐步自由化原则以及我国加入世界贸易组织承诺开放服务业时，应坚持适度、渐进开放的原则，在一定时期内，对进入我国的不同服务部门实施不同程度的限制，对一些刚刚发展起来、缺乏国际竞争力的服务行业进行适度保护，防止因国外服务业大量涌入，竞争过度给国内服务业造成严重的冲击。

我国政府应充分利用 GATS 对发展中国家的特殊规定及有关例外条款和暂时不宜对外开放的部门实行保护和限制。特别是对涉及国家主权、安全的部门，关系国民经济命脉和民生的部门，要加强外资管理，不允许外资单独持股或者禁止外资进入这些部门。

3. 大力发展我国服务业和服务贸易领域的高端人力资本

服务业和服务贸易的国际竞争，最重要的是高端人力资本的竞争。服务业和服务贸易，特别是现代高端服务业和服务贸易，信息密集、知识密集和高端人力资本密集的程度远远高于其他行业。西方工业发达国家主要是通过知识产权、核心技术、人力资本三大要素在国际贸易竞争和国际分工中确立其优势地位，领先并控制着发展中国家的经济发展。这三大要素本质上就是高端复杂劳动，也就是高端人力资本，西方工业发达国家自从工业革命以来一直致力于这三大要素的有效供给。这就是为什么在乌拉圭回合发达国家极力坚持把与贸易有关的投资、知识产权和服务贸易三个新领域纳入世界贸易组织协定，予以法

律化和制度化，这三个新领域都是最能体现发达经济体的知识产权、核心技术和人力资本三大要素竞争力的优势领域，同时也是发达经济体高端复杂劳动的比较优势。

多年来在我国经济增长中，高端人力资本供给没有大规模增加，所以我国服务业和服务贸易发展一直比较落后，服务贸易的逆差也在逐年扩大。现代服务业是一个国家高端人力资本规模、水平、程度和软实力的综合体现，与发达国家相比也是我国的落后产业。随着当代高新技术产业和信息化社会的发展，许多新的服务业务从中不断分离出来，形成了新的高端服务业服务于以高新技术产业和信息化社会为代表的新经济。把现代服务业和服务贸易作为国民经济发展的战略性产业重点发展重点扶持，有利于我国高新技术产业的发展，有利于推动我国社会信息化的发展，有利于我国经济的国际化发展，而基础是我国高端人力资本的投资与发展。

4. 积极参与多边服务贸易谈判，敦促发达国家履行对于发展中国家的义务

GATS 框架下的规则谈判是发展中国家争取自身权益和敦促发达国家履行对于发展中国家义务的重要途径，我国应该积极参与服务贸易谈判，在 GATS 框架下争取更多的有利于我国服务业和服务贸易发展的国际服务贸易规则，在未来的服务贸易谈判中，与其他发展中国家联合起来，通过谈判使保障发展中国家利益的规则条文进一步具体化、强制化，并共同敦促发达国家切实履行对于发展中国家的义务。

我国应积极参与并推动紧急保障措施机制的谈判。紧急保障措施机制对于发展中国家来说极其重要，因为发展中国家服务业发展滞后，极易受到发达国家服务业的冲击，因此我国应充分利用紧急保障措施机制来应对服务贸易对外开放中的不确定性和风险性，利用紧急保障措施机制保护我国的弱势行业、新兴服务业，特别是处于萌芽状态的高端服务业。

市场准入的谈判，最初是发达国家为打开发展中国家服务市场的大门而提出的。然而市场准入的谈判是一把双刃剑，发展中国要发展本国服务贸易，发挥比较优势，也需要积极参与并利用市场准入的谈判，根据发展中国家发展服务贸易的优惠规定，要求发达国家在市场准入方面给予更多的优惠。

5. 积极发展区域服务贸易和双边服务贸易，加快我国服务贸易发展

随着世界经济一体化趋势的不断增强，发展区域服务贸易和双边服务贸易对于我国服务贸易发展的作用越来越大。我国应积极参加 GATS 框架下的区域

服务贸易和双边服务贸易谈判，在 GATS 允许的范围内建立更多的区域服务贸易和双边服务贸易关系，为我国服务贸易发展创造更大的市场空间和萌芽领域，加速我国服务贸易出口的发展。

参考文献：

[1] 司法部、对外贸易经济合作部：《中国加入 WTO 法律知识读本》，法律出版社，2002 年。

[2] 韩睿益：《国际服务贸易的发展趋势和我国应采取的对策》，《经济导刊》，1999 年第 2 期。

[3] 黄凌宇：《WTO 框架下中国服务贸易发展的初步构想》，《时代经贸》，2007 年第 5 卷。

[4] 刘树森：《中国—东盟自由贸易区丛书 3——解读篇》，广西师范大学出版社，2010 年。

[5] 任泉：《乌拉圭回合内幕》，世界知识出版社，1996 年。

[6] 沈大勇、金孝柏：《国际服务贸易：研究文献综述》，人民出版社，2010 年。

[7] 盛斌：《中国加入 WTO 服务贸易自由化的评估与分析》，《世界经济》，2002 年第 8 期。

[8] 陶凯元：《国际服务贸易法律的多边化与中国对外服务贸易法制》，法律出版社，2000 年。

[9] 杨圣明：《国际服务贸易：新世纪中国面临的议题》，《财贸经济》，1999 年第 3 期。

[10] 于立新、高伟凯、陈昭：《我国服务贸易与服务外包发展路径》，见：裴长洪：《中国国际商务理论前沿（6）》，2010 年。

[11] 张汉林：《经贸竞争新领域——服务贸易总协定与国际服务贸易》，中国经济出版社，1997 年。

[12]《世界贸易组织百科全书》编委会：《世界贸易组织百科全书》，中国大百科全书出版社，2007 年。

[13] 世界贸易组织秘书处：《乌拉圭回合协议导读》，索必成、胡盈之译，法律出版社，2000 年。

[14] 世界贸易组织：《乌拉圭回合多边贸易谈判成果》，复旦大学出版社，1995 年。

[15] 王贵国：《世界贸易组织法》，法律出版社，2003 年。

[16] Falvey and Gemmell. Explaining Service-Price Differences in International Comparisons. The American Economic Review, Vol.81, No.5.

第二部分

产业分析

四、中国旅游服务贸易发展现状、问题与政策建议

赵雅萍　王诚庆[①]

摘　要：《服务贸易总协定》是从入境游的角度定义旅游服务贸易的，而本报告则基于贸易平衡的出发点对旅游服务贸易的概念和内涵进行界定与分析。通过回顾我国国际旅游的发展历程和研究我国旅游服务贸易的发展现状，证明了我国已经迈入旅游服务贸易大国的行列。本报告认为我国旅游服务贸易发展中存在的主要问题包括四个方面：产品创新不足，宣传力度不够；企业竞争力弱，商业存在发展滞后；人才总量不足，供需结构失衡；公共服务建设落后，市场秩序有待规范。在研究问题与分析环境的基础上，本报告提出了未来一段时期促进我国旅游服务贸易发展的政策建议。

关键词：旅游服务贸易　发展现状　问题　政策建议

旅游服务贸易是服务贸易的重要组成部分。在世界范围内，旅游服务贸易发展非常迅速，目前世界旅游组织与世界贸易组织都将旅游贸易与货物贸易摆在同等重要的位置。在我国，凭借着丰富的劳动力资源和自然景观资源等比较优势，旅游服务贸易表现出迅猛的发展态势。在这样的背景下，对我国旅游服务贸易发展历程、现状、问题和环境进行分析研究，以增强对我国旅游服务贸易整体发展状况的客观认识，并在此基础上尝试性地提出相关的政策建议，对促进我国旅游服务贸易的有序健康发展，推动我国从旅游服务贸易大国向旅游服务贸易强国转变具有重要的现实意义。

---

① 赵雅萍，中国社会科学院研究生院博士研究生；王诚庆：中国社会科学院财政与贸易经济研究所旅游研究室研究员、博导。

（一）旅游服务贸易概述

1. 旅游服务贸易的概念

按照《服务贸易总协定》的界定，国际旅游服务贸易是一国（地区）旅游从业人员向其他国家（地区）的旅游服务消费者提供旅游服务并获得报酬的活动。很显然，这是从入境游的角度定义旅游服务贸易的。然而，一国的入境游同时也是其他国家的出境游，并且作为一种贸易，不可避免地要出现贸易差额与平衡这一极为重要的问题。因此，尽管从全球的范围来看服务贸易总协定的定义具有避免重复计算的科学性，但当人们将关注点集中于一个国家时，却有必要同时考察出境旅游。在本报告中，旅游服务贸易既包括外国旅游者的入境旅游，即国际收入旅游，又包括本国国民的出境旅游，即国际支出旅游。

2. 旅游服务贸易的内涵

旅游服务贸易既有贸易品的共性、服务贸易的特征，又兼具旅游业的特点。

首先，旅游服务贸易是一种贸易行为。因此，旅游服务贸易所涉及的对旅游产品或服务的交易活动是在国家之间产生的，而国内各地区之间的旅游产品或服务的交易活动不在此列。即旅游服务贸易仅包括国际旅游部分，而不涉及国内旅游部分。

其次，旅游服务贸易是服务贸易的重要组成部分。因此，旅游服务贸易应遵循《服务贸易总协定》的框架，并涵盖 GATS 所提出的四种服务贸易模式：①跨境交付。主要通过国际电讯、互联网等手段为境外旅游者提供旅游信息、咨询、远程预订等服务。②境外消费。即在国内为国外入境旅游者提供旅游交通、住宿餐饮、观光游览、娱乐休闲、旅游购物等旅游服务。③自然人移动。表现为外国技术、管理人员到一国提供相关的旅游服务和管理。④商业存在。表现为外国投资者通过在一国开发旅游景区景点，建立旅游饭店、旅行社和航空公司等直接为该国旅游者提供旅游服务，或通过设立银行、保险公司、律师事务所等间接为该国旅游者提供旅游服务。[①]

最后，从本质上讲，旅游服务贸易的对象是旅游产品和服务，它应具备旅游的特质属性。旅游是人们在其通常住处之外旅行和暂时居留而引起的现象和关系的总和，并且这种旅行和暂时居留不牵涉任何赚钱的活动。相应地，国际

---

① 罗明义、毛剑梅：《旅游服务贸易：理论、政策、实务》，云南大学出版社，2007 年。

旅游便是人们在其通常居住国以外从事的迁徙和逗留活动。由此可见，与其他服务贸易相比，旅游服务贸易的最大特点是消费者（旅游者）需要移动到生产者所在国（目的地）进行服务贸易，即旅游服务贸易主要通过过境消费方式完成。

3. 我国旅游业在世界贸易组织中的相关承诺

根据联合国核心产业目录（CPC）的界定，旅游业属于第九类——《旅游及相关服务》，涉及饭店、旅行社、导游服务等行业和相关服务。我国旅游业在 WTO 中的承诺主要包括两个部分：饭店（包括公寓楼）和餐馆（CPC641-643）；旅行社和旅游经营者（CPC7471），其相关承诺的具体内容见表4-1。

表4-1　我国旅游业在世界贸易组织中的相关承诺

部门	相关规定
饭店、餐馆及送餐	（1）对于跨境提供和境外消费的服务提供方式，在市场准入和国民待遇方面均没有限制。 （2）对于商业存在的服务提供方式，市场准入方面规定：外国服务提供者可以合资企业形式在中国建设、改造和经营饭店和餐馆设施，允许外资拥有多数股权。中国加入世界贸易组织后4年内，取消限制，将允许设立外资独资子公司。在国民待遇方面没有限制。 （3）对于自然人移动的服务提供方式，市场准入方面规定除水平承诺中内容和下列内容外，不做承诺：允许与中国的合资饭店和餐馆签订合同外的外国经理、专家在中国国内提供服务。在国民待遇方面除水平承诺中内容外不做承诺。
旅行社和旅游经营者	（1）对于跨境提供和境外消费的服务提供方式，在市场准入和国民待遇方面均没有限制。 （2）对于商业存在的服务提供方式，市场准入方面规定，对满足下列条件的外国服务提供者可以自加入时起以合资旅行社和旅游经营者的形式在中国政府指定的旅游度假区和北京、上海、广州和西安提供服务：旅行社/旅游经营者主要从事旅游业务；年全球旅游收入超过4000万美元；合资旅行社/旅游经营者的注册资本不少于400万元人民币；中国加入后3年内，注册资本不得少于250万元。加入后3年内，将允许外资拥有多数股权；加入后6年内，将允许设立外资独资子公司，将取消地域限制；加入后6年内，将取消对合资旅行社/旅游经营者设立分支机构的限制，且对于外资旅行社/旅游经营者的注册资本要求将与国内相同。在经营业务方面：向国内外旅游者提供可由在中国的交通和饭店经营者直接完成的旅行和饭店住宿业务；在中国境内为中外旅游者提供导游及在中国境内的旅行支票兑换业务。在国民待遇方面规定：合资或独资旅行社/旅游经营者不允许从事中国公民出境及赴中国港澳台的旅游业务，除此之外没有限制。 （3）对于自然人移动的服务提供方式，在市场准入和国民待遇方面除水平承诺中的内容外，不做承诺。

（二）我国旅游服务贸易的发展历程及现状

1. 我国国际旅游的发展历程

国际旅游是旅游服务贸易的前提和基础。因此，在叙述我国旅游服务贸易的发展现状之前，有必要对我国国际旅游的发展进程进行阐述。

（1）我国入境旅游的发展历程。1949年11月第一家旅行社诞生，标志着我国旅游业的起步。改革开放之前，我国旅游业承担着对外宣传中国建设成就、加强国际友好往来的政治任务，旅游业并没有形成一个完整的产业，发展规模较小，结构较为单一。1978年，我国入境旅游人数仅为180.9万人次，旅游外汇收入为2.63亿美元，位于世界第41位。1978年以后，旅游业作为我国改革开放的标志性产业，进入了新的发展时期，入境旅游无论在规模上还是在增长速度上都有了重大发展。从我国入境旅游的规模看，过夜旅游者从1980年的350万人次增长到2005年的4680.9万人次，增长了13倍；入境旅游外汇收入从1980年的6.17亿美元增长到2005年的282.96亿美元，增长了近46倍（见图4-1、图4-2）。从增长速度来看，1980~2005年，除1989年、1995年和2003年的入境过夜旅游人数增长率出现负值以外，其他年份均为正增长。

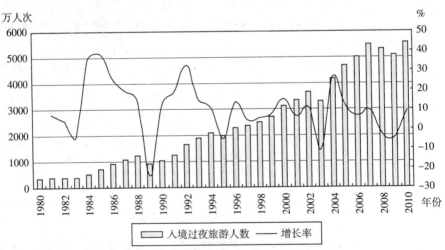

图4-1 1980~2010年我国入境过夜旅游人数及其增长率

资料来源：各年度《中国旅游统计年鉴》。

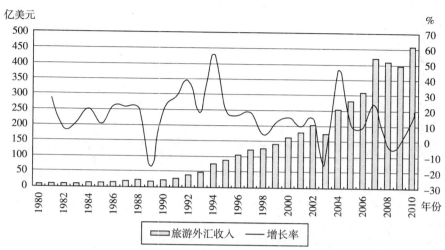

图 4-2   1980~2010 年我国旅游外汇收入及其增长率
资料来源：各年度《中国旅游统计年鉴》。

（2）我国出境旅游发展历程。20 世纪 80 年代中期，港澳探亲游启动，我国的出境旅游发展初现端倪。1988 年，除港澳地区外，泰国成为了我国出境旅游的第一个目的地国家，我国出境旅游自此起步。1990 年起，我国政府陆续允许新加坡、马来西亚、泰国、菲律宾为中国公民探亲旅游的目的地国家。1997 年，我国发布了《中国公民自费出国旅游暂行管理办法》，这是我国第一部关于出境旅游管理的法规，标志着出境探亲旅游正式转变为公民自费出国旅游。经过十余年的发展，我国出境旅游不仅达到一定规模，而且增长速度也不断加快。我国公民出境旅游数量 1992 年为 298.87 万人次，2003 年突破 2000万人次，并首度超过日本成为亚洲出境旅游人数最多的国家。与此同时，我国公民因私出境旅游人数保持着较高的增长率，1992~2005 年，因私出境占总出境旅游者的比重已经从不足 40%增长到 81%左右（见图 4-3）。

2. 我国旅游服务贸易的发展现状

（1）旅游服务贸易规模不断扩大，国际地位逐步提升。"十一五"期间，我国旅游服务贸易总体规模（进出口总额①）不断攀升，由 2006 年的 582.71亿美元增长到 2009 年的 833.77 亿美元，年平均增长率约为 13%（见图 4-4），高于同期世界旅游服务贸易年均增长率约 11%。

---

① 由于我国旅游统计工作的滞后，此处的旅游服务贸易进出口数据主要是指伴随国际出入境旅游而产生的旅游外汇收入和支出，而不包含商业存在的盈亏数据。

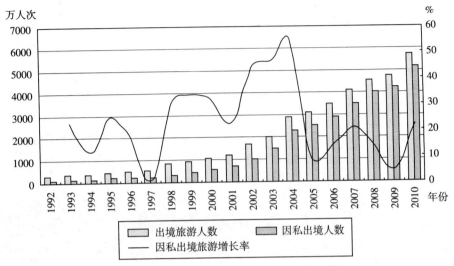

图 4-3 1992~2010 年我国出境旅游的发展状况

资料来源：各年度《中国旅游统计年鉴》。

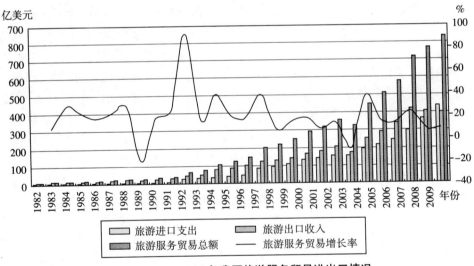

图 4-4 1982~2009 年我国旅游服务贸易进出口情况

资料来源：各年度《中国旅游统计年鉴》及世界贸易组织网络数据库。

　　我国旅游服务贸易在服务贸易领域中占据着重要份额。1996~2006 年，我国旅游服务贸易占服务贸易的比重均高于 30%，其中，1998~2002 年连续 5 年占比超过 40%。2006~2008 年，一方面国际金融危机的影响初现端倪，这对入境游是一个很不利的因素，另一方面我国服务贸易其他行业发展较为迅速，这两方面因素共同作用的结果，使得我国旅游服务贸易在服务贸易领域中的比重持续下降，2008年更是出现了近几年来的一个低值点。2009年以来，我国旅游服务贸易恢复增长，其在服务贸易中的占比达到29%（见图4-5）。从国家旅游局公布的2010年入境旅游外汇收入（495亿美元，同比增长8%）来看，我国的旅游服务贸易进口出现了大幅度的反弹。另外，国家旅游局公布，2010年我国出境旅游人数为6500万人次，同比增长13%。据此推断，2010年我国旅游服务贸易进出口都较2009年有了较大的涨幅，而旅游服务贸易占服务贸易的比重也应当延续2009年的增长态势。

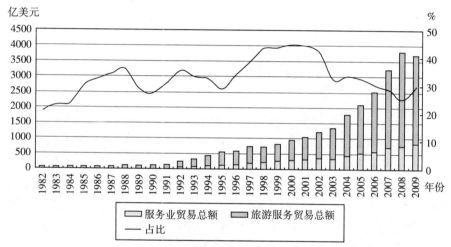

图4-5 1982~2009年我国旅游服务贸易占服务贸易的比重
资料来源：各年度《中国旅游统计年鉴》及中国服务贸易指南网。

　　随着我国旅游服务贸易总量规模的不断扩大，我国旅游服务贸易的国际地位不断提升。早在20世纪90年代，世界旅游组织就预测，21世纪中国将成为世界主要的旅游中心之一，到2020年成为世界最大的旅游目的地和世界第四位的客源输出地。2006年鉴于我国旅游服务贸易总额的持续快速增长，世界旅游组织对这一预测进行了修正，认为中国可以提前5年，即于2015年实现这两个指标。同年，我国旅游服务贸易进口由2005年的第七位上升至第四位，提前9年实现了世界旅游组织所预测的第二个指标。并在2007年首次超越日本，成为世界排名第三的客源输出国。2007~2009年，我国旅游服务贸易进出口的排名均位列第三位，仅次于欧盟和美国（见表4-2）。这表明，无论从世界旅游组织的预测，还是从我国旅游服务贸易的现实表现来看，我国已经迈入旅游服务贸易大国的行列。

表 4-2 2009 年旅游服务贸易世界排名前 10 位的国家和地区

进口额（亿美元）	国家（地区）	世界排名	国家（地区）	出口额（亿美元）
3342	欧 盟	1	欧 盟	3414
791	美 国	2	美 国	1203
437	中 国	3	中 国	397
252	日 本	4	澳大利亚	259
242	加拿大	5	土耳其	213
208	俄罗斯	6	中国澳门	179
188	沙特阿拉伯	7	中国香港	164
182	澳大利亚	8	泰 国	159
160	中国香港	9	马来西亚	154
158	新加坡	10	瑞 典	140

资料来源：世界贸易组织网络数据库。

（2）出境旅游发展迅速，综合作用愈发凸显。长期以来，出于创汇、平衡服务贸易逆差和扩大我国国际影响力等方面的考虑，我国旅游服务贸易遵循着大力发展入境旅游以入境旅游来带动国内旅游和出入境旅游全面发展的非常规发展路径。得政策和环境之益，入境旅游在一段时期内发展非常迅速，目前已经进入了一个相对平稳的发展阶段。相比较而言，受我国对居民出国旅游限制逐步放宽、居民可支配收入大幅提升以及人民币汇率持续走高等因素的影响，我国出境旅游进入了快速发展阶段。入境旅游发展相对平稳，出境旅游发展迅速是近年来我国旅游服务贸易发展的一个突出特征。2006 年以来，由于受突发事件、自然灾害和金融危机的影响，我国的入境旅游发展低迷，而出境旅游仍保持持续增长态势。在此期间，我国入境旅游人数和旅游外汇收入年均增长率分别为 3.7% 和 8.6%，而因私出境旅游人数和旅游外汇支出年均增长率分别为 15.7% 和 19%（见图 4-1、图 4-2、图 4-3）。

随着出境旅游的快速增长，我国旅游服务贸易进出口差额逐年递减，从 2006 年的 121.22 亿美元下降到 2009 年的 -40.27 亿美元，旅游服务贸易首现逆差，使得我国旅游服务贸易在创汇和平衡服务贸易逆差上的作用弱化（见图 4-6）。但是，作为一个国家旅游业国际化的重要标志，出境旅游的快速增长对促进国家外交关系融洽、提升国家软实力、拓宽国民的国际视野、促进旅游企业的国际化进程等方面作用更加凸显。2006~2010 年，我国已开放的中国公民出境旅游目的地国家和地区由 132 个增长到 140 个，其中已实施的数量由 86 个增长到 110 个，为促进双边、多边外交关系的发展起到了积极的作用。其中，2008 年大陆居民赴台旅游的正式实施为促进两岸交流和两岸关系的和谐发展发挥了重要的推动作用。同时，随着我国出境旅游目的地的拓展，我国旅游企业为我国公民出境旅游提供服务的空间范围和总量规模不断扩大，加快了我国旅游企业跨国经营的步伐。目前，我国旅游业对世界五大洲的多个国家和地区都有了一定的直接对外投资。

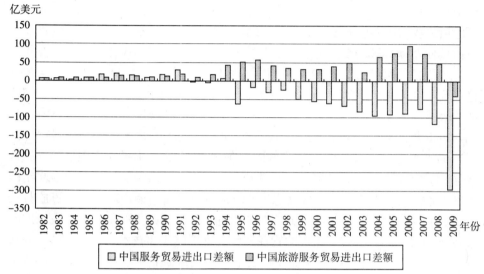

图 4-6　我国服务贸易与旅游服务贸易进出口差额比较

资料来源：各年度《中国旅游统计年鉴》及中国服务贸易指南网。

　　（3）旅游服务贸易提供模式更加丰富，贸易结构日趋完善。从我国旅游服务贸易的提供模式来看，经过 30 多年的发展，我国旅游服务贸易从跨境贸易单一的提供模式逐步转变为跨境贸易、旅游商业存在等多种服务贸易模式并存发展的局面。改革开放之初，入境旅游在我国的旅游服务贸易结构中占据主导地位，旅游服务贸易模式曾一度以国内相关事业单位和国有企业为国外的旅游者提供餐饮、住宿等相关服务的境外消费模式为主。1984 年，中央提出了国家、地方、部门、集体、个人一齐上，自力更生与利用外资一齐上的旅游发展和建设指导方针，拉开了我国旅游业引进外资的序幕，旅游商业存在模式由此发展并逐步壮大。根据 2009 年旅游业统计公报，截至 2009 年年底，我国外商和港澳投资星级饭店共 574 家，占我国星级饭店总数的 4%，实现营业收入236.83 亿元，上缴营业税 15.50 亿元。截至 2008 年年底，外商投资旅行社 30家，占国际社总数的 1.5%。其中，外商独资旅行社 15 家，外商控股合资旅行社 8 家，中方控股合资旅行社 7 家。外商投资旅行社旅游业务营业收入占国际旅行社总量的 2.6%。[①]

从我国旅游服务贸易结构来看，贸易进出口的结构逐渐趋于均衡。在跨境贸易方面，1991 年之前，入境旅游单向驱动中国旅游服务贸易的发展，旅游服务贸易进口规模非常小，进出口结构失衡现象明显，1982 年进口只有 0.66 亿美元，1991 年才达到 5.11 亿美元。但是 1991 年之后，尤其是邓小平南方谈话之后，我国旅游服务贸易的进出口结构发生了重大改变，由之前的旅游服务出口单向驱动逐渐转变为旅游服务进出口并重的双向驱动局面。[②] 旅游服务贸易进口规模迅猛增长，1999 年突破了 100 亿美元大关，2009 年达到了 437.02 亿美元。在旅游商业存在方面，我国从 20 世纪 80 年代单方面倚重"引进来"战略模式发展到目前的"引进来"和"走出去"相结合的战略模式。目前，我国对外开放的领域不断扩大，步伐不断加快，2007 年我国已经全面履行了世界贸易组织有关旅游领域的全部承诺，在 2009 年 5 月 1 日起实施的新《旅行社条例》中取消了外商投资旅行社注册资本最低限额等的限制，在 2009 年国家颁布的《关于加快旅游业发展意见》中，明确提出要逐步对外商投资旅行社开放经营中国公民出境旅游业务。在"引进来"战略模式的基础上，我国旅游业深入学习国外旅游企业先进的管理经验、管理模式和技术，积极拓展国外市场，"走出去"参与国际市场竞争。目前，我国旅游企业已经在国际旅游业中崭露头角，国旅总社、港中旅、康辉国旅、广之旅、上海春秋国旅等国内大型旅游企业纷纷走出国门，在我国主要旅游目的国家和地区以全资、参股、控股等方式投资创建了一批旅游企业。

(4) 发展环境不断优化，发展方式更加集约。随着我国对外开放程度的不断扩大，与世界各国和地区的经贸往来和文化交流的日趋频繁，我国旅游服务贸易发展的外部环境不断优化。近年来，我国积极开展了"主题旅游年"、"旅游交流年"等多种形式的国际旅游宣传推广活动，强化了我国旅游的整体形象。不断深化与世界旅游组织、亚太旅游协会、世界旅游旅行理事会等国际旅游组织的合作，使得我国在国际旅游事务中的话语权进一步增强。多次举办世界旅游旅行大会、海南博鳌国际旅游论坛等国际旅游会议，使得我国旅游业的国际地位和影响力进一步提升。此外，加入世界贸易组织以来，我国不断完善旅游政策法律体系，制定和实施了多项旅游相关产业标准，逐步简化旅游服务贸易进出口程序，放松进出口政策，使得我国旅游服务贸易的制度环境和产业发展环境不断得到优化。

---

① 《2008 旅游行业分析》[EB/OL]，中国服务贸易指南网，http://tradeinservices.mofcom.gov.cn，2010-07-22。

② 梁峰：《中国旅游服务贸易发展研究》[D]，华东师范大学博士论文，2010 年。

在良好的发展环境下，我国旅游服务贸易发展方式逐步由粗放型向集约化方向过渡。从政府主导到政府引导，让位于市场，政府的角色转变使得旅游服务贸易的发展更加高效；从简单关注出入境旅游人次数和旅游外汇收支，到更加关注旅游者的幸福感和满意度，旅游服务贸易的发展更加注重以人为本；从入境旅游一枝独秀到跨境消费、商业存在等贸易模式共同发展，旅游服务贸易的提供模式更加多元化；从对资源的掠夺性、破坏性开发和利用，到更加注重旅游资源的综合利用和开发，旅游服务贸易可持续发展的优势逐渐强化。

（三）我国旅游服务贸易发展中存在的问题

1. 旅游产品创新不足，旅游宣传力度不够

旅游客流的产生不仅取决于客源市场的收入、人口规模、以往的旅游经历等需求因素，还取决于旅游目的地的吸引力和旅游宣传等供给方面的因素。其中，富有创意、独特的旅游产品是构建旅游目的地吸引力的核心要素。目前，我国旅游产品创新不足，部分导致了我国旅游产品对主要客源市场吸引力不足，以及潜在客源市场旅游者流失；旅游产品供给过于单一，产品的参与性和体验性不足，以传统的观光游览为主的产品结构已经无法对入境旅游者产生持续的吸引力，并直接导致了旅游者重游率的下降；旅游产品体系中食住行游购娱等要素的供给比例失调，购物和娱乐两大要素供给严重不足。

旅游目的地吸引力大小的另一个决定因素是旅游宣传和促销。目前，我国的入境旅游客源市场仍以亚洲市场为主，而欧美这两大世界上最主要的客源输出地在我国入境旅游总人数中所占的比重一直徘徊不前，除了地理距离相对遥远之外，思维方式、价值观念等方面的较大差距也是阻碍这两大客源国来华旅游人数有突破性增长的主要原因。许多欧美国家的旅游者对我国的印象还停留在改革开放之前，我国现阶段开放的、包容的、积极进取的新形象还没有得到他们的广泛认知，这也直接反映了我国对国家整体旅游形象宣传和促销不力。主要表现在：企业和地方层面的旅游宣传促销活动已经广泛展开，但国家层面的针对我国整体旅游形象的宣传促销活动还很少；旅游宣传活动往往是由旅游部门完成，其他相关部门对旅游宣传活动的扶持和参与力度较小；旅游宣传促销的专项经费短缺；营销手段陈旧，对互联网、移动通信、手机等现代传媒利用不够；在利用大型节事、展会、文化创意等活动对国家旅游形象进行宣传和促销方面做得还不到位等。

2. 旅游企业竞争力弱，商业存在发展滞后

长期以来，我国单一依靠入境旅游来推动旅游服务贸易发展。到目前为止，虽然我国旅游服务贸易进出口规模都已居世界前列，但旅游企业规模、利润、上缴税金、劳动生产率等都还比较低，市场竞争力不强，导致我国旅游商业存在，尤其是境外旅游商业存在发展滞后。

我国旅游企业总体上呈现"大而不强，强而不大"的状态，市场竞争力较弱。所谓"大而不强"，是指规模比较大的旅游企业，尤其是旅游业中的龙头企业，在企业结构、企业组织、企业制度等方面还不甚完善，其投资主体和股权结构比较单一，总体资产质量不高，市场竞争力不强，经营效益也不甚理想。所谓"强而不大"，是指在旅游企业总体上规模较小的现实下，存在着为数众多的中小旅游企业，这些中小旅游企业，尤其是旅行社，数量庞大，地理分布较为合理，创新性和活跃度也较高，但其规模较小，市场占有率和行业集中度比较低，无法发挥规模经济的优势，要发展壮大，并最终向境外延伸还需较长时日。此外，由于我国旅游业长期处于被保护状态，旅游企业的竞争意识和抗风险能力都比较弱。

这种状况直接导致我国境外商业存在发展严重滞后。主要表现在以下几个方面：我国旅游企业的跨国经营时间比较短，且最初在境外设立旅游企业的目的主要是联络、调研、收集情况、宣传促销，起点比较低；实施跨国经营的旅游企业数量较少，规模较小，经济实力较弱，且股权单一，多数属于国有投资占主体；跨国经营业务范围狭窄，大多涉及的领域是旅行社，其次为餐饮和商品类，而在旅游装备制造、旅游救援等方面鲜有涉足。总之，我国境外旅游商业无论在规模、数量上，还是在实力上都与发达国家存在着很大的差距。

3. 旅游人才总量不足，供需结构严重失衡

目前，我国正努力实现从世界旅游服务贸易大国向世界旅游服务贸易强国的转变。但旅游人才总量不足、供需结构失衡、人才流失严重等问题直接影响了我国旅游服务贸易的战略规划能力、营销能力、组织能力、应变能力和合作能力，已经成为制约我国旅游服务贸易发展的瓶颈。

在总量方面，尽管从旅游院校的数量和招生人数来看，我国旅游人才的供给已经达到了一定的规模，且增长速度较快，但是与我国旅游服务贸易的发展规模和速度相比，旅游人才的供给还存在着较大的缺口。在供需结构方面，近年来，我国旅游服务贸易发展迅速，使得旅游业对具有职业技能的中级人才和复合型高端人才存在着较大的需求。然而，在我国现行的旅游教育体系中，中级职业教育发展滞后，高等教育专业设置不能紧密结合实际，致使具有职业技

能的中级人才供不应求，而大量不具实操技能的高等人才供给过剩，旅游人才供需结构严重失衡。

此外，旅游人才流失严重也是我国旅游人才建设中的一个十分突出的问题，这也是我国旅游人才有效供给不足的原因之一。目前，我国旅游企业员工的流失率在20%左右，已经远远超过5%~10%的一般行业正常的员工流失率。造成这一现象的原因很多，除旅游行业员工流动性较高的客观因素外，归纳起来主要有以下几点：现行的旅游教育与行业严重脱节，使得许多旅游专业的学生迫于就业的压力，毕业时只是把就业职业作为权宜之计，一旦更合适的条件出现便转身他投；入职门槛、职业起点和工作稳定性较低，缺乏社会保障，大多数员工对于职业发展缺乏规划，在工作中缺乏被尊重感；旅游企业对人才的任用、配置和激励机制不完善，对人才的培养、发展和保留都缺乏足够的重视，旅游企业员工满意度较低，致使辞职、跳槽等现象屡屡发生。

4. 公共服务建设落后，市场秩序有待规范

旅游服务贸易公共服务建设不到位是制约我国旅游服务发展的又一障碍。具体表现为：基础设施建设不完善，旅游交通路线和客运设施建设滞后，区域内公路尤其是旅游景区之间的连接公路质量较差，降低了景区的可进入性；公路、铁路、航空等交通运力不足，致使旅游高峰期买票难、乘车难的现象屡见不鲜；饭店、宾馆、旅行社等旅游接待设施建设无法满足游客的动态需求；旅游金融服务发展滞后，入境旅游者在持卡消费、外币兑换等方面受限较大；境外监管难以延伸，使得我国旅游者在境外旅游过程不文明、不守法的现象时有发生，严重损害了国家形象，更对双边关系产生了不利影响；旅游安全工作和风险教育不到位，导致我国公民在境外旅游过程中安全事故频频发生。

随着我国出境旅游的迅速发展，出境旅游市场秩序失范的问题日趋严重。当前比较突出的问题是：出境旅游组团社以不正当手段参与竞争，用超范围经营、虚假广告、低价招揽游客；"零负团费"现象普遍存在；擅自变更旅游活动安排，增加自费项目；诱骗、强迫游客购物消费；诱导游客参加内容不健康的活动等。其他问题包括旅游服务进口非市场化，例如以观摩、参观、考察、培训等名义，使用因私护照和其他护照，组织、参加出境旅游；旅游服务进口经营秩序不规范，例如无证照经营、超范围经营等。这不仅危害了旅游者的合法权益，而且严重地影响了出境旅游市场的健康发展。

（四）我国旅游服务贸易发展的环境

未来的一段时间内，我国旅游服务贸易发展的环境中机遇与挑战并存。

1. 我国旅游服务贸易发展所面临的机遇

（1）世界旅游业发展潜力巨大。随着国际金融危机的阴霾逐渐散去，世界经济开始回暖，并带动了旅游业的恢复与增长。2010年世界旅游服务贸易总额为17749亿美元，较2009年的总额增长了7%，未来国际经济形式持续好转，个人消费支出持续增长，人们将具有越来越充裕的支付能力出国度假，世界旅游业也将有长足的发展。此外，随着经济全球化和区域经济一体化的逐步深入，全球旅游市场加速融合，各国的进出口制度和政策将更加倾向于国际旅游，再加上世界范围内的交通设施和交通工具的更加完善和先进，使得人们出国旅游的障碍逐步减少，地域范围不断扩大，便利度不断提高。

（2）我国服务贸易发展强劲。我国服务贸易正处在发展的上升期，发展动力强劲。2006~2009年，我国服务贸易总额的年均增长率为17%，在服务贸易大发展的背景下，以旅游为代表的我国具有比较优势的传统服务贸易业务将具有较大的发展空间。此外，随着科技创新能力的增强以及管理经验的提升，我国的金融、计算机和信息服务、咨询、广告、宣传等与旅游相关联的服务贸易业务都实现了突破性增长，为进一步促进旅游服务贸易的发展提供了强力支持。2011年3月发布的《国民经济和社会发展"十二五"规划纲要》中，明确提出要推动服务业大发展，优化金融、物流、旅游等服务贸易领域的发展环境，完善服务业相关政策，为旅游服务贸易的发展提供了强有力的政策支持。

（3）对外开放不断推进。在以和平、发展、合作为主题的国际环境中，我国在坚持走和平发展道路的基础上，不断推进对外开放，为旅游服务贸易进出口创造了有利的外部环境。随着对外交往的不断增多，我国与各国贸易关系持续改善，区域服务贸易合作的加强给旅游贸易进口的发展带来了新的机遇。到目前为止，我国已与20多个经济体签署或启动谈判自贸区协定。其中，除中国—东盟自贸区外，内地与香港、澳门达成的《更紧密经贸关系安排》也涵盖了旅游服务贸易自由化的内容。此外，在我国与智利、澳大利亚、新西兰、新加坡、巴基斯坦、冰岛等国开展的自贸区谈判中，旅游服务贸易均为重要内容。这意味着我国与其他国家在旅游、技术、管理、金融等方面的流动更加方便顺畅，降低了我国旅游贸易进出口的门槛。

2. 我国旅游服务贸易发展所面临的挑战

（1）影响出口的不利因素增多。金融危机、自然灾害、局部动荡、恐怖活动和重大突发事件等因素将会制约全球旅游消费需求，加大全球旅游业发展的变数，一定程度上影响了我国旅游出口的增长。另外，世界各国和地区更加重视旅游服务出口，纷纷加大对客源市场的争夺，不断采取大规模、高投入的宣传攻势，与我国构成激烈竞争，客观上将使部分潜在市场发生消费转移、客源分流。

（2）入境旅游增长将趋于平稳。改革开放以来，我国旅游出口持续较快增长，已形成了较大的出口规模，继续保持快速增长的困难增大。特别是约占我国入境旅游总人数80%的港澳市场，经过较长时间的快速增长，已逐渐进入平稳增长阶段。另外，在我国入境旅游高速发展的过程中，也存在一些急需解决的问题，如旅游景区自然景观的破坏、生态环境的恶化、旅游企业碳排放量的控制等。因此，在我国旅游服务贸易发展方面，当前面临的最大挑战在于如何在旅游人数的增长和保护自然生态环境免遭破坏性开发、形成可持续发展模式之间找到平衡。

（3）旅游服务贸易进入升级转型的攻坚阶段。旅游服务贸易只有在巩固前期取得成就的基础上，致力于升级转型，才能实现从旅游大国到旅游强国的转变。旅游出口的大发展是建立在大规模基础设施、服务设施建设与宣传等投入的基础上的，成本较高，但不得不付出；旅游产品和旅游企业市场竞争力还不够强，而这方面的提升需要一个较长时段的艰苦努力；开放的旅游景区景点大多影响小，游客少，国际化程度较低；星级饭店和旅行社结构不合理，服务提供与消费需求在一定程度上不相匹配；旅游经济总量仍然偏小，上规模的旅游企业仍然不多，部分旅游企业业绩欠佳，旅游管理上有许多环节急需规范等；旅游品牌建设相对滞后，景点在游客中的知名度还不够；另外，旅游技术能力不强，表现在旅游设施落后、科技含量高的旅游产品少、管理水平低等方面，从而导致延长旅游者逗留时间、增加其消费等扩展旅游产出总量的能力较弱。要解决这些问题，将需要比前期更广泛、更深入、更持久的努力。

（五）对我国旅游服务贸易发展的政策建议

1. 优化产品供给结构，加大市场营销力度

在旅游产品供给方面，在充分发挥我国传统观光型旅游产品的比较优势的基础上，深入挖掘旅游产品的文化内涵，提升产品的科技含量，增加参与性、互动性强的旅游项目，满足旅游者求新奇、求体验的旅游需求。大力推动旅游产品的升级换代，由目前以观光游览旅游产品为主打的单一结构向包含观光、度假、休闲、购物等旅游产品的多样化结构转变，同时，要大力开发会议展览、游轮游艇、温泉滑雪、科考探险、体育健身等休闲度假产品和高端产品，增加旅游产品的层次性，并提高产品附加值。鼓励工业、农业、科教、体育与旅游业结合形成新业态，并积极探索开发旅游新产品。积极开发旅游相关要

素，引导特色风味餐饮产品、旅游纪念品等产业化发展，延长旅游产业链。

在旅游市场营销方面，首先，要加大国际旅游促销力度，尤其是国家层面的针对我国整体旅游形象的宣传促销力度。邀请国家重要领导人出面在境外媒体做旅游形象宣传，制定相关的国家旅游口号；开展全员营销，促进外宣、外交、外事、经贸、文化等相关部门与旅游部门的联动，鼓励相关部门在与各国进行交流或开展活动时顺带对我国整体旅游形象进行宣传，同时丰富我国对外交往的内容和形式；充分利用我国出境旅游迅速发展的有力条件，扩大我国在国际旅游事务，尤其是在组织、政策、标准等方面的话语权，促进民族文化和价值观等软实力的输出，消除隔阂和偏见，促进国家整体旅游形象的确立；推动各级政府加大旅游促销投入，引导企业加大市场营销投入。其次，加强对国际旅游市场的调研活动，及时了解、把握主要、新兴和潜在客源市场的需求特征、变化规律和发展趋势。要继续加强对日本、韩国、东南亚等主要客源市场的宣传促销，更加注重对欧美等中远程市场的开发，要大力开发欧洲、北美、澳新、俄罗斯和印度等新兴市场，积极培育南美、中东、非洲等潜在市场。在组织开展旅游主题年的基础上，在主要客源国家、地区和城市，有计划、有步骤地制造宣传促销热点，提高市场影响力。最后，要充分利用各种媒介与平台进行综合营销活动。根据客源市场的不同偏好，有针对性地开展宣传活动，充分利用互联网、手机、移动传媒等现代媒介，充分发挥各类综合性展会、交易会等平台的作用，增加旅游服务贸易内容，运用广告、电视、电影、视频小品等形式增强宣传效果。

2. 提升企业国际竞争力，积极引导企业"走出去"

加大对中小旅游企业的投融资支持、技术支持、信息咨询、国际交流与合作等公共服务的供给，优化旅游企业发展的公共服务环境。不断完善对中小旅游企业的财税扶持和鼓励做大做强的政策支持，提升中小旅游企业的市场竞争力，进一步激发其市场活力。鼓励国有旅游企业按照现代企业制度的要求进行股份制改造，促进多种所有制合作，鼓励外资和民间资本参与我国旅游企业的改组和重组，鼓励和扶持优势企业进行低成本扩张，通过跨行业、跨所有制、跨地区的投资、联合、兼并，打造在国际旅游市场上有竞争力的大型旅游企业集团和集团品牌，以增强我国旅游企业在国际市场上的竞争力。

整合各方力量支持旅游企业对外投资。充分利用出境旅游发展的潜在优势，创造更加有利于旅游企业"走出去"的政策环境。政府或旅游相关部门要建立旅游企业对外投资咨询服务体系，为已经进入国外市场或即将"走出去"的旅游企业提供相关政策法规、管理咨询、统计数据、市场动态等旅游服务贸易信息，帮助旅游企业了解国内外相关法律法规和市场信息，提供贸易机会，并对旅游企业投资国外的领域、区域、投资方式等予以指导。国家旅游部门要加强与银行、外汇管理局、国资委等部门和机构的合作，带动金融、保险、饭店、景区、咨询设计等相关企业"走出去"。鼓励旅游企业与投资者和金融机构构建战略联盟并购发达国家和地区的知名旅游品牌，形成海外接待体系。鼓励我国旅游企业在境外开设连锁店和分支机构，形成网络化、集团化经营模式。加强与商务部、人事和劳动保障部等部门的合作，促进旅游服务贸易自然人流动，鼓励旅游研究、咨询、教育、培训、规划等管理与专业人才"走出去"，为发展中国家的旅游业发展提供智力支持。

3. 加快人才队伍建设，完善人才激励机制

在旅游人才队伍建设方面，要围绕我国旅游服务贸易快速发展和旅游企业实施"走出去"战略的需要，加强旅游业人才发展统筹规划，开展人才需求预测。在此基础上，要加快旅游业经营管理人才、专业技术人才、高技能人才和研究型人才队伍的建设。充分发挥高等院校、科研院所、职业学校及有关社会机构的作用，加强学历教育、职业培训和岗位技能培训，合理培养旅游业各层次人才。完善旅游人才培养开发机制，注重理论教育与实践学习相结合，通过建立实验室、实践基地以及校企合作等方式为旅游专业学生提供实习培训场所，在教学过程中增加实操环节，对学生进行职业技能和职业道德培训，提高学生的实践能力和职业素养。鼓励旅游专业院校及相关培训机构等开展面向旅游服务贸易出口的专项培训，培养一大批精通业务、熟悉国际规则，又熟练掌握外语、涉外工作能力强的复合型人才。加大对会展、游轮、高尔夫、电子商务等细分专业的人才的培养力度。

在人才激励机制方面，旅游企业应按照充分体现人才价值、激发人才活力和促进人才可持续发展的原则，不断完善分配、激励、保障制度。进行科学合理的工作设计，科学合理地使用人才，促进人员和岗位相匹配；实行弹性工作制，适时轮岗、换岗，有效缓解员工工作压力，降低职业倦怠；加强企业文化建设，增强凝聚力，提高员工的归属感和责任感；建立有效的薪酬管理体系，使其得到与自身投入和工作努力程度相匹配的物质和精神回报；引入现代人力资源管理理念，做好员工福利保险、绩效管理等工作，并寻求新的发展模式以留住人才；为员工提供持久的职业发展平台，帮助员工做好职业发展规划，明确职业发展方向。

4. 完善公共服务体系，加强市场秩序监管

针对我国旅游服务贸易进出口运行特征，构建以基础设施建设、签证边检、安全保障、服务质量、规范引导和文化建设为主的旅游服务贸易公共服务

体系。具体内容包括：加强公路、铁路、航空、航运等旅游服务的基础设施建设，支持增开国际航线；加快能适应旅游者需求的不同层次、不同类型饭店和旅行社等旅游服务接待设施建设；简化签证手续；完善金融服务体系，根据入境旅游市场需要，完善并创新旅游金融产品类型，提供旅游支票、信用卡预定与支付、外币兑换、旅游保险等多种金融服务；加强境外监管，对领队和导游进行有关出境旅游目的地风俗习惯、法律法规、历史文化等方面的培训，积极引导、提醒、规劝出境旅游者关注出境旅游行为，克服旅游陋习；加强旅游安全工作，建立紧急事件处理预案，健全旅游紧急救援体系。

　　针对出境旅游市场秩序失范的问题，采取以下必要措施：首先，要加强对出境游组团社的监管工作，严格进行出境旅游合同、广告、价格管理，严格执行国家有关出境旅游的相关规定，旅游部门应与工商、公安、物价等相关部门形成合力，共同维护好出境旅游市场秩序，规范出境旅游市场经营行为，打击非法经营和违规操作。其次，要加强旅行社诚信体系建设，积极践行国家旅游局发布的《旅行社条例》，以法律法规保障诚信建设的开展，加强旅游诚信信息服务，建立旅游诚信记录，并做好诚信信息的发布和传播工作。最后，对旅游者的旅游行为及消费观念进行积极引导，加大文明旅游、理性消费、理性维权等公益宣传工作和教育工作的力度。

参考文献：

[1] 杨圣明、刘力：《服务贸易理论的兴起与发展》，《经济学动态》，1999 年第 5 期。

[2] 罗明义、毛剑梅：《旅游服务贸易：理论、政策、实务》，云南大学出版社，2007 年。

[3] 高舜礼：《中国旅游业对外开放战略研究》，中国旅游出版社，2004 年。

[4] 梁峰：《中国旅游服务贸易发展研究》，华东师范大学博士论文，2010 年。

五、中国金融服务贸易发展报告

宋 健[①]

摘 要：金融服务贸易是商品贸易的重要补充，对国际收支平衡表产生重大影响，主要包括过境交付、消费者移动、商业存在及人员移动四种方式。本报告界定了金融服务贸易的基本内涵，分析了中国金融服务贸易发展的历程、现状、特点与存在的问题，并针对金融服务贸易整体发展水平不高、进出口结构不均衡、国际业务人才不足等问题提出了相应的对策建议。

关键词：金融服务贸易 跨境交付 商业存在 发展展望

（一）金融服务贸易的概念

金融服务贸易经过了 1988 年 Ingo Walter 和 1990 年经合组织（OECD）的定义之后，1994 年《服务贸易总协议》（GATS）正式将金融服务贸易定义如下：

1. 金融服务贸易活动范畴

GATS（1994）的金融服务附录明确定义了金融服务包括的活动。GATS 规定：金融服务是一成员方的金融服务提供者所提供的任何金融方面的服务，包括所有保险与保险有关的服务以及所有银行和其他金融服务（保险除外）。具体涵盖下列活动：

（1）保险及与保险有关的服务（直接保险、再保险和再再保险、保险中介、辅助性保险服务）。

（2）银行和其他金融服务：

[①] 宋健，中国社会科学院财政与贸易经济研究所博士后流动站，广东金融学院旅游与经济管理研究所研究员、副教授，主要从事服务贸易等方向的研究。

1）接受公众储蓄和其他应偿付的资金。

2）各类借贷活动（消费信贷、抵押贷款、信用贷款、代理和商业交易的资金融通）。

3）融资性租赁。

4）所有支付和货币交换服务（信贷、应付项目和借方信用卡、旅行支票和银行汇票）。

5）担保和委托业务。

6）自有账户和消费者账户的交易（兑换、证券经纪人、市场交易或其他方式）。

7）参与各类证券的发行（认购和代理服务及有关发行服务）。

8）货币代理。

9）资产管理（现金或有价证券的管理、各种形式集体投资的管理、年金管理、监督、保管和信托服务）。

10）金融资产（证券、派生业务和其他可转让票据）的处理和清算服务。

11）金融信息的提供和转让、金融数据处理和其他有关金融服务提供者的软件。

12）顾问、中介和其他辅助性金融服务（信用贷款业务的参考和分析、投资及有价证券的研究和建议、开拓性业务及对社团改组和战略的建议）。

总体来看，这些活动涉及银行、保险、证券及金融信息服务四个有关金融方面的领域。

2. 金融服务贸易方式

GATS 高度概括了金融服务贸易在国际间的四种方式：跨境交付、境外消费、商业存在及自然人移动。

（1）跨境交付（或称过境交付，Cross-Border Supply in Financial Services），指金融服务的提供者在本国向境外的非居民消费者提供服务，并获得报酬。它是基于信息技术的发展和网络化的普及而实现的跨越国界的远程交易，服务内容本身已跨越了国境，而服务的提供者与消费者在各成员之间并不需要移动而实现的跨境服务贸易。

例如某国国内消费者获得国外金融机构的贷款或者在国外金融机构存款（外汇）；某国金融服务的提供者提供和转让金融信息和金融数据处理；与货物运输有关的保险、再保险及辅助服务；与银行和其他金融服务相关的信息咨询性服务和其他辅助性服务；等等。这种交易模式类似于传统意义上的货物贸易，是典型的、传统的"跨国界（或地区）的贸易型金融服务"，是金融服务贸易的基本形态。

（2）境外消费（Consumption Abroad in Financial Services），指金融服务的提供者在本国境内为其他成员国的服务消费者（外国居民和法人）提供的服务，并收取报酬。其特点是：服务消费者移动到世界贸易组织参与方任何其他成员境内接受金融服务。

例如一国金融机构对到本国境内旅行的外国消费者提供服务，或者国内消费者到国外旅行并消费国外金融服务，具体业务如旅行支票及信用卡业务等。

（3）商业存在（Commercial Presence in Financial Services），指一国的金融机构获准到其他成员国境内设立商业企业或专业机构，如果具有法人资格就可以该国的居民的身份为当地的消费者提供金融服务，并获取报酬。其特点是：服务提供者到国外设立提供金融服务的商业企业或专业服务机构，这种服务的提供是以银行业和其他金融服务业的 FDI 为基础的，同时也涉及资本和专业人士的跨国流动。该贸易模式有利于避免跨境交付的限制，迎合了东道国消费者的"本土偏好"，还便于外国金融机构与当地建立长期的业务关系。在某一成员领土内的商业存在可以是任何形式的，无论是通过合并、收购还是创办独资或部分所有的子行（公司）、分行（公司）、代表处或其他。实际上此种方式与金融业的对外投资紧密联系，形成了银行业和其他金融服务业的国际直接投资（FDI）。

商业存在对于金融服务的跨国提供来说是至关重要的，包括国外的金融机构在本国设立办事处、分行（公司）、子行（公司）等机构。一方面因为供给者可通过这种方式降低信息及其他交易成本，逃避东道国对过境贸易的管制；另一方面消费者可能愿意购买本地金融机构提供的服务（包括外国拥有的），这种消费者偏好往往被政府政策所强化。比如，政府出于监管方便的考虑，常常要求居民购买位于本地保险公司（包括外国拥有的）的保险等。

金融服务商业存在最典型的模式就是外资银行和外资保险公司，例如我国境内的英国渣打银行和美国友邦保险公司等，这些金融机构就是典型的金融服务商业存在；从这个意义上讲，外国金融机构的进入将会减少国内金融机构的金融服务贸易量，因为大多数外国公司转向母国的金融机构。商业存在是国际金融服务贸易活动中最主要的形式，据学者估计该方式占整个国际金融服务贸易量的 60%~70% 以上。

（4）自然人流动（Movement of Natural Persons in Financial Services），指金融服务提供者以自然人形式获准到另一成员国境内为当地消费者提供服务，并收取报酬。其特点是：服务提供者是作为自然人的跨国移动，是暂时到任何其他成员（国家或地区）境内为服务接受者提供金融服务，这种服务的存在具有个体性和暂时性，自然人移动既涉及单个自然人服务提供者的跨国移动，也指法人服务提供者中必须的雇员移动。如金融咨询服务的提供及跨国银行内部的高层管理者移动等，它区别于商业存在，不具有投资行为，也不设立机构。

例如，金融咨询服务的提供及跨国银行内部高级管理者的流动，金融证券分析师跨国讲学、顾问等。

以上四种金融服务贸易供应模式中，境外消费和自然人流动这两种模式在实际的交易中所占份额很小，根据 2009 年国际贸易统计报告显示，世界贸易组织估测的全球服务贸易的供应方式构成如下：模式 1 为 35%；模式 2 为 10%~15%；模式 3 为 50%；模式 4 仅占 1%~2%，所以金融服务贸易的提供方式主要是跨境交付和商业存在这两种模式，也是我国金融服务贸易的研究重点。

3. 金融服务贸易的确认

为了确认金融服务的出口和进口，首先需区分金融服务收入与资本要素服务收入的差别。理论上，金融服务收入指的是金融机构在提供中介服务过程中所收取的费用以及在贷款、投资等过程中伴随着资本要素的提供而收取的费用。有时这部分费用隐含在利息或收益中，表现为贷款利率的偏高；体现在筹资者的筹资过程中，表现为交易费用的过大。这不仅包括金融服务的跨国提供，同时也含有通过建立商业存在的方式提供国际金融服务。因而，国际金融服务贸易量的确认应含有这两部分内容。其可近似地通过以下两方面的数据进行核算：一是反映在《国际收支平衡表》服务贸易类项目的金融服务（包括信用证承兑、信贷额度、金融租赁及与外汇交易有关的费用等中介服务费用和与期货、期权、资产管理等有价证券交易有关的佣金）和保险服务（保费和赔偿额）上。二是反映在《国际收支平衡表》收入类项目直接投资中的金融机构投资收入上。资本要素服务收入指的是投资者在让渡资本使用权时所获得的一种补偿，反映在《国际收支平衡表》的收入类项目中（利润、红利、利息等）。因而在利用《国际收支平衡表》进行有关金融服务贸易量及构成的统计分析时，一定要注意与此有关的科目有三个：金融服务和保险服务以及直接投资中的金融机构投资收入。除此之外，其他任何科目都不应列入金融服务贸易的范畴。如此强调并不多余，DECD 于 1989~1990 年就曾将对外直接投资的收益以及金融投资的收益列入金融服务贸易的组成部分，后 Moshirian F. 于 1994 年通过对金融服务与要素服务的区分，运用九个 DECD 国家的数据进行对比计算，结果证明了 DECD 概念的不科学性。另外，国际金融服务的绝大部分以 FDI 的方式提供，因而切不可忽略对这部分贸易量的核算。

（二）中国金融服务贸易发展的历程

1. 我国跨境交付金融服务贸易的发展历程和统计

（1）发展历程。20 世纪 90 年代以来，我国的经济体制改革和金融体制改革更加深入，随着 2001 年我国加入世界贸易组织，客观上推动了金融服务贸易开放政策的实施，最终使得我国金融服务贸易的发展规模逐步扩大。根据中国国家外汇管理局提供的国际收支平衡表摘录并计算出表 5-1 中的数据，基本反映了我国 1997~2006 年跨境交付金融服务贸易的总体状况。

从表 5-1 数据可以看出，随着我国经济金融的不断发展，跨境交付模式的金融服务贸易进出口总额呈平稳上升态势：1998 年金融服务贸易进出口总额为 23.3292 亿美元，比 1997 年的 15.7219 亿美元增长了 48.4%，1999 年为 24.0261 亿美元，增长速度趋缓，只有 3%。2000~2002 年，金融服务贸易进出口总额分别为 27.5446 亿美元、31.1483 亿美元、35.9553 亿美元，同比增长了 14.6%、13.1%、15.4%，增长速度平稳。2003 年金融服务贸易进出口总额突破了 50 亿美元大关，达到 52.6148 亿美元，比上年又猛增了 46.3%，2004 年、2005 年、2006 年增长率也分别达到了约 28%、20% 和 29%，呈现强劲增长态势，尤其是 2010 年金融服务贸易进出口总额在排除了 2009 年国际金融危机造成的金融服务贸易略有下降的情况下，又突破了 200 亿美元大关，达到 202.00 亿美元的高峰，比上年猛增 44.29%。

图 5-1 更清楚地说明了保险服务贸易和其他金融服务贸易进出口额的增长趋势。如图 5-1 所示，保险服务贸易进出口总额的增长速度明显高于其他金融服务贸易的增长速度，对我国金融服务贸易总量贡献最大。2005 年以前其他金融服务贸易进出口总额一直徘徊在 1.4 亿~3.8 亿美元之间，在 2001 年刚刚加入世界贸易组织期间，曾一路降至 1.4 亿美元的最低谷，但从 2003 年起，情况开始好转，呈现缓慢上升的趋势，直到 2010 年达到 27.00 亿美元的最高值。

（2）数据统计说明。我国的《国际收支平衡表》从 1997 年开始按照国际货币基金组织（IMF）颁布的《国际收支手册》（第五版）的原则编制，其中统计了保险服务和其他金融服务的国际贸易量，这是我国金融服务贸易有具体统计数据的开端。《国际收支平衡表》中的贷方即指出口服务贸易而获得的收入金额；借方即指进口服务贸易而支出的金额。

根据 IMF《国际收支手册》（第五版）对保险服务和金融服务统计范围的规定，《国际收支平衡表》的保险服务科目仅仅统计跨境交付的寿险、货运险、其他直接保险和再保险等几类保险服务；《国际收支平衡表》的金融服务科目也

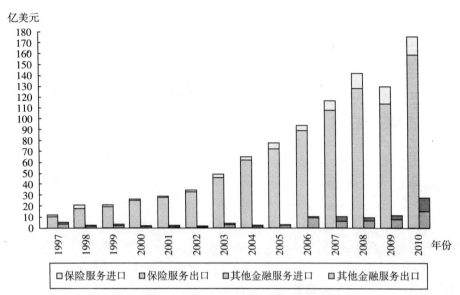

图 5-1 1997~2010 年我国跨境交付金融服务贸易情况

资料来源：国家外汇管理局：《中国国际收支报告》，1997~2010 年。

表 5-1 我国跨境交付金融服务贸易情况

单位：亿美元，%

年份	进出口额	保险服务	其他金融服务	总计	进出口总额	增长率	进出口差额
1997	进　口	10.4567	3.2488	13.7055	15.7219		−11.6891
	出　口	1.7431	0.2733	2.0164			
1998	进　口	17.5812	1.6343	19.2155	23.3292	48.4	−15.1018
	出　口	3.8441	0.2696	4.1137			
1999	进　口	19.2108	1.6686	20.8794	24.0261	3.0	−17.7327
	出　口	2.0392	1.1075	3.1467			
2000	进　口	24.7142	0.9744	25.6886	27.5446	14.6	−23.8326
	出　口	1.0780	0.7780	1.8560			
2001	进　口	27.1101	0.7741	27.8842	31.1483	13.1	−24.6201
	出　口	2.2733	0.9908	3.2641			
2002	进　口	32.4574	0.8984	33.3558	35.9553	15.4	−30.7563
	出　口	2.0894	0.5101	2.5995			
2003	进　口	45.6422	2.3252	47.9674	52.6148	46.3	−43.3200
	出　口	3.1278	1.5196	4.6474			
2004	进　口	61.2357	1.3810	62.6167	67.3640	28.0	−57.8694
	出　口	3.8078	0.9395	4.7473			
2005	进　口	71.9956	1.5948	73.5904	80.5369	19.6	−66.6439
	出　口	5.4942	1.4523	6.9465			

续表

年份	进出口额		保险服务	其他金融服务	总计	进出口总额	增长率	进出口差额
2006	进　口		88.3109	8.9147	97.2256	104.1617	29.3	−90.2895
	出　口		5.4818	1.4543	6.9361			
2007	进　口		106.64	5.57	112.21	123.55	18.61	−100.86
	出　口		9.04	2.30	11.34			
2008	进　口		127.43	5.66	133.06	150.04	21.44	−116.11
	出　口		13.83	3.15	16.98			
2009	进　口		113.00	7.00	120.00	140.00	−6.69	−100.00
	出　口		16.00	4.00	20.00			
2010	进　口		158.00	14.00	172.00	202.00	44.29	−141.00
	出　口		17.00	13.00	30.00			

资料来源：国家外汇管理局：《中国国际收支报告》，1997~2010 年。

仅仅统计居民与非居民之间跨境交付的金融中介服务费用（信用证承兑、信贷额度、金融租赁及与外汇交易有关的服务费用）和与有价证券交易（如期货、期权、资产管理）有关的佣金。这部分反映跨境交易的国际收支项下金融服务贸易统计数据，实际上涵盖了银行业与证券业的跨境交付，由于我国证券业开放比较有限，贸易数额不大，并且从全球金融体系的演进历程来看，我国银行业走向混业经营也是大势所趋，因此这部分数据也可近似认为是我国银行业金融服务贸易跨境交付模式的数据。但是这部分统计数据在统计范围、数据的分类以及采集上仍有待进一步完善和丰富，力求符合 2002 年由六个国际机构（联合国、欧洲共同体委员会、国际货币基金组织、经济合作与发展组织、联合国贸易和发展会议、世界贸易组织）共同编写的《国际服务贸易统计手册》中的统计口径，推动我国金融服务贸易的发展。

2. 我国商业存在金融服务贸易的发展现状及统计方法考察

由于跨境交付贸易模式在很多情况下与跨国间资本流动有着更为密切的联系，因此，在一国存在较为严格的资本账户管制的情况下，跨境贸易模式往往与该国的资本账户的管制存在较大的冲突。所以，大多数国家在金融服务贸易自由化的过程中，通常选择商业存在模式，而且从金融服务贸易的出口国来讲，商业存在模式也能够降低其信息与其他交易成本，克服跨境贸易在某些业务方面的限制，如资产管理、零售业务等。因此，目前商业存在模式在我国金融服务贸易中占有更重要的地位。

随着世界经济一体化和外国直接投资的大量增加，通过商业存在提供的服务越来越重要，需要用合理的方式进行统计。因此，FATS 统计应运而生，

FAT 是外国附属机构贸易（Foreign Affiliates Trade）的英文缩写。按国际公认的标准，应将外国直接投资额占投资总额 50%以上的外商投资企业列入外国附属机构的范畴。FATS 统计反映了外国附属机构在东道国的服务交易情况，包括与投资母国之间的交易、与东道国居民之间的交易以及与其他国家之间的交易。FATS 分为内向和外向两个方向。其中，本国境内外国附属机构提供的服务为内向 FATS，本国在外国境内的附属机构提供的服务为外向 FATS。

　　如前所述，由于现行 BOP 统计不足，无法直接从我国外汇管理部门《国际收支平衡表》中得到商业存在金融服务贸易额。学术界的一个主要观点就是采用一些间接数据来描述商业存在金融服务贸易情况，鉴于金融机构的国际资产数是国际金融服务贸易的一个主要来源，因此，商业存在金融服务贸易的情况可以用金融机构的国外机构数量和国际资产数来近似评价。由于我国银行业在整个金融业中具有代表性，所以可以通过考察中资银行海外资产和外资银行在华资产的相对数来反映我国商业存在金融服务贸易的整体状况。

　　（1）外资银行在华资产规模和机构数量。

　　1）资产规模状况。截至 2006 年 12 月底，在华外资银行本外币资产总额 1033 亿美元，占中国银行业金融机构总资产的 1.8%，存款总额 397 亿美元，贷款余额 616 亿美元。尽管从总量上看，外资银行的总资产在我国银行业中所占的比重还很小，但是增速显著。2002~2005 年，外资银行在华总资产增长了 163.8%（见图 5-2）。

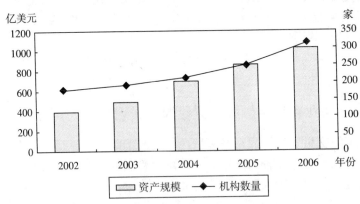

图 5-2　外资银行在华资产规模和机构数量示意

资料来源：《中国金融年鉴》（2003~2005）。

　　2）业务品种状况。外资银行业务发展也十分迅速。根据我国有关法规规定，外国银行分行、独资银行和合资银行为营业性机构，经批准可按规定经营存款、贷款、结算、托管和代理保险等业务，并可在符合开业时间、盈利状况和审慎经营等方面的条件后申请开办人民币业务。与此同时，中国积极鼓励外资银行金融创新，允许外资银行在华开办金融衍生产品交易业务、境外合格机构投资者境内证券投资托管业务、个人理财业务、代客境外理财业务、电子银行等业务，促进了外资银行业务品种和服务方式的多元化。截至 2009 年 12 月底，外资银行经营的业务品种超过 100 种，115 家外资银行机构获准经营人民币业务。业务品种中主要是高附加值和高收益的中间业务以及其他不占用资金但收益甚高的投资银行业务。在业务战略上，外资银行采取"突出非金融业务，做强外汇业务，精心挑选人民币业务，力推八类核心产品"的战略，强调以核心市场和产品优势制胜，做到业务广中有精。外资银行业务品种和服务方式的多元化极大地丰富和弥补了我国银行服务的不足。截至 2006 年 12 月底，在华外资银行不良资产率为 0.70%，贷款损失准备金计提充足，多年来保持连续盈利。

  3）区域分布现状。根据 2006 年中国金融年鉴统计，截至 2005 年年底，外资银行在华分行遍布全国 21 个省市地区（见表 5-2），数量达到 192 家，外资银行代表处数量达到 240 家，主要集中在上海、北京、深圳等东部城市。

表 5-2 外资银行分行和代表处在华城市分布

单位：家

城市分布	分行数量	代表处数量	合计
上 海	55	91（含 4 家总代表处）	146
北 京	25	81	106
深 圳	22（含蛇口 1 家）	6	28
广 州	18	18	36
天 津	14	4	18
厦 门	9	3	12
大 连	8	5	13
青 岛	5	3	8
珠 海	4	1	5
汕 头	4	/	4
南 京	3	1	4
福 州	4	2	6
武 汉	2	4	6
成 都	5	3	8
苏 州	3	3	6
重 庆	4	1	5
海 口	1	/	1
昆 明	1	1	2

续表

城市分布	分行数量	代表处数量	合计
西 安	1	/	1
沈 阳	2	3	5
杭 州	2	2	4
泉 州	/	1	1
无 锡	/	1	1
宁 波	/	1	1
南 通	/	1	1
昆 山	/	1	1
东 莞	/	3	3
合 计	192	240	432

资料来源：历年《中国金融年鉴》。

　　随着中国对外资银行全面开放，相比 2005 年，2006 年外资银行加快了进入中国的步伐，外资银行在华分支机构数量进一步增加。截至 2006 年 12 月底，在华注册的外资独资和合资法人银行业机构共 14 家，下设 19 家分支行及附属机构；22 个国家和地区的 74 家外资银行在中国 25 个城市设立了 200 家分行和 79 家支行，分行数量比 2005 年增长 4.2%；42 个国家和地区的 186 家外资银行在中国 24 个城市设立了 242 家代表处，比 2005 年增长 2 家。从经营地域看（见图 5-3），100 家外资银行营业性机构设立在上海，深圳 40 家，北京 37 家，广州 28 家，天津 17 家，厦门 16 家，其他地区 74 家，与 2005 年相比地区分布相差不大。外资银行还加快了在我国中西部和东北地区发展的步伐，共设立营业性机构 30 家，占全国外资银行机构总数的 10%。

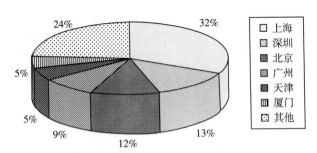

□ 上海	
□ 深圳	
■ 北京	
▨ 广州	
▧ 天津	
▥ 厦门	
▨ 其他	

图 5-3　外资银行在华区域分布（2006 年止）

资料来源：中国银行监督管理委员会：《中国银行业对外开放报告》，2007 年。

　　（2）中资银行国外资产规模和机构数量。在我国对外逐渐开放金融市场的同时，中国的金融机构也逐步走向国际市场。20 世纪 80 年代之前，仅中国银行和中国人民保险公司两家金融机构在海外设有分支机构，80 年代之后，随着金融体制改革的不断深入，中资银行也建立起越来越多的海外机构。近年来，为了进一步增强在海外市场上的竞争力，扩大对当地市场的参与度，中资银行积极推进海外机构的设立、重组和业务整合工作。截至 2002 年年末，中资银行在海外设立银行类营业性机构 674 家，资产总额为 1662.1 亿美元，负债总额为 1564.43 亿美元，利润为 22.1 亿美元；至 2004 年年末，国有商业银行、股份制银行和政策性银行在全球 20 多个国家和地区设立了分行、子行、附属公司和代表处超过 650 家，海外机构的资产总额已达 1790 亿美元，既为东道国经济发展做了贡献，也为我国企业"走出去"提供了强有力的金融支持。

由于中资银行海外机构的有关数据不易得到，仅就 2002~2004 年中资银行国际资产规模与在华外资银行资产规模做对比分析，来近似说明我国商业存在内向 FATS 和外向 FATS 的统计数据。

表 5-3 中资银行国际资产规模与在华外资银行资产规模对比

单位：亿美元，%

年份	中资银行国际资产总额	在华外资银行资产总额	资产相对比例
2002	1662.10	391.54	4.25
2003	1559*	488	3.19
2004	1790	694.06	2.58

注：*仅包含四大国有商业银行国际资产数据。

资料来源：《中国金融年鉴》（2003~2005 年）。

从表 5-3 可以看出，如果用中资银行国际资产规模来说明我国商业存在金融服务贸易的出口额，以在华外资银行资产规模代表进口额，则我国以商业存在形式提供的金融服务贸易呈现出口远大于进口的态势。这种不均衡的贸易状况也反映了我国对外资金融机构在市场准入、业务经营等方面的限制还较为严格，制约了外资金融机构在华的发展。但是近两年在华外资银行资产总额已开始逐年递增，2005 年达到 871.85 亿美元，2006 年已超过 1000 亿美元大关，达到 1033 亿美元，增长速度超过中资银行海外资产增长速度。这说明随着我国加入世界贸易组织 10 年来不断兑现加入世界贸易组织时对金融业开放的承诺，放宽了外资金融机构在市场准入、业务范围等方面的限制，外资金融机构对在我国的发展更有信心。

（三）中国金融服务贸易发展的特点

虽然在总体规模上我国金融服务贸易总量正在不断上升，但从金融服务贸易内在结构来看存在着诸多不平衡。首先是我国金融服务贸易类型结构不平衡，其次是我国金融服务贸易进出口结构不平衡。

1. 我国金融服务贸易类型结构不平衡

由以上的分析可以清楚地看到保险服务在跨境交付模式的金融服务贸易进出口总额中占据绝对比重，而且与银行等其他金融服务贸易的差距很大。其他金融服务占金融服务贸易进出口总额的比重从 1997 年的最高点 22.4% 下降到 2005 年的 3.8%，尽管 2010 年回升至 13.37%，但是仍说明我国银行业服务贸易还比较落后，但这也意味着银行业服务贸易具有非常广阔的发展前景。

2. 我国金融服务贸易进出口结构不平衡

从进出口差额上来看，中国的金融服务贸易长期处于逆差状态，绝对差额从 1997 年的 −11.70 亿美元逐年扩大，一直到 2010 年的 −142.00 亿美元。从图 5-4 也可以看出，进口占据了我国金融服务贸易的绝对比重，1997~1999 年 3 年中进口额所占比重分别是 87%、82%、87%，部分年份在 90% 以上，特别是 2000 年和 2006 年进口额更是占到了 93.3%，近几年比重略有下降，2009 年和 2010 年分别为 85.71% 和 85.15%，相比之下出口额差距悬殊，出现此现象的原因就在于我国的金融机构国际业务开展层次较低，产品主要以低端为主，参与国际竞争时间较短，竞争意识不强，服务上也无法与国际跨国银行巨头匹

表 5-4　1997~2010 年我国金融服务贸易型结构分布

年份	保险服务贸易占金融服务进出口贸易总额比例（%）	其他金融服务贸易占金融服务进出口贸易总额比例（%）
1997	77.6	22.4
1998	91.8	8.2
1999	88.4	11.6
2000	93.6	6.4
2001	94.3	5.7
2002	96.1	3.9
2003	92.7	7.3
2004	96.6	3.4
2005	96.2	3.8
2006	90.0	10.0
2007	93.63	6.37
2008	94.15	5.85
2009	92.14	7.86
2010	86.63	13.37

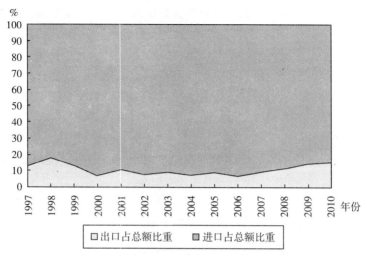

图 5-4 1997~2010 年我国金融服务贸易进出口结构分布

资料来源：国家外汇管理局：《中国国际收支平衡表》，1997~2010 年。

敌，我国金融服务贸易的整体竞争力还很弱，从而造成跨境交付金融服务贸易的进口远远大于出口。

在国际货物贸易领域中，一国的货物贸易进口的激增将严重冲击国内相应产业的产品价格。同样在中国加入世界贸易组织后，和货物贸易领域相似，中国的金融服务贸易市场也面临着如何逐步开放和如何有效保护的问题，其中主要面临的问题是如何稳定金融服务贸易的进口量，使其不至于在短期内增长过快、过大，冲击国内金融服务行业。

根据有关学者的研究，金融服务贸易进口量与外资银行在华资产呈正相关关系，金融服务贸易进口量增加一个百分点，外资银行在华资产将在两年后约增加 4.3%~6.3%。因此，中国应该提高对外资银行的监管能力，影响其进入动机，并鼓励外资银行与中资银行的合作参股，提高中资银行的竞争力。

综上所述，我国的金融服务贸易虽然规模不断扩大，增长速度不断加快，但是也应看到，我国的金融服务贸易额与排名国际前三名的英国、卢森堡、美国相距甚远，还处在初步发展阶段。其原因是跨境交付模式的金融服务贸易自由化与资本账户开放的关系较为密切，当然金融开放不能等同于资本账户的开放，前者强调的是金融跨国性质，即一国的金融机构为他国的企业、政府或居民提供金融服务，而后者强调的是资本可在国际间自由流动。金融贸易服务不一定伴随资本的流动，如跨境交付贸易模式中的金融信息咨询、顾问等；同样资本流动也不一定发生金融服务贸易，因为金融服务受世界贸易组织条款约束，资本账户受 IMF 条款管辖。尽管如此，两者之间又有着密切的联系，除了通过进入或股权参与在当地建立商业存在模式的金融机构会要求外国直接投资以外，一些跨国提供的金融服务也会涉及资本组合的投资和其他资本的流动，跨境贸易模式在很多情况下与资本流动密不可分，开放这类金融服务一般需要同时开放资本账户。所以，金融服务贸易自由化不一定需要以完全的资本账户的自由化为基础，但往往需要与自由化相关的资本交易。要实现我国跨境交付金融服务贸易的大幅度发展，资本账户的自由化非常关键。而目前我国仍然实行较为严格的资本管制，加上国内金融服务企业自身竞争力的限制，可以预测跨境交付金融服务贸易的绝对量在短期内不会有迅猛增长，进出口结构失衡的趋势还将持续一段时间。

（四）中国金融服务贸易发展的不足

从以上数据可以看出，尽管中国金融行业保持较快发展，但金融服务贸易还处于初级阶段。其中，保险服务贸易逆差较大且仍在扩大，银行服务贸易和证券服务贸易总体呈现波动性增长。

1. 金融服务业整体水平不高，国际竞争力较弱

我国金融服务业与当今世界金融强国相比差距很大，2010 年中国金融业出口 13 亿美元，占服务贸易出口总额的 0.9%，进口 14 亿美元，占服务贸易进口总额的 13.37%，处于逆差状态。同期的西方发达国家以美国为例：出口 58.3 亿美元，进口 18.9 亿美元，分别占服务贸易进出口总额的 23.1% 和 17.9%，处于顺差状态。主要原因在于西方发达国家金融保险业的竞争力极强。此外，从分析中可以看到中国在金融服务贸易上存在着总量低、结构不合理和市场份额低等问题，这充分反映出我国金融保险业的国际竞争力较低。

2. 金融服务业内部结构发展不均衡

金融业主要涵盖银行、保险和证券等服务领域。我国金融服务业内部结构不均衡，银行业居绝对主导地位，而证券、保险业、信托投资业的比重相对偏低；金融服务业发展的地区差异较大，农村金融服务的供给严重滞后，不能适应和满足新农村建设、农业经济发展和农民生活改善的需要。

3. 金融服务贸易进出口结构不平衡，其中保险业发展落后

我国金融服务贸易长期以来处于逆差状态，原因在于我国的金融机构国际业务开展层次较低，产品主要以低端为主，参与国际竞争时间较短，竞争意识不强，服务上也无法与国际跨国银行巨头匹敌，我国金融服务贸易的整体竞争

力还很弱，从而造成跨境交付金融服务贸易的进口远远大于出口。

此外，在金融服务贸易中，保险业发展落后。2010 年，金融业进出口逆差 142 亿美元，其中 141 亿美元的逆差是保险业带来的。由此可见保险业的竞争力不足是造成我国金融服务贸易竞争力不足的主要原因。

4. 我国金融机构从事国际业务的能力比较低

与国际化大银行相比，我国银行业还没有真正形成市场型金融关系，中国下一步的银行业改革任重而道远。此外我的的银行资产质量和自由资本率尚处于较低水平，导致银行风险加大，信誉降低。根据巴塞尔协议的要求，我国商业银行的资本充足率和风险资本仍然偏低，这将直接导致银行的金融风险增加和经营效率下降，影响中国的银行业的国际信誉。与国际大银行相比，我国商业银行的特点是规模小，从业人员多，在国际业务方面，更不具备与国际大银行竞争的实力。从业人员多造成人均收益等金融指标均低于国际中等水平，这与我们国家的经济发展不相适应。

（五）中国金融服务贸易发展展望

1. 动员各方面力量，建立政府协调机制，提高发展金融服务贸易的意识

由于金融服务贸易跨行业、跨部门的特征给管理带来了相当难度，目前跨部门的工作协调、配合与衔接主要靠各部门的责任心和高度自觉。虽然已经开始形成为我国金融业的发展提供政府服务的工作机制，但这种自发形成的工作机制，需要并且完全能够进一步被规范化、制度化，因此建立统一完善的领导协调机制是非常重要的。对于金融服务贸易发展遇到的各种问题，我们可以动员几方面的力量，确立有效的发展战略：一是金融服务贸易相关行业的中央以及下属政府主管部门；二是金融服务贸易相关行业的行业协会；三是科研院所以及高校的金融服务贸易专家学者；四是行业内的中外资金融机构。在政府的统一领导下，多方面共同配合，对我国发展金融服务贸易的重点难点，深入开展相关课题研究，并编制年度金融服务贸易发展研究报告，为我国发展金融服务贸易提供理论基础和决策依据。

2. 加强金融服务贸易统计工作，为政府决策和学术研究提供决策依据和准确信息

服务贸易统计是我国开展服务贸易相关工作的基础，也是首先需要解决的

难点，因此要加强金融服务贸易统计工作。从上述分析可知，当前我国的金融服务贸易的两种主要模式发展都不均衡，如果仅从跨境交付贸易模式来看则是进口远大于出口，但是如果结合商业存在这种模式来看，则为出口远大于进口，至少可以部分弥补目前的贸易逆差数额。这说明我国现有的 BOP 统计数据不能完全说明我国的金融服务贸易的现状，本身也还存在着诸多不足和遗漏，必须抓紧完善现有的 BOP 统计，立即着手建立 FATS 统计，也就是尽早建立我国的外国在华金融机构服务贸易统计体系付储实际，同时积极筹备建立我国的海外金融机构服务贸易统计体系。今后，在金融服务贸易统计的基础工作方面，我们还应认真进行研究，建议政府主管部门、统计部门、行业协会和学术界精诚合作，在深入研究金融服务贸易概念及实务的基础上，科学合理地设计出既有国际可比性又符合我国国情的统计指标体系，并据此开展常规统计工作，建立统计台账及申报制度，为政府决策和学术研究提供数量基础和准确信息，促进金融服务贸易的全面均衡发展。

3. 实行市场化、层次化和制度化的人力资源战略，加强金融人才的培养和使用

金融业的竞争，本质上就是金融人才的竞争，特别是处于核心层次、核心岗位的高端国际化金融人才的竞争。因此，加强既有金融实战经验，又拥有金融服务贸易知识，通晓国际金融市场新产品运作，精通外语的金融高级人才的培养与使用，是增强我国金融服务贸易核心竞争力的根本途径。

在金融人才的培养上，首先，应建立金融教育培养基地，加强复合型高端金融人才的培养。一方面鼓励大专院校开展与金融服务贸易相关的学历教育，鼓励大学和各类职业学校设立新兴交叉学科，培养不同层次，既懂金融专业知识和实务操作又具备外语能力的金融及国际服务贸易专业人才。另一方面建立金融服务贸易培训平台，鼓励社会各界培训机构开展金融服务贸易职业培训，特别是要注重让实际用人单位直接参与到金融人才培养的过程中来，在专业的选择、培训项目的设置、教学计划的制订、师资力量的培训、实习单位的提供等方面发挥关键作用，使得人才培养有的放矢，但是需要政府部门的大力引导与协调。其次，加强政府行政管理人才、金融业界的相关培训。抓紧制订对相关行业协会、各级政府服务贸易工作人员特别是统计人员的培训计划。联合政府主管部门、国际金融组织、高校及研究机构在京设立国家级金融服务贸易人才培训基地，不断提高金融服务贸易人才的专业技能和职业素养。

4. 加强区域金融合作，打造长三角、珠三角和环渤海经济区金融功能区的品牌

随着国家"十二五"规划提出"长三角、珠三角和环渤海经济区成为我国经济发展的三个增长极，三足鼎立的态势日趋明朗，区域金融合作成为必然趋势。上海和深圳金融业的快速发展与它们立足于长江三角洲、珠江三角洲、拥有强大地域经济实力有很大关系。因此我国金融产业的发展，必须加强区域金融的合作与发展，实现长三角、珠三角和环渤海经济区内外经济、金融的合作与互动，发挥好地区间的经济、金融辐射功能，实现以沪、深、京、津为核心带动整个区域金融乃至全国金融的分工、合作和共同发展的目标。

5. 建立完备的金融监管体系，有效防范和控制金融风险

在新的形势下，迫切需要加强和完善对金融业的监管，特别是要按照国际化标准，科学规范地进行行为监督和业务监管，并与国际监管标准接轨。其具体措施：一是应尽快建立各分业监管主体之间有效的合作协调机制，在各司其职的基础上进行协同监管，建立金融企业的强制信息披露制度，定期或不定期向社会公布国内各金融机构的真实业务状况，将金融机构置于市场约束与社会各界的监督之下。二是要促进国有商业银行内部管理体制的改革，加强内部控制制度的建设。要进一步转变监管理念，从传统的以现场检查为主向非现场检查与现场检查相结合转变；从手工监管逐步过渡到电子化监管，建立科学的预警系统和畅通的信息网络；制定可量化的监管指标，提高监管透明度和可操作性。三是应加强我国金融业的风险防范和控制系统建设，完善监管信息系统；建立统一的电子认证中心，强化对电子支付和清算系统的风险防范。四是加强对外资银行的监管，使中资银行与外资银行处于同一起跑线上公平竞争，必须对两者保持一致的监管政策，逐步取消或降低对外资银行实行的种种不必要的优惠。五是要整肃金融秩序，打击金融犯罪，提高我国金融业的安全性。加大对金融违法活动的打击力度，确保金融业的安全运行。

6. 推行我国金融服务机构"走出去"战略

全面贯彻"走出去"战略，鼓励银行业向外发展"走出去"战略是我国在"十二五"规划期间及未来更长一段时间内发展开放型经济的一个重要举措，也是我国加入世界贸易组织后的必然选择。加入世界贸易组织之后，我国可以根据最惠国待遇、市场准入和国民待遇等原则享受到对方对我国开放其金融服务市场的待遇，国内金融服务机构也可以通过建立更多的海外分支机构来促进我国金融业的国际化的实现，为我国金融机构尤其是其中经营管理良好的佼佼

者在国际金融服务市场上争取广阔的发展空间。我国银行要积极开拓金融服务贸易的新领域、新业务，提高现有国际业务及中间业务的档次，争取走出国门，发展我国外向商业存在模式的金融服务贸易，提高我国金融业的国际竞争力。

参考文献：

[1] 潘素昆、李慧敏：《FDI 对中国金融服务贸易的影响及对策分析》，《经济与管理》，2009 年第 7 期。

[2] 莫世健：《WTO 与金融服务业的国际化问题研究》，《河南社会科学》，2006 年第 5 期。

[3] 慕继丰、徐和平、张庚森：《金融自由化与金融服务贸易》，《宁夏大学学报》，2003 年第 3 期。

[4] 郭根龙、冯宗宪：《国际金融服务贸易及其相关概念界定》，《国际金融研究》，2000 年第 1 期。

[5] 郭根龙、冯宗宪：《过境交付服务贸易的发展及其影响》，《国际贸易问题》，2006 年第 2 期。

[6] 姚战琪：《金融服务贸易自由化的理论及发展趋势》，《国际贸易》，2006 年第 6 期。

六、中国软件与信息服务外包现状及机遇

裴长洪　余颖丰[①]

摘　要：金融危机以来，全球软件行业正经历着全球产业结构转型，行业垄断整合加剧，软件技术服务化趋势越发明显，离岸外包规模不断扩大且业务品种越发多元化，"云计算"与物联网应用更为广泛，在这样的国际背景下，中国软件与信息服务外包业如何结合中国现实国情，在"十二五"期间，抓住国内国外发展机遇，调整行业结构，优化资源配置，并向全球产业链中高附加值领域转移，成为当下极具研究价值的现实问题。本报告重点关注和讨论金融危机以来该外包行业的现状、发展趋势及存在的问题，并讨论"云计算"这种全球的新兴技术对服务外包业造成的影响和冲击，最后结合"十二五"规划，针对中国未来软件与信息服务外包行业的发展方向提出相应的产业政策建议。

关键词：软件　信息技术　服务外包　云计算

（一）软件与信息服务外包的范围与发展动因

1. 软件与信息服务外包的范围

从软件与信息服务外包的发展历程来看，软件与信息服务外包源于20世纪80年代末，随着软件技术突破性的发展和计算机的不断普及，以及跨国企业节省成本、提高营运效率、提升企业核心竞争力和分散企业风险的考虑，跨国企业开始将其非核心业务外包给低成本的专业服务提供商或地区，进而形成了早期的信息技术外包（Information Technology Outsourcing，ITO）业务雏形。此后，随着全球经济一体化以及产业分工的进一步细化、企业与企业之间竞争

---

① 裴长洪，中国社科院经济所所长、研究员、博导；余颖丰，中国社科院研究生院博士生。

的越发激烈、软件技术的不断成熟和升级，外包服务业务内涵和外延也有了新的发展，最明显的趋势是，外包业务逐步扩展到技术含量更高、附加值更大的业务流程外包（Business Process Outsourcing，BPO）业务上。目前，ITO 虽然仍是全球软件与信息服务外包业务的主体，但全球行业有逐渐饱和的趋势，以 IDC 最近的统计为例，2010 年 ITO 业务仍占整个产业的 62%左右，市场已趋于饱和，而随着全球软件技术服务化趋势的加剧，许多以往关于 BPO 与 ITO 的定义也正在不断地被重新诠释，同时随着服务外包领域的服务技术含量的不断提高，服务技术含量更高、经济附加值更高的知识流程外包（Knowledge Process Outsourcing，KPO）也就孕育而生了。KPO 的出现为软件与信息服务外包家族增添了新的血液，成为外包发展领域的新亮点。目前主流的观点认为，软件与信息服务外包主要包括 ITO、BPO 和 KPO，其分类定义及主要涉及的业务分类可见表 6-1、表 6-2。

表 6-1　ITO 软件外包定义

软件外包	业务范围
狭义定义	应用软件设计与开发；应用软件系统集成、测试与维护；应用系统的数据服务等
广义定义	IT 系统部件的采购、安装、集成与交付使用；IT 系统构架、性能评估、更新策略与升级；应用软件系统的策划、开发、测试和交付；IT 及软件系统的维护、评估、更新策略与升级；业务所需的数据服务、格式转换、维护与更新；电子商务系统的设计、开发、更新与维护等

资料来源：江小娟（2008）。

表 6-2　业务流程外包（BPO）以及知识流程外包（KPO）服务范围

类　别		适用范围
BPO	企业业务流程设计服务	为客户企业提供内部管理、业务运作等流程设计服务
	企业内部管理数据库服务	为客户企业提供后台管理、人力资源管理、财务、审计与税务管理、金融支付服务、医疗数据以及内部管理业务的数据分析、数据挖掘、数据管理、数据使用的服务；承接客户专业数据处理、分析和整合服务
	企业营运数据库服务	为客户企业提供技术研发服务，为企业经营、销售、产品售后服务提供的应用客户分析、数据库管理等服务。主要包括金融服务业务、政务与教育业务、制造业务和生命科学、零售和批发与运输业务、卫生保健业务、通信与公共事业业务、呼叫中心等
	企业供应链服务	为客户提供采购、物流的整体方案设计及数据库服务
KPO		知识产权研究、医药和生物技术研发和测试、产品技术研发、工业设计、分析学和数据挖掘、动漫及网游设计研发、教育课件研发、工程设计等领域

资料来源：商务部。

2. 外包发展动因的研究及文献综述

外包发展的研究，在世界范围内，还处于刚刚起步的阶段。目前分析外包动因的思路大致可以分为两大类：第一大类是基于经济学理论的研究，第二大类是利用实证数据，结合实际情况对比国与国之间的差别和联系进行实证型研究。

基于经济学理论的研究包括。交易成本理论，如 Groot（1998）等；规模经济视角，如 Grossman、Helpman、Szeidl（2004）等；产业内分工理论，如卢锋（2007）等；产业价值链理论，如张远鹏（2003）和李玉红（2006）等；利用动态贸易理论构建模型说明问题，如 Yi（2003）等；国际贸易理论、产业组织理论、国际分工理论以及合约理论相结合，如 Spancer（2005）；从世界贸易组织框架下的贸易壁垒下降角度研究，如刘志彪等（2001）等。此外，国内学者，如江小涓（2008b），还结合中国实际和制度经济学理论，解释外包的意义，论证了服务外包合约是人力资本市场合约与劳务活动企业合约这两种合约的统一，并兼取优势。外包这种合约组合形式对提高服务业专业化程度、扩大规模经济效应、促进人力资本能力积累，为发展中国家提供更多的就业机会有极其重要的正面作用，因此，我国应该更积极地融入全球分工体系，促进服务业发展。

结合国内情况，比较国际经验的研究视角。国内学者在这方面做了大量的工作，其中极具代表性的包括江小涓（2008a）、王洛林等（2010）、夏杰长等（2010）、何德旭等（2009）、荆林波等（2011）。

虽然研究外包发展动因的思路和角度不同，但普遍而言，外包的动因大体上可以概括为以下几点：①企业发展外包最重要的考虑是减低企业成本：利用其他地区低成本的优势将企业非核心业务外包出去，降低企业成本是外包发展的最直接动因也是最为有效的方式。②外包是国际产业转移及国际分工发展变化的产物、简而言之，信息技术降低了沟通协调成本，进而提升沟通效率。全球化深入发展中国家，随着沟通效率提高，不同国家地区跨国合作的不确定风险降低。③外包是企业提升自身核心竞争力的产物：外包是企业从战略层面重构企业风险的手段和机遇，而企业的战略核心竞争力就是企业发展的重要手段，因此，强化核心竞争力成为企业选择外包的重要原因之一。④经济、技术与政策因素共同促进了外包发展：这种分析方法认为外包的发展是技术发展、全球一体化、市场变迁等外部因素与企业绩效（主要从成本和核心竞争力两个维度分析）等内部因素共同结合、推动的结果。

目前外包理论的研究也存在以下问题：①外包理论缺乏系统性、综合性理论分析框架。研究比较零星，理论主要基于国际贸易理论、国际投资理论、产业组织理论、契约理论等，尚未形成独立理论，更无综合理论分析框架。②缺乏完整的、科学的、有效的分析统计指标。因为缺乏理论依据支撑，多数文献主要依靠市场调研，以咨询类文献为主，论证方法多以实证为主，因为度量指标的缺失，研究成果间缺乏可比性，进而缺乏深刻的说服力。③外包是一种企业行为，而外包优势是全球化和技术进步的共同产物，其实质就是全球资源配置动态变化的结果，但其自身又是影响全球资源配置的因素之一，这些复杂的问题，既需要经济学理论的支撑，又需要融合微观金融学以及管理学的知识，目前，各学科融合视角的外包研究太少。④外包领域的研究在世界范围内还刚刚起步，因此关于服务外包细分行业的深入研究更是凤毛麟角。[①] 因此从跨学科的视角研究外包理论，从更细微的层面研究外包理论（如：从软件与信息服务外包行业分析），将对中国乃至全球新经济发展研究有极其重要的现实和理论意义。

（二）　全球软件与信息服务外包的现状与发展趋势

21 世纪以来，截至全球金融危机前，全球软件外包一直保持着快速发展的势头，始于 2008 年的国际金融危机，对全球软件与信息服务外包产业的发展造成了巨大影响，纵观过去几年的数据，2009 年第二季度，全球软件与信息服务外包业务业绩跌入谷底。随着新兴国家在全球金融危机面前做的不懈努力，2010 年全球经济步入复苏期，软件与信息服务外包产业规模也逐步回升。欧美、日本等发达经济体仍是发包的主要来源基地，而新兴市场需求也持续发展。目前，政府、医疗等公用领域需求增长迅速，其中金融、电信以及制造业仍是外包支出的重点行业。

随着世界经济形势的逐步好转，作为软件行业发展趋势重要风向标的全球IT 支出规模显示，2010 年全球 IT 开支达到 1.5 万亿美元，较上年增长 8%，全球 IT 行业出现了 2007 年以来的最好水平。众多国际知名 IT 咨询公司纷纷估计全球 IT 产业已逐步走出 2009 年的谷底，整个行业进入复苏增长期，未来几年 IT 服务、BPO、软件、硬件以及 R&D 等业务领域将出现较快增长。特别是全球外包市场，Everest 全球咨询公司在最近出版的市场调查报告《市场展望：2010 年回顾》中表示：2010 年，全球外包市场稳步增长。在过去的一年中，外包产业增长 6%，全球服务外包市场规模达到 5100 亿美元，并在第四季度达到了 36 个月以来的交易量峰值。从全球区域角度来看，Everest 的报告对 2010

---

① 比如外包细分行业对不同经济变量的吸收和反应速度（如：各细分行业对通货膨胀的吸收差别以及细分行业间工资价格面对技术冲击调整的速度）研究。

年外包及离岸产业中的重要发展事件进行了追踪，2010 年北美以及欧洲地区外包交易量较 2009 年分别增长了 20%和 17%，数据显示上述两个市场已经开始复苏。

总体来看，目前 ITO 和 BPO 仍是软件与信息服务外包业务的两大热点，其中 ITO 最为抢眼。2008 年全球 ITO 大额合同①总额为 554 亿美元，即使受金融危机影响，2009 年业务规模仍同比增长 15.5%，达到 639 亿美元，而 2010 年前 3 季度已实现 412 亿美元。分析 2010 年前 3 季度数据，我们发现，ITO 大额合同总额在 2009 年第四季度和 2010 年第一季度有一次飞跃性增长，但 2010 年第二、第三季度表现疲软，根据 TPI 分析，虽然大额订单数量减少，但低于 2500 万的 ITO 合同订单在大量增加，最终导致 2010 年 ITO 合同总额持续上升。在 BPO 业务方面，BPO 在整体软件与信息服务外包产业中的地位越来越重要，据 IDC 等机构调研，截至 2010 年全球 BPO 市场复合年均增长率接近 15%，高于整体服务外包市场的 13%。纵观过去 3 年，从季度 BPO 大额合同总额来看，2009 年全年水平低于 2008 年，进入 2010 年，行业整体有所复苏，其中第二季度相对于第一、第三季度有较大增长，Everest 的报告指出预计全球 BPO 业务交易量较 2009 年将增长 12%（见图 6-1）。

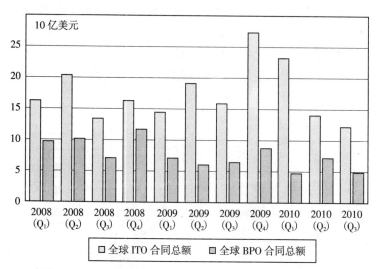

图 6-1　2008~2010 年季度全球 ITO 及 BPO 大额总额比较
资料来源：工信部：《2011 年中国软件与信息服务外包产业发展报告》。

金融危机之后，随着欧美市场的复苏，全球外包业格局也在悄然发生变

---

① 大于 2500 万美元的合同。

化。在 Gartner 2010 年 IT 外包排行榜单中，以往榜上的常客——澳大利亚、加拿大、爱尔兰、以色列、新西兰、新加坡和西班牙等国家榜上无名，取而代之的是八个新兴国家，它们是孟加拉国、保加利亚、哥伦比亚、毛里求斯和秘鲁等，Gartner 认为这些国家上榜的理由是，更为低廉的服务价格，以及更好的政府支持（见表 6-3）。

表 6-3 Gartner 2010 年全球 IT 排名摘录

名大洲	IT 外包排名
美 洲	阿根廷、巴西、智利、哥伦比亚、哥斯达黎加、墨西哥、巴拿马和秘鲁
亚太地区	孟加拉国、中国、印度、印度尼西亚、马来西亚、菲律宾、斯里兰卡、泰国和越南
欧洲、中东地区和非洲	保加利亚、捷克共和国、埃及、匈牙利、毛里求斯、摩洛哥、波兰、罗马尼亚、俄罗斯、斯洛伐克、南非、土耳其和乌克兰

资料来源：工信部：《2011 年中国软件与信息服务外包产业发展报告》。

图 6-2 绘制了从金融危机前到 2010 年，全球主要地区服务外包（大额合同口径）总额比较，美洲地区外包合同受金融危机影响不大，整体呈稳步上升趋势，并于 2010 年超过欧洲等地区的规模；欧洲、中东及非洲地区在金融危机肆虐的 2008 年反经济周期迎来了一次飞跃，2009~2010 年出现大幅下滑但基本保持金融危机前水平；总体而言，亚太地区较欧美等发达经济体地区规模仍然偏小，且过去 4 年变化幅度较大，但亚太作为全球主要新兴地区，我们相信，未来几年，随着亚太经济的不断发展，其外包合同总额会逐渐增大。

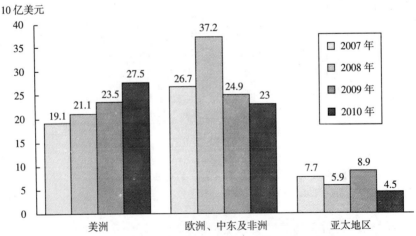

图 6-2 2007~2010 年全球各大地区外包（大额合同口径）业务规模发展比较

资料来源：工信部：《2011 年中国软件与信息服务外包产业发展报告》。

由此我们可以看出，在金融危机后，随着新兴经济体的崛起，世界产业分工的悄然变革，也推动了全球软件与信息服务外包产业的变化，按照 Gartner 公司的观点，对于需要成熟 IT 外包服务或者在意地理位置的公司，外包服务成熟的国家仍然是可行的选择，但是成本已不再是卖点。新兴国家为了迎接后危机时代国际制造业及服务业转移、应对国内流动性过剩等经济压力、为提升本国整体经济实力，相继出台了相应的政策措施，以顺应时代发展的大趋势。另一个支持这种观点的机构是美国《信息方略》（CIO Insight）杂志创建的全球外包指数（GOI）。该指数从机会成本、风险、市场机会三个层面对全球 20 个作为外包目的地的国家进行了量化排名分析，并对未来（以 2015 年为时间点）进行预测，表格 6-4 概述了"金砖国家"（BRICS）在 2010 年的排名。

表 6-4 "金砖国家"（BRICS）2010 年 GOI 全球外包竞争力排名

国家	2010 年排名	GOI 得分	2015 年预测排名	解 读
印 度	1	2.02	2	目前世界上较受欢迎的外包目标国。语言优势、良好教育背景以及丰富经验的劳动力人才，以及不断提升的管理经验，成为该国在外包领域的极大优势。但不断增长的成本将限制其未来竞争力发展
中 国	2	2.16	1	软件与信息服务外包产业仍在起步阶段，在语言、工作经验以及管理水平上与印度有一定差距，但差距在不断缩小。发展迅速，且绝对规模上中国优势极其明显
俄罗斯	6	2.40	5	IT 外包不断增长，软件外包公司专注于利基市场（Niche Market）。①优势在于非常熟练且富有创造性的软件技术人才，劣势是政府支持力度不足，知识产权保护不足
巴 西	15	2.58	4	大量具有优秀计算机操作能力的劳动力储备、良好的基础设施、较低成本。需将重点放在控制经济与提高知识产权保护上来，如能在未来做到，巴西将成为美国主要的外包中心
南 非	20	2.86	15	外包市场较小，但南非拥有很好的语言相容性、强大的基础设施、完善的法律体系、富有竞争力的工资水平。南非若能在提高教育水平、IT 经验技能方面发展，或在不远的将来成为全球具有吸引力的外包目的地之一

资料来源：工信部：《2011 年中国软件与信息服务外包产业发展报告》。

---

① 指那些被市场统治者忽略的细分市场。利基市场的参与者往往选定一个极小的产品或服务领域，集中力量进入并成为该细分行业的领先者。Niche Market 或被翻译为缝隙市场、壁龛市场、针尖市场等。

（三）中国软件与信息服务外包现状及分析

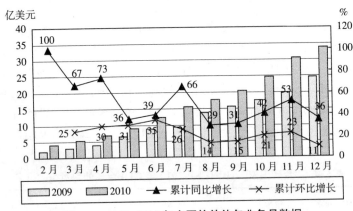

图6-3　2009~2010年中国软件外包业务月数据

资料来源：工信部。

1. 中国软件与信息服务外包现状

2010年，中国经济全面复苏，全年国内生产总值397983亿元，全年经济增长10.3%左右。全球经济回暖以及中国经济的高速增长为中国软件与信息服务外包产业发展奠定了基础。2010年中国软件与信息服务外包增长速度超过35.2%，高出2009年5.5个百分点，产业规模达到2750亿美元。在业务结构层面，根据工信部统计口径，中国软件与信息服务外包仍以ITO业务为主，规模为1550.0亿人民币，占产业规模的56.4%，同比增长31.6%；在BPO[①]方面，2010年全年业务规模达到1200亿人民币，占产业总规模的43.6%，同比增长40.1%（见图6-4）。

由此可见，中国软件与信息服务业外包业务在过去4年中保持了持续增长，金融危机对该产业冲击有限，同时由图6-5也可看出，2010年中国软件与信息服务外包业务结构变化延续往年趋势，BPO占总份额比重缓步有序增长，较上年增长1.5个百分点，达到43.6%。

在企业层面，随着近年来中国政府对软件与信息服务外包产业的大力扶持，以及一系列行之有效的政策与法规的出台，中国软件外包企业不断壮大，发展迅速（见图6-6、图6-7）。国内龙头企业经历着两位数的高速增长，同时

---

① 按工信部统计口径，知识流程外包（KPO）、合同研发外包（CRO）等业务一并统计到BPO业务中。

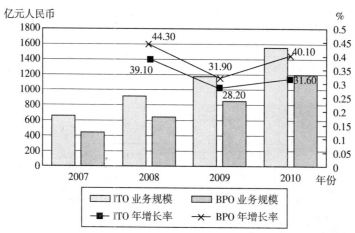

图 6-4 2007~2010 年中国软件与信息服务外包 ITO 业务规模及 BPO 业务规模对比
资料来源：工信部。

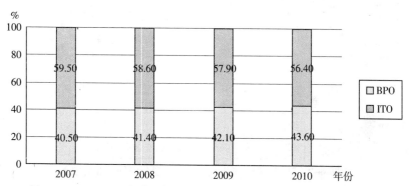

图 6-5 2007~2010 年中国软件与信息服务外包 ITO 与 BPO 业务结构
资料来源：工信部。

大量新兴企业不断涌进。企业在市场开拓、服务支付、技术创新等方面能力不断提高。目前，中国外包企业承接国际外包业务主要有三条路径：[1] ①直接从国外发包商或外国上游接包商发包、分包或转包的软件外包项目；②通过跨国公司在中国建立的子公司或位于中国境内的离岸发包中心接包；③通过中介服务机构获得项目。

在政策方面，2011 年 1 月 28 日国务院出台了国发〔2011〕4 号文——《进一步鼓励软件产业和集成电路产业发展若干政策的通知》（以下简称："新 18 号文"），被软件行业认为是 2000 年出台的国发〔2000〕18 号文——《鼓励软

---

[1] 工信部：《2011 年中国软件与信息服务外包产业发展报告》。

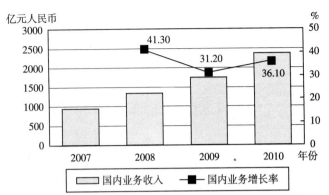

图 6-6　2007~2010 年中国软件与信息外包国内业务收入

资料来源：工信部。

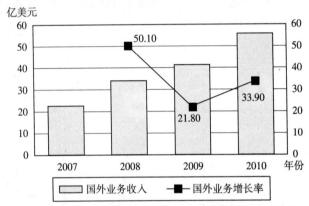

图 6-7　2007~2010 年中国软件与信息外包国际业务收入

资料来源：工信部。

件产业和集成电路产业发展的若干政策》（以下简称："旧 18 号文"）的政策延续。与"旧 18 号文"相比，"新 18 号文"除进一步延续和细化了"旧 18 号文"的诸多优惠政策外，还首次提出支持企业"走出去"，鼓励"走出去"① 企业在境外建立营销网络和研发中心，进一步推动集成电路、软件和信息服务出口。同时"新 18 号文"还特别指出，对于国际服务外包业务，各级政府和部委应给予大力支持，专门责成商务部为企业拓展新兴市场创造条件。这充分说明了国家对软件出口（特别是软件与信息外包服务）的大力支持。

---

① 国家为鼓励企业"走出去"，积极应对汇率波动对企业盈利造成影响的问题，2009 年至今，央行等国家部门，相继出台了促进人民币国际化的政策，其中 ODI、跨境人民币贸易结算业务、企业在香港发行离岸人民币证券等金融措施，都为企业"走出去"奠定了一定金融基础，为企业提供了贸易与投资便利化，规避了一定汇率风险，扩展了企业的融资渠道，争强了企业海外议价能力。

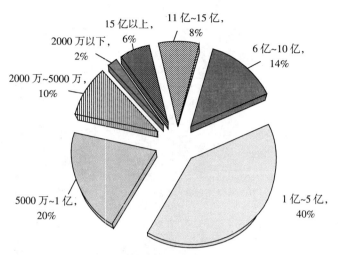

图 6-8　2010 年全国服务外包 50 强营业额分布情况

资料来源：《2010 年中国服务外包企业最佳实践五十强白皮书》。

　　此外，在 2011 年 3 月出台的"十二五"规划纲要中，软件行业被认定为高技术服务业，并提出要在"十二五"期间进一步提升软件开发应用水平，同时《纲要》将软件和服务外包列为全面振兴东北等老工业基地的重要手段之一。同时，软件和信息服务业再次被列为服务贸易领域需要大力发展的行业，并强调要进一步提高服务贸易在对外贸易中的比重，其中建立服务外包基地将会是达到这一目标的主要手段之一（见表 6-5、表 6-6）。

表 6-5　国家针对促进服务外包的重大政策文件汇总

颁布时间	鼓励与扶持政策	政策条文解读
2006 年 10 月	《商务部关于实施服务外包"千百十工程"的通知》	"十一五"期间，建立 10 个具有一定国际竞争力的服务外包基地城市，推动 100 家世界著名跨国公司将其服务外包业务转移到中国，培养 1000 家取得国际资质的大中型服务外包企业，2010 年服务外包出口额在 2005 年基础上翻两番
2008 年 2 月	《财政部、商务部关于支持承接国际服务外包业务发展相关财税政策意见》	积极发挥公共财政职能，支持外包基地建设、外包人才培养；鼓励外包企业获得资质认证、开拓国际市场、承接高端国际外包业务，扶持企业做大做强
2008 年 5 月	《商务部、教育部关于推动服务外包人才网络招聘工作的若干建议》	加强对服务外包人才网络工作的宏观指导，积极支持服务外包基地城市的示范式发展，扶持外包企业做大做强
2008 年 5 月	《商务部关于服务外包产业发展融资支持工作的指导意见》	积极采取措施支持服务外包基地城市、示范园区基础设施和投资环境建设等，鼓励中小服务外包企业通过联合、并购、重组建立大型国际化服务外包企业

续表

颁布时间	鼓励与扶持政策	政策条文解读
2009 年 1 月	《国务院办公厅关于处境服务外包产业发展问题的复函》	批准北京等 20 个城市为服务外包示范城市，实施特殊工时工作制、培养支持并鼓励政府与企业业务外包
2009 年 4 月	《财政部等源于技术先进型服务企业有关税收政策问题的若干意见》	2010 年 7 月 1 日至 2013 年 12 月 31 日，对 20 个服务外包示范城市的先进型技术服务企业按 15% 税率征收企业所得税
2009 年 9 月	《中国人民银行等关于金融支持服务外包产业发展的若干意见》	做好服务外包产业的金融服务工作，加强金融产品的服务创新、拓展外包企业直接融资渠道、保险创新、改进外汇管理等措施
2009 年 9 月	《财政部等关于鼓励政府和企业发包促进中国服务外包产业发展的指导意见》	鼓励政府、企业及相关部门通过购买服务等方式，将数据处理等不涉及秘密的业务发包给专业公司，培育国内服务外包产业
2010 年 4 月	《国务院办公厅关于鼓励服务外包产业加快发展的复函》	在税收、金融服务、财政资金支持、人才培养和引进等方面加强对服务外包企业的支持
2010 年 7 月	《财政部等关于示范城市链服务外包业务免征营业税的通知》	2010 年 7 月 1 日至 2013 年 12 月 31 日，对注册在北京等 21 个服务外包示范城市的企业的离岸服务外包收入免征营业税
2010 年 11 月	《财政部等关于技术先进性服务企业有关企业所得税政策问题的通知》（以下简称《通知》）	在北京等 21 个中国服务外包示范城市实行企业所得税优惠政策，并将此前企业服务业务收入占总比从 70% 降低到 50%，此《通知》是 2009 年出台的文件的完善和重要补充，充分显示了国家对相关企业扶持的力度和重视程度
2010 年 11 月	《工信部关于鼓励软件服务外包产业加快发展及简化外资经营离岸呼叫业务试点审批程序的通知》	在北京、天津等 21 个服务外包示范城市，对于外商独资或外商合资电信企业对于其经营的离岸呼叫中心业务简化审批程序

资料来源：政府网站以及作者整理。

表 6-6 《国务院关于印发进一步鼓励软件产业和集成电路产业发展若干政策的通知》
新老条文对照及比较

细　节	新 18 号文	旧 18 号文
财税政策	免除营业税、新企业实行"两免三减半"政策、根据产业技术进步情况，对符合条件的企业，在企业所得税方面实行"五免五减半政策"	2010 年前按 17% 的法定税率征收增值税、新企业所得税"两免三减半"、自用设备免征关税和进口环节增值税
投融资政策	●支持跨地区重组并购 ●允许设计股权投资基金或创业投资基金 ●引导社会资金投资软件产业 ●支持软件企业拓宽直接融资渠道 ●推动软件企业利用知识产权等无形资产进行质押贷款	●鼓励软件行业风险投资 ●建立软件园 ●安排预算内基本建设资金 ●支持软件企业境外上市和利用创业板优先上市

续表

细　节	新 18 号文	旧 18 号文
研究开发 （R&D）政策	● 重点支持基础软件 ● 面向新一代信息网络的高端软件、工业软件、数字内容相关软件、关键应用软件 ● 鼓励软件企业大力开发软件测试类以及技术评估类软件	● 支持开发重大共性软件和基础软件（包括操作系统） ● 大型数据库管理系统 ● 网络平台、开发平台 ● 信息安全软件系统、嵌入式软件系统以及大型应用软件系统等
进出口政策	● 进口质检海关提供提前预约服务 ● 软件出口政策性金融机构提供融资和保险支持 ● 支持企业"走出去" ● 大力发展国际外包业务	● 软件自营出口权 ● 海关便捷服务支持 ● 为软件企业人员提供的出入境审批手续便利化 ● 专门有利于软件产品出口而制定的不同于其他产品的外贸、海关以及外汇管理办法
人才政策	● 完善技术入股、期权、股权、分红权等多种形式的人才激励机制，多渠道引进高层次人才 ● 积极开拓国外培训渠道	● 建立软件人才培养基地和软件学院 ● 人才落户、进修培训等
知识产权政策	● 大力完善中国软件产业正版化 ①凡在中国境内销售的计算机，其所装软件必须为正版软件 ②全面落实政府机关正版软件使用的政策措施	● 鼓励软件著作权登记 ● 大力打击软件走私以及软件盗版
市场政策	● 鼓励政府电子政务和数据处理业务外包 ● 鼓励大中型企业信息业务外包与机构剥离 ● 反垄断 ● 在各级政府机关及事业单位使用符合安全要求的软件产品	● 优先采用国产软件系统 ● 优先让国内企业承担重大工程项目

资料来源：政府网以及作者整理。

2. 中国软件与信息服务外包发展趋势

（1）中国外包企业海外拓展能力不断提高。越来越多的海外客户视中国为首选外包目的地。中国外包企业不断加快国际化发展步伐，积极拓展高端客户，并在欧美市场中通过并购策略迅速做大做强市场规模。在业务流程方面，国内领头企业已从单纯的离岸模式转向在岸与离岸混合模式，有些企业已开始提供在岸、离岸相结合的"Best Shore"支付模式。

（2）中国软件与信息服务企业在技术创新方面取得显著改善。企业逐步改变对外包产业的片面认识，开始向完善企业自身规模和提升自身技术含量的目标发展。以中国外包龙头企业——东软为例，截至 2010 年年底，东软共申请专利 194 项，获得授权专利权 92 项，获得软件著作权 275 项，登记软件产品

194 项，公司通过高新企业认定的单位达到 18 家。①

（3）中国软件与信息服务外包企业在质量管理和项目管理方面水平不断提高。越来越多的企业通过了软件能力成熟度模型、IT 服务管理、信息安全管理等国际标准认证。就国际三大主要认证② 来言，截至 2010 年 9 月，中国大陆通过 CMM/CMMI 的企业总数已达 1719 家，其中中国共有 971 家企业通过 CMM3/CMMI3 级认证，共有 103 家企业通过 CMM5/CMMI5 级认证。在 ISO20000 认证方面，截至目前，中国通过该认证的企业总数为 93 家，居世界第一，93 家企业中，IT 外包服务企业占 64 家，占全国认证总数的 68.8%。从 2006 年中国获得 ISO20000 认证的 1 家到目前的 93 家，如此快速的增长，一方面得益于软件与信息服务外包产业自身的快速良性发展，另一方面也得益于中国企业经历了金融危机洗礼后在 IT 治理理念上的与时俱进。长久以来，中国企业也高度重视 ISO27001 认证，截至 2010 年 12 月 21 日，中国大陆通过该认证的企业总数已达 494 家，居世界第三。③ 另一个值得一提的是，中国一直也在努力地在 IT 资质管理方面制定符合自身标准的体系，致力于在标准制定方面在世界上占有一席之地，从 1999 年 11 月 12 日《计算及信息系统集成资质管理办法（试行）》正式颁布实施以来，10 年间，系统集成资质认证工作一直在有条不紊地按中国可控的进度不断推进，并在规范系统集成服务市场秩序上，在壮大提高企业整体素质上，以及在提升信息系统工程质量上，取得了一定的成就，发挥了一定的作用。截至 2010 年 9 月底，中国已有 3645 家企业通过了该认证。

（4）中国软件与信息服务外包人才队伍不断壮大。国与国之间软件产业实力的比拼其实质是高素质人才的较量，软件与信息服务外包产业亦是如此。中国长期高度重视软件外包人才的培养，并提供了大量的政策支持，因此中国软件与信息服务业人才队伍不断壮大，人员素质不断提高。根据工信部统计，2010 年中国软件与信息服务外包产业中，技术人员占从业人员总数的 62.4%，管理人员和市场人员分别占 8.3% 和 8.6%。从学历技能看，大学学历人员的比重占到 73.%，硕士及以上学历人员比重达到 7.4%。从工作经验角度统计，工作两年以内的员工占 37.6%，具有 2~5 年工作经验的占到 38.5%，5 年以上工作经验者占到 23.9%。与去年相比，工作两年以内的员工比重有所上升，体现

---

① 东软集团 2010 年公司业绩年报。
② 国际主要三大认证包括：一是关于评价软件承包商能力及帮助改善软件质量方法的 CMM/CMMI 认证；二是关于 IT 服务管理体系要求的国际标准 ISO20000 认证；三是关于信息安全管理体系的国际认证 ISO27001。
③ 目前日本以认证数量 3720 居世界之首，印度以 509 次之，英国以 455 紧追中国之后。

了中国企业能力的积累以及技术工人产业熟练度的不断提升。

3. 中国软件与信息服务外包行业存在的问题

从国家层面分析，虽然中国已在软件外包出口方面取得了不少辉煌的成就，但目前，中国软件服务行业也存在一些问题：①企业规模及实力相比国际知名企业还存在极大差距，缺乏大型国际化、集团化的服务外包企业，因此产业自身带动力弱。以国内较大的外包企业为例，人员规模也只在 15000 人左右，而印度最大的外包企业，以 InfoSys 为例，[①]企业人数达到 13.9 万人。②区域（城市）发展不平衡，各类服务外包园区同质化。③相关法规体系和法律制度仍须完善，载体建设和管理内容方式亟须提升。④高、低端人才缺乏，人才结构不合理。⑤行业融资渠道匮乏，这也和外包企业起步晚、规模小，服务外包企业价值评估难，投资风险大有关。此外，中国承接国际软件外包也有若干问题，主要体现在：①虽然外包业务发展迅速，但总体规模仍很小。②产品质量和附加值水平不高。③市场主要集中在日本，单一市场依存度过高，市场风险分散不大，以此次日本地震为例，日本外包市场受到影响，也直接对中国企业造成巨大影响。④虽然欧美市场潜力巨大，但市场准入标准较高，而且爱尔兰等国已在该地区占有较大市场份额，中国要开拓欧美市场，挑战巨大。此外，中国外包企业还受到区位等因素的影响，国内人力资本、物业管理成本上升，都降低了企业的综合产业竞争力。

（四）云计算的兴起对中国软件与信息服务外包行业格局的影响

"科学技术是第一生产力"的伟大思想，已阐明了技术进步是改变人类社会乃至生产关系的决定性作用。软件与信息服务业作为技术密集性、智力密集性行业，技术对其行业生产关系更具有巨大决定性作用。"云计算"先后被各国争相纳入战略优先发展产业[②]已是不争的事实，因此"云计算"的出现也将对软件与信息服务外包行业的现有市场格局、盈利模式带来巨大冲击，产生深远影响。有激进的观点认为，"云"最终将终结 IT 外包业务，但多数机构及业内人士认为在很长的一个时期内，"云"将会引起 IT 外包产业平衡的变化和转移，但不大可能完全赶走外包业务。

---

① 截至 2011 年 3 月。

② 《世界各国政策扶持发展云计算产业一览》，中国经济网 2011 年 5 月 9 日。资料来源：http://cloud.csdn.net/a/20110509/297412.html。

　　"云计算"本质上是一种信息服务的外包形式，[①] 在用户使用的角度，一般将"云计算"分为软件服务层（SaaS）、平台服务层（PaaS）和基础服务层（IaaS）（见表6-7）。

表6-7 "云计算"框架下的3种服务外包模式概述

层级	处于云框架中的级别	实质	成功案例	中国现状
IaaS	最低层级（对服务接包商技术门槛要求最高，同时需要投入大量硬件资源设施成本）	是一种在网上提供基本存储和计算能力的标准化服务手段。服务器、存储系统、交换机、路由器和其他系统协作（例如，通过虚拟化技术）处理特定类型的工作负载	Amazon Web 服务（AWS）、Joyent 等。主要提供 CPU 计算、存储、虚拟化服务器等服务	用户需求在中国市场上同样处于初级阶段。基本由国外企业垄断
PaaS	中间层（对服务接包商技术门槛要求较高）	对开发环境抽象的封装和对有效服务负载的封装。PaaS 产品可执行各个阶段的软件开发和测试，也可以专用于某个领域，如内容管理	Google App Engine，Windows Azure，Amazon EC2	用户需求在中国市场上同样处在初级阶段。[②] 提供商基本为国外企业垄断
SaaS	最高层（在三层次中对服务接包商技术门槛要求最低）	其特色是通过多重租用（Multi-tenancy），根据客户需要提供完整应用程序。所谓"多重租用"是指单个软件实际运行于提供商的基础设施，并为多个客户机构提供服务	Salesforce.com，[③] Google Apps 等，提供基本商业服务，如电子邮件	国内的 SaaS 发展仍然处在比较初级的阶段，以电子商务模式为主。[④] 国内较为出名的服务提供商为金蝶的友商网、用友的伟库等

资料来源：中国云计算网：《2010 中国云计算调查报告》。

1. 从"云"的不同层面分析对软件外包产业的冲击

　　（1）在 IaaS 平台层面分析。在这个层面，IT 外包供应商主要靠硬件维护和支持服务获取利润。因该层面技术含量高，有一定的垄断性，故利润丰厚。据业内分析师估计，该层面行业盈利平均每年超过 950 亿美元。目前该层面的

---

　　① Gartner 宣称，2010 年全球云计算服务收入有望达到 683 亿美元，较 2009 年的 586 亿美元增加 16.6%。此后仍将保持强劲增长，到 2014 年全球收入预计将达到 1488 亿美元。其中，未来 5 年内，企业用于 SaaS、PaaS 以及 IaaS 三大领域的支出累计将达 1120 亿美元。

　　②《2010 中国云计算调查报告》统计，受访对象中仅 8% 采用 PaaS，且以中小企业为代表。

　　③ 值得注意的是，SaaS 的概念在正式的"云计算"登场前好几年已被提及，业界以及技术内学者对 Salesforce.com 在 2005 年前提供的类似 Multi-tenancy 服务是否属于云技术下的 SaaS 服务有争议。

　　④ 根据《2010 中国云计算调查报告》的调查，国内 SaaS 产品不成熟、缺乏统一标准、SaaS 厂商实力不足及企业认知不足是当前国内 SaaS 普及的主要障碍。以金蝶友商为例，目前大概有 100 万注册用户，其中只有 3 万~4 万是付费用户。付费用户可以 300 元左右的年费使用一些在线的简单 ERP 服务。目前尚未盈亏平衡。公司的目标是明年可以实现盈亏平衡。

"云计算"供应商有亚马逊、Rackspace 和 Terremark，市场被三家企业瓜分，因此市场竞争极为激烈。同时，传统的外包供应商也未放弃过在该层面的业务。相反，不少企业把自身传统业务与专业的基础架构产品区分开来，比如 IBM 的"智能业务开发"（属于传统业务类）和"测试云"，变相地进入到这个市场层面来参与竞争。

（2）在 PaaS 平台层面分析。在这个领域，谷歌、Force.com 和微软的 Azure 把持着该层面的全球主要市场份额，同时这三个企业也不断争夺市场主导地位。在这个领域，传统外包供应商和平台运营者之间只有很有限的交集。

（3）在 SaaS 平台层面分析。"云时代"的到来，在该层面对于传统外包企业冲击最大，因为传统外包企业在开发和集成低端业务时，明显没有拥有"云计算"核心技术的企业有成本优势。就现在传统的 SaaS 层的外包商盈利模式而言，实施、升级、托管和支持企业的应用程序，比如 CRM、ERP、HCM 等，是 IT 外包商们重要的收入来源。这些收入中的一部分将显著受到来自"云"扩展的冲击，特别是那些与企业应用套件中低层服务相关联的服务——中间件和物理应用基础架构。"云时代"的到来势必加速接包企业业务服务的专业化，进而淘汰掉落后的外包低端业务。

2. "云时代"下外包服务发展的动因

"云"的优势可以简单概括为以下几个方面："云"可以推动企业信息化，提高运营水平；"云"可以统一集中化运营，充分实现资源分享，通过集中合理运营，提高效率；"云"能解放人力，提高产能，增加价格优势："云"可以加速 IT 服务的虚拟外包和协调度，加强时间和空间的连续协作，提升接包工作的效率；"云"可以助力外包服务升级，提升企业产业地位。尤其是对于中小企业，通过租用"云服务"使企业从繁杂的硬件投入中解脱出来，专注于外包服务本身，精细化服务产品，进而扩展服务形式，创新服务内容，拓展服务范围。此外，"云"还可以优化公司内部，促进企业管理的良性发展，比如：优化公司协作管理，推动业务灵活对接，促进服务快速反应。IDC 最近一次关于客户选择"云计算"服务的动力来源调查显示（可多选）：削减开支是目前客户最主要的动力来源，占到 58%；改善整体运行环境和降低预算限制分别达到 32% 和 29%；此外，快速开发新业务、企业缺少自身技术和缺少技术人员也是企业考虑的因素，分别占到调查问卷的 20%、15% 和 10%。

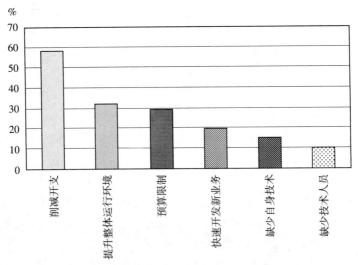

图 6-10 用户选择"云计算"的主要动力

资料来源：IDC。

3. "云计算"应用的 5 大障碍分析

（1）"云计算"的安全隐患。"云安全"主要是基于"云"储蓄安全的考虑（见图 6-11）。以 PC 电脑时代的数据存储管理为例，其模式如同个人所持有的现金（即：数据）与其私人保险柜（即：个人 PC 的硬盘）之间的关系，而"云"时代的数据存储管理就升级为如同个人与银行的关系，"云端"就是数据托管的银行。只要银行既安全又有信用，个人将现金存放至银行肯定比放在保险柜更便捷、更便于管理。2009 年 CCW 对客户使用 SaaS"云服务"进行的调查发现，有 71% 的客户会将"云计算"的安全问题放在主要的考虑范围，对于安全隐患的担忧远超过其他因素（见图 6-11）。由此可见，用户对"云端"的信任关系极度类似于客户对银行安全的信任关系。"云时代"的新兴外包模式是否会代替目前传统的外包模式，关键在于"云技术"的安全性，而这需要外包商与客户建立起长期信任。

（2）可靠性与可控性障碍。对于数据资料存储管理，由于数据不再在本地备份，"云端"数据资料的可靠性难以甄别；对于客户向"云服务商"租赁计算能力的服务，客户也缺乏可靠的验证复核手段。客户数据或基础设施由"云计算"服务商管理控制，用户难以直接触及"云计算"底层结构，这带来潜在失控风险。在极端情况下，对于潜在的由于商业纠纷或意外事情引起的数据资源泄露或损失难以控制和界定。

（3）"云计算" 的标准缺失障碍。这是目前重要的制约"云技术"行业发

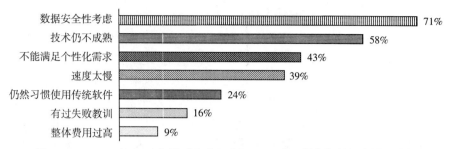

图 6-11　CCW 在 2009 年针对客户不选择 SaaS "云服务" 的调查原因分析

展的问题。因为标准缺失，"云计算"在服务外包领域的推广会面临诸多限制。由于目前全球"云计算"缺乏统一的标准，各种"云计算"服务供应商在不同平台上发展会导致不兼容现象发生，尤其是使用私有数据格式和 API 的用户。当客户希望更换服务商时，将难以从一个服务供应商的平台移植到另外一个服务供应商的平台上。另外一个技术标准缺失带来的隐患就是"云计算"服务供应商的"鱼龙混杂"现象，尤其在发展中国家尤为明显，不少厂商混淆"云"与传统 IT 技术的概念，比如：混淆"数据中心"与"云存储"的技术概念，许多服务供应商未真正拥有"云技术"，仍仅沿用传统 IT 技术为客户提供服务，但却对客户宣称其所提供的是"云时代"的技术服务。

（4）知识产权障碍。目前的软件许可证是以物理机器为许可单位的，即：客户购买软件是以其所使用的电脑为许可单位的，而在多层应用中的数据库间的"云存储"，数据在往返过程中，尤其在共享信息时，一旦涉及软件互认问题，因为只是产权障碍，即会带来严重的延迟问题。

（5）法律和政治障碍。部分受管制的数据或信息受到当地法律限制或无法托管于境外数据中心中，会影响企业整体商业战略布局。另外，出于国家信息安全的考虑，司法管辖权的界定以及主要国家对制定技术标准话语权的争夺都将影响"云计算"服务在全球范围内的普及。

（五）"十二五"规划软件与信息服务业战略发展与政策建议

2011 年是"十二五"规划第一年，从"十二五"规划的主要内容来看，"促发展、保民生"是"十二五"规划的两条主线。

从"促发展"角度分析，"十二五"规划重点突出了结构转型与制造业升级，在未来五年内，制造业、智能电网、高铁信息化和 IT 服务外包都将得到重点发展。"两化"（信息化与工业化）在"十二五"期间必定大融合，软件产业作为国家的基础性、战略性行业已渗透到国民经济的方方面面，自然也渗透到"十二五"规划的各条主线和支脉上，从制造业升级分析，制造业升级本身就无法离开软件业的协助，特别是工业软件对产业升级在技术层面的支持。中国工业软件业起步较晚，以往国家重视不够，因此未来发展潜力巨大，工业软件势必在"十二五"期间进入发展快车道。此外，物联网、"云计算"等最具爆发性的新技术和新商业模式的核心部分也都是软件，节能环保、高端先进装备制造业等其他新兴产业的发展也同样离不开软件。软件产业行业本身就是现代工业与信息产业的灵魂。由此可见，中国软件行业在"十二五"的大宏观背景下，必将迎来突破性、跨越式发展机遇。

从"保民生"角度分析，"两会"热议的民生问题——包括医疗、社保等。该领域的信息化将在 2011 年逐步展开。同时，"十二五"期间，为改善民生，信息化工程将扮演重要角色。新医改势必带来对区域医疗信息系统的需求；自然灾害、突发事件等方面的应急体系建设也将带来对数字应急系统建设的需求；城市拥堵问题、供电供水问题、节能环保管理等将带来"智能城市"以及"绿色 IT"系统建设的需求；区域发展不平衡带来对农村信息化的需求，城镇化率不断提高带来对城镇 IT 服务的需求。[1]尤其在 2011 年宏观经济政策趋紧、流动性收缩的大背景下，符合"十二五"规划精神的"提升公共服务水平"的"信息化"发展策略，将是 2011 年乃至未来 5 年推动软件以及信息服务业升级的最大内因，因为中国未来 5 年来自公共服务领域的市场需求极其巨大，而任何其他服务行业或领域若想要得到深度发展，都需依靠软件技术以及软件服务业的先行发展。

1. 针对发展软件与信息服务行业的战略思考

（1）利用在岸外包业务带动离岸外包业务向高端领域发展。中国在"十二五"期间，内需消费势必继续扩大，"两化"势必加速融合，同时在"保增长"、"保民生"两条主线的指导下，软件产业的发展也势必呈现出网络化、服务化、平台化、智能化和融合化等重要发展趋势。国内巨大的市场需求，会带动中国在岸外包的深度和广度发展，势必会促使离岸外包业务向高端领域转移。

（2）服务业经济时代来临，软件与信息服务外包业领跑服务业发展。有学者（夏杰长、李勇坚等，2009）认为服务业在过去 30 年是一个吞噬现金的行业，尽管服务业的价格指数获得了惊人增长，但服务业的投资收益率

---

① 有研究指出，城镇化率每提高一个百分点将带动一万亿以上的 IT 投资。中国城镇水平将从现在的 47% 提升到 2015 年的 52%，2020 年中国城镇化率将达到 60% 左右。

并没有明显改善。造成这一现象的原因主要是服务业投资结构存在问题，中国过去过多关注交通、餐饮等传统服务行业，对软件与信息服务业等新兴服务行业投入不足，此外民营资本进入垄断性服务行业不足，当然这也与体制有关。在"十二五"期间，软件与信息服务外包领域应当利用两化融合的时代机遇，增强工业与服务业的互动发展，提升服务业可持续发展的能力，结合工业信息化、技术服务化彼此融合的时代发展趋势，二者互相影响，相互促进。

（3）通过大力发展软件与信息服务外包，带动软件出口。服务业尤其是软件与信息服务业，正在以空前的速度实现跨国界转移，服务外包是软件产业发展的重要模式之一，中国应把握好全球产业链转移的时代契机，大力发展软件与信息服务外包，整合人力、物力、财力等多方面资源，充分发挥各地区域的长处，集结多方优势，直接或间接地增强中国软件企业的整体国际竞争力，进而带动和促进中国软件出口。

（4）大力发展 BPO 外包业务，与其他国家形成错位竞争。中国通过 BOP 业务的发展，做大做强中国软件与信息服务外包业也是一条重要的战略路径选择。印度作为全球 ITO 外包业务的龙头，中国要在 ITO 领域赶超印度，面临最大的困难首先是中国在不具备印度的语言优势的现实条件下，在呼叫业务领域很难与印度一争长短，然后是印度在 ITO 领域已有先手优势，占领了主要的市场份额，且全球 ITO 市场已趋于饱和，中国发展空间有限。中国应大力发展 BPO 业务，这样自然地就与印度等国形成了错位竞争。同时中国在 BPO 领域相比印度等国有以下几点优势：一是成本优势；二是人才优势；三是政治环境优势。并且从广义的 BPO 业务范围而言，BPO 业务还包括金融外包业务。目前中国国内经济开放程度已非常高，外商在华投资及设立企业，已涉及众多领域，而国内银行、证券、保险等服务领域的深水区也在不断发展和产业升级，这些机构为专注自身主营业务将其附属或低端业务流程分离，业务外包是未来发展的必然方向，这都为中国 BPO 市场带来巨大发展潜力，因此中国市场前景远比印度等国广阔很多。目前，BPO 虽然兴起较晚，但发展迅速。据麦肯锡统计：全球 BPO 市场复合年均增长率将超过15%，高于整体服务外包市场的13%；中国 BPO 市场复合年均增长率将超过40%。BPO 业务将广泛覆盖金融、电信、政府、医疗保健、航空、制造业等行业。

（5）抓住"云时代"的机遇，改变现有服务外包模式。金融危机给过去几年全球乃至中国经济带来了巨大的冲击，但金融危机也加剧了全球工业产业链转移，加快了各国转变经济发展方式的步伐，作为现代科技灵魂的软件与信息服务业自然地被各国认定为推动未来经济增长的动力和源泉。在现有全球产业格局下，我国在诸多方面与发达国家差距巨大，但就新兴产业（以"云计算"和物联网为例）而言，我国与美国有一定差距，但相对于日本、韩国等国家，各国基本上处于同一起跑线上，这就为我国软件与信息服务行业及其细分行业（诸如：外包领域）的发展与自身战略调整，尤其是在区域内抢占区域领先位置，争取到了宝贵的弥补技术差距的时间和发展技术的空间。

2. 针对发展软件与信息服务外包的政策建议

（1）扭转服务外包的诸多错误思想。长期以来，许多人都将服务外包的发展，简单地理解为是发达国家将企业部分低级业务或低端服务环节转移给发展中国家的过程，甚至有人将服务外包业务等同于呼叫中心业务，这不光是对服务外包内涵理解上的误区，也是对服务外包外延理解上的误区。其实 BPO、KPO 等领域的技术含量以及产业链附加值已相当可观。另外一个误区是，中国重视发展离岸外包业务而轻视发展在岸外包业务。

（2）建立品牌，提高自主知识产权产品出口规模。从软件技术的发展来看，目前中国的软件与信息服务技术，其行业生产还处于模仿和加工阶段，在操作系统、数据库管理系统和关键应用软件方面没有形成完整、系统的自主版权产品。由于缺乏自主知识产权的拳头产品，较难积累项目分析和设计领域的经验，也使中国软件企业在应对国际市场信息方面反应迟缓，在软件设计开放方面难以把握时代发展的潮流，加上中国外包企业普遍缺乏严格的质量认证和规范化管理，软件企业进入国际软件服务外包市场特别是欧美市场困难重重。因此，未来政府要积极打造国家公共品牌，在国际上树立"中国服务"的整体品牌形象，更重要的是政府要积极引导企业树立品牌意识，鼓励和扶持企业创立品牌，增强自主创新能力，提升行业整体水平，提高自身软件技术和信息服务与其他国家企业的区分度，力争使服务外包行业向全球产业链的高端附加值环节转移。

（3）规范软件行业政策立法和知识产权的保护。知识产权保护对于软件出口尤其是软件服务外包的发展至关重要。而由于盗版的屡禁不止，导致欧美企业对中国知识产权保护的力度存在质疑，极大影响了中国对欧美国家的软件外包。因此，中国政府及相关部门在保护知识产权方面应该进一步深化认识，采取有利措施加强知识产权保护工作，完善知识产权保护机制，大力打击盗版行为，严厉惩罚侵权，培育良好的信用环境和市场秩序。尤其是要在已有的法律、法规框架下，加大执法力度和舆论宣传力度，使发达国家认识到中国在知识产权保护方面的进步，树立良好形象。

加强诚信体制建设，发挥软件行业协会作用，建立行业诚信数据库，利用政府引导、行业自律、社会监督，三管齐下，加强对从业人员诚信管理，规范从业人员职业行为，建立完善软件行业自律公约以及从业人员准入制度和企业诚信等级备案制度。

（4）深化行业协会在行业发展中的关键作用。行业协会往往紧贴企业和产业发展方向，最能体现和反映该产业的最新发展趋势，因此行业协会的深化发展，将促进中国软件与信息服务外包行业的健康稳健发展。从行业层面分析，中国可以在大力发展软件行业协会的同时，也注重发展服务外包行业协会，注重二者的协调，必定软件与信息服务外包行业的大力发展既离不开软件行业协会的大力支持，也需要服务外包行业的支撑。从行业协会的发展层次分析，可以从 3 个方面多角度发展行业协会：①从全国性行业协会的建设方面；②从自发性行业协会入手，完善中国软件与信息服务外包行业协会体系；③利用非行业协会（如：制造业协会、海外中资企业行业协会）形成不同行业协会间的协同效应，促进中国软件与服务外包行业健康发展。

（5）进一步发挥软件出口基地扮演服务外包生力军的作用。软件出口（创新）基地在促进中国软件与信息服务外包发展，发挥了以下几点重要的作用：①在促进软件出口增长额度同时，优化了软件出口结构；②出口与产业的良性互动，出口（创新）基地成为产业凝聚的吸附器；③提升企业自主创新能力，增强了软件企业国际竞争力；④带动地方经济增长，提升区域竞争力。因此，地方政府在政策支持上应进一步加强对软件出口（创新）基地的基础设施建设，完善软件出口（创新）基地的软实力，改善投资环境，吸引更多外来投资，在适当的时候，可考虑建立离岸自建中心。

（6）区别对待龙头企业和中小企业。企业作为行业的细胞组成，中国外包企业发展水平直接反映中国外包行业的实力水平。因此，在"十二五"期间，关于发展软件与信息服务外包业的政策建议，更应关注企业层面。

1）对于行业重点鼓励战略联盟或兼并，培育龙头企业。目前，中国软件产业形成了以外资软件公司为主，本土软件公司为辅的结构特点。中国本土软件企业组织结构呈现出"小而散"的特点，大企业数量少，无法带动中小企业的发展，软件企业链缺乏核心和依托。因此，为避免中国软件产业的发展遭遇规模瓶颈，政府应鼓励行业内开展战略联盟或兼并重组。未来，政府要通过政策引导、积极培育一批龙头骨干软件企业，打造中国软件品牌，带动整个软件产业链的发展；同时，鼓励以大企业为核心组建各种产业和技术联盟，提高整个产业的抗风险能力和整体行业的承接业务能力。

2）对于中小企业，公共支撑平台是关键。利用电子发展基金和专项资金，支持软件与信息服务公共平台建设，促进平台功能扩展，推动互联互通的资源共享，推动产业公共服务体系的完善。目前中国已建立起初具规模的国家软件与信息服务外包公共支撑平台体系，该体系覆盖了 5 个公共服务子平台，其中包括项目对接平台、软件开发平台、外包知识产权平台、外包人才培养平台和 China Sourcing 行业公共品牌平台，该平台覆盖了中国软件与信息服务外包企业聚集地区的公共支持体系，为各级政府机构、行业协会、产业园区和企业提供完善和持续性的公共服务。目前，国家软件与信息服务外包公共支出平台体系经过 4 年的营运，已建成一个国家中心，15 个地方网络中心，不断在共性技术基础、人才培训、知识产权、行业公共品牌建设和市场推广等领域提供服务，已为提升中国软件与信息服务外包的核心竞争力做出了一定贡献。

（7）完善软件与信息服务外包企业综合融资体系建设，拓宽融资渠道。具体的措施可以是：①加快集合债券，担保、抵押、质押贷款等创新型的企业融资渠道建设；②加强政府资金扶持力度，研究风险投资、外商投资以及社会民间资本进入服务外包领域的投资政策；③鼓励企业走出去，争取海外上市。

参考文献：

[1] 何德旭、夏杰长：《服务经济学》，中国社会科学院出版社，2009年。

[2] 江小涓：《服务全球化与服务外包：现状、趋势及理论分析》，人民出版社，2008年。

[3] 江小涓：《服务外包：合约形态变革及其理论蕴意——人力资本市场配置与劳务活动企业配置的统一》，《经济研究》，2008年第5期。

[4] 荆林波、史丹、夏杰长：《中国服务业发展报告 No.9——面向"十二五"的中国服务业》，社会科学文献出版社，2011年。

[5] 荆林波：《质疑外包服务降低成本引起失业的假说：以信息技术服务外包为例》，《经济研究》，2005年第1期。

[6] 李玉红：《全球价值链视角下的国际外包》，《商场现代化》，2005年第5期。

[7] 刘志彪、刘晓昶：《垂直专业化：经济全球化的服务和生产模式》，《经济理论与经济管理》，2001年第1期。

[8] 卢锋：《服务外包的经济学分析：产业内分工的视角》，北京大学出版社，2007年。

[9] 夏杰长、李勇坚等：《迎接服务经济时代来临——中国服务业发展趋势、动力与路径研究》，经济管理出版社，2010年。

[10] 王洛林、杨丹辉：《全球化：服务外包与中国的政策选择》，经济管理出版社，2010年。

[11] 杨丹辉：《全球外包发展与中国的对策》，中国社会科学院工业经济研究所工作论文，2007年。

[12] 张远鹏：《论国际分工的新发展》，《世界经济与政治论坛》，2003年第1期。

[13] De Groot and Henri L.F.. Macroeconomic Consequences of Outsourcing. *De Economist*. 1998, 149（1）.

[14] Grossman G.M. and Helpman E.. Integration Vs. Outsourcing in Industry Equilibrium.

CESifo Working Paper，2001，No.460.

[15] Spencer, B.J.. International Outsourcing and Incomplete Contracts. *NBER Working Paper*，2005，No.11418.

[16] Yi, KM.. Can Vertical Specialization Explain the Growth of World Trade?. *Journal of Political Economy*，2003，111（52）.

七、中国电信服务贸易发展报告

李海英　马　源[①]

摘　要： 2001 年中国加入世界贸易组织以来，电信服务业发展迅速，电信市场逐步对外开放，基础电信企业和互联网企业积极探索海外投资。但是新技术和新业务的发展给电信服务贸易发展和世界贸易组织规则带来挑战。例如，融合使世界贸易组织现有规则的适用存在模糊，而跨境提供模式电信服务贸易的增长，也给各成员对电信服务的监管带来新的问题。我国将不断完善电信服务的监管体制，健全法律法规，推动企业走出去，在世界贸易组织框架下应对新技术新业务发展带来的挑战。

关键词： 电信服务贸易　市场开放　走出去　跨境服务

（一）我国电信服务贸易的发展现状

按照世界贸易组织（WTO）对服务部门的分类，电信服务（Telecommunications Services）是通信服务（Communications Services）的一个子目，与速递服务和视听服务并列。具体包括用电话、电传、电报、电台和有线电视及无线广播、卫星、电子邮件、传真服务等传送声音、图像或其他资料，包括商业网络服务、电话会议和支助服务。我国商务部和国家统计局在 2010 年新发布的《国际服务贸易统计制度》中对电信服务的定义，与世界贸易组织这一定义是相同的。

---

① 李海英，工业和信息化部电信研究院政策与经济研究所法制监管研究部副主任；马源，工业和信息化部电信研究院政策与经济研究所法制监管研究部主任、经济学博士。

1. 我国电信服务贸易的发展情况

根据世界贸易组织发布的《2010 年国际贸易统计》报告,[①] 2008 年全球 7 个电信服务贸易大国或区域中,[②] 按进口额统计,电信服务贸易合计 468.55 亿美元,占到同期通信服务贸易额 577.9 亿美元的 81.1%;按出口额统计,电信服务贸易合计 523.11 亿美元,占到同期通信服务贸易额 634.23 亿美元的 82.5%。所以,无论从进口还是从出口角度看,电信服务贸易占通信服务贸易之比都超过 80%,是各国通信服务贸易的核心部分。

对于我国而言,根据商务部最近发布的《中国服务贸易统计 2010》数据,我国通信服务贸易出口额 2008 年共完成 15.7 亿美元,2009 年受金融危机冲击下降到 11.98 亿美元,但没有公布电信服务贸易的统计数据。考虑到通信服务贸易中 80% 来自于电信服务贸易,因此在相关细分统计数据缺失的情况下,[③] 我们在这一节中先分析通信服务贸易的整体情况,然后结合我国国际电信服务的业务量指标来分析电信服务贸易发展情况。

(1) 通信服务贸易整体情况。

1) 通信服务贸易进展。加入世界贸易组织以来,我国通信服务贸易保持快速增长。根据《中国服务贸易统计 2010》报告,2001~2009 年 9 年内,我国通信服务进口额从 3.3 亿美元快速增长到 12.1 亿美元,年均复合增长率达到 17.8%;同期通信服务出口额由 2.7 亿美元增长到 12.0 亿美元,年均复合增长率达到 20.4%。进出口额的复合增长率都超过同期国民生产总值(GDP)的年均复合增速,这一方面反映了我国与国际经济交往的加速,同时也支撑了通信服务业的发展。

加入世界贸易组织以来,我国通信服务贸易经历三个发展阶段。由图 7-1 看出,第一阶段是 2001~2003 年,这一时期通信服务出口额快速增长,贸易顺差由 2001 年的 0.6 亿美元扩大到 2003 年的 2.1 亿美元;第二阶段是 2004~2008 年,这一时期通信服务贸易从 2004 年的低谷以年均 37% 的速度增长,贸易额也由逆差 0.3 亿美元转为 2008 年顺差 0.6 亿美元;第三阶段是 2009 年,受全球金融危机冲击,通信服务出口额大幅下降 20%。总体上,通信服务的进出口额基本保持平衡,出口额略大于进口额(见图 7-1)。

[①] World Trade Organization. International Trade Statistics,2010.

[②] 这 7 个国家或区域分别是:欧盟 27 国、美国、加拿大、俄罗斯、印度、中国香港和韩国,它们的通信服务贸易出口额占到全球通信服务贸易出口额的 70%。

[③] 根据工信部发布的《2009 年全国电信业统计公报》,当年实现电信主营业务收入 8424.3 亿元;同期国家邮政局发布的《2009 年邮政业运行情况》显示,当年邮政企业和全国规模以上快递企业业务收入共完成 1094.7 亿元。显然,电信业务收入占到通信业务收入的 88.5%,也超过了 80%。

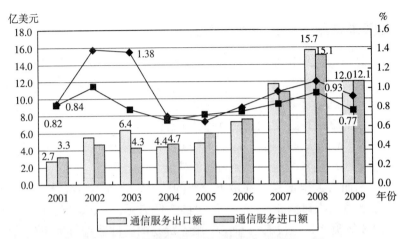

图 7-1　中国 2001~2009 年通信服务贸易发展情况

资料来源：中国商务部：《中国服务贸易统计》(2010)。

　　通信服务占我国服务贸易总额之比一直维持在 0.8% 左右。2001~2009 年，出口贸易额占比最高点出现在 2002 年，达到 1.40%；其余年份上该占比在 0.7%~1.0% 之间波动。进口贸易额占比最高点同样出现在 2002 年，达到 1.02%，其余年份上该占比都在 0.6%~0.9% 之间低位波动。

　　2) 通信服务贸易的国际对比。从国际对比来看，在通信服务贸易进口或出口绝对额指标上，我国在参与比较的全球 160 个主要国家和地区中都位居前 20 位左右。根据联合国贸易和发展会议组织 (UNCTAD) 统计，[①] 2001~2009 年，全球通信服务出口额从 345 亿美元增长到 855 亿美元，中国通信服务出口额在全球排名整体上也呈上升趋势，由第 25 位提升到第 18 位。同期，全球通信服务进口额从 346 亿美元增长到 751 亿美元，[②] 中国通信服务进口额的全球排名也不断提升，到 2009 年也提升到 18 位。具体见表 7-1 所示。

　　尽管中国通信服务绝对额较大，但从各国通信服务占其服务贸易额之比这一相对指标来看，我国却在参与比较的全球 160 个主要国家和地区中位列 130~140 位左右（见表 7-2）。2001~2009 年，全球通信服务出口额占全球服务出口额之比持续提高，到 2009 年已占到 2.47%；尽管同期我国通信服务出口额占我国服务出口额之比也从 0.82% 增加到 1.07%，但仍然不足全球平均水平的一半，而且以这一相对指标排名，我国的国际排名却由第 132 位下滑到第

---

　　① UNCTAD Statistics. Trade in Services by Category (Imports, Millions dollars, 1980~2010).
　　② 在该数据库所涵盖的全球 233 个国家或地区中，一方面部分国家的通信服务贸易数据缺失或无法分离，另一方面各国都不报告由政府消费的通信服务，由此导致全球通信服务出口额与全球通信服务进口额并不完全对等。

表7-1 中国通信服务贸易额及全球排名

年份	出口指标			进口指标		
	中国通信服务出口额(亿美元)	全球通信服务出口额(亿美元)	中国通信服务出口额排名	中国通信服务进口额(亿美元)	全球通信服务进口额(亿美元)	中国通信服务进口额排名
2001	2.7	345	25	3.3	346	24
2002	5.5	346	19	4.7	357	21
2003	6.4	412	18	4.3	409	23
2004	4.4	503	26	4.7	465	25
2005	4.9	585	29	6.0	520	23
2006	7.4	703	22	7.6	617	19
2007	11.7	818	17	10.8	717	16
2008	15.7	929	16	15.1	780	14
2009	12.0	855	18	12.1	751	18

资料来源: UNCTAD Statistics. Trade in Services by Category.

146位。进口额指标也表现出类似的变化趋势。这一方面表明我国通信服务仍有较大发展空间,另一方面又提醒我们近几年我国通信服务贸易发展后继乏力,整体上是滞后的。

表7-2 中国通信服务占服务贸易之比及全球排名

年份	出口指标			进口指标		
	中国通信服务出口占服务总出口之比(%)	全球通信服务出口占全球服务出口之比(%)	中国通信服务出口占服务出口之比排名	中国通信服务进口占服务总进口之比(%)	全球通信服务进口占全球服务进口之比(%)	中国通信服务进口占服务进口之比排名
2001	0.82	2.23	132	0.84	2.23	123
2002	1.40	2.10	121	1.02	2.18	119
2003	1.38	2.18	124	0.78	2.19	131
2004	0.71	2.20	142	0.66	2.10	135
2005	0.66	2.28	150	0.73	2.11	144
2006	0.81	2.42	151	0.76	2.25	140
2007	0.97	2.36	146	0.84	2.21	136
2008	1.07	2.37	141	0.96	2.12	134
2009	0.93	2.47	138	0.77	2.29	130

资料来源: UNCTAD Statistics. Trade in Services by Category.

从横向比较看,我国通信服务的整体竞争力比较弱。为了描述中国在通信服务贸易方面的国际比较优势,我们采用显示性比较优势指数(Revealed

Comparative Advantage Index,RCA 指数),① 对比 2001~2009 年全球通信服务出口总额前 5 名以及"金砖四国"的 RCA 指数变化情况。表 7-3 中的计算结果显示,我国通信服务的 RCA 指数在这 9 个国家中是最低的,其竞争力也是最弱的。特别是在"金砖四国"中,尽管印度和巴西的通信服务 RCA 指数在这 9 年间整体上呈下降趋势,但从竞争力角度讲仍然要高于我国。

表 7-3　主要国家通信服务显示性比较优势指数情况

年份	通信服务出口前 5 个国家					"金砖四国"			
	美国	英国	德国	荷兰	法国	俄罗斯	印度	巴西	中国
2001	0.73	1.08	0.89	1.62	0.86	1.71	2.85	1.16	0.36
2002	0.68	1.16	0.94	1.26	1.16	1.85	1.90	0.67	0.66
2003	0.72	1.17	0.99	1.88	1.14	1.25	1.86	1.98	0.63
2004	0.64	1.34	1.01	2.04	1.22	1.04	1.30	0.88	0.32
2005	0.58	1.42	0.90	2.06	1.26	1.15	1.31	0.65	0.29
2006	0.71	1.33	0.95	1.84	1.22	1.06	1.29	0.44	0.33
2007	0.73	1.26	0.87	1.84	1.26	1.38	1.15	0.49	0.41
2008	0.75	1.38	0.85	1.81	1.14	1.23	0.98	0.65	0.45
2009	0.77	1.37	0.84	1.95	1.31	1.30	0.63	0.51	0.37

资料来源:UNCTAD Statistics. Trade in Services by Category。

总的来讲,加入世界贸易组织以来随着我国经济的快速发展和通信业的高速增长,我国通信服务贸易在巨大的内需和外需带动下保持着快速增长,目前通信服务占到我国服务贸易总额的 0.8% 左右。全球对比来看,在通信服务贸易绝对额指标上,无论是出口还是进口指标,我国在参与比较的全球 160 个主要国家和地区中位居前 20 位左右;但从通信服务占服务贸易总额这一相对指标来看,我国的国际排位却位居第 130 位左右。分析结果表明,相对于服务贸易整体发展而言,通信服务贸易是滞后的,这与 RCA 指数的测算结果是一致的。

(2)电信服务贸易发展情况。

1)电信服务贸易进展。电信服务贸易与通信服务贸易关系紧密。前面指出,我国商务部只发布了通信服务贸易的统计数据,但对于电信服务贸易这一

① 显示性比较优势指数(Revealed Comparative Advantage Index,RCA),旨在定量地描述一个国家内各个产业(产品组)相对出口的表现。计算公式是一个国家某种商品出口额占其出口总值的份额与世界出口总额中该类商品出口额所占份额的比率。通过 RCA 指数可以判定一国的哪些产业更具出口竞争力,从而揭示一国在国际贸易中的比较优势。如果 RCA > 2.5,则表明该国服务具有极强的竞争力,如果 1.25≤RCA≤2.5,则表明该国服务具有较强的国际竞争力,如果 0.8≤RCA≤1.25,则表明该国服务具有中度的国际竞争力,如果 RCA < 0.8,则表明该国服务竞争力弱。

细分统计数据我们尚未见到。为分析电信服务贸易发展情况，我们结合国家统计局的数据，进行如下推算。

在国家统计局 2002 年公布的 124 部门投入产出表和 2007 年公布的 135 部门投入产出表中，都列出了"电信和其他信息传输服务业"的出口额和进口额，按照国家统计局对"电信和其他信息传输服务"的统计口径，[①] 可以将其理解为电信服务的进出口额，汇总整理得到表 7-4。可以看出，2002~2007 年 5 年内，我国"电信和其他信息传输服务"的出口额由 8.6 亿美元增加到 13 亿美元，年均复合增长率为 6.7%，而同期进口额由 2.4 亿美元增长到 10.9 亿美元，年均复合增长率为 33.4%。进口增速相对要快于出口增速。

表 7-4　我国电信服务贸易额估算

年　份		2002	2007	2002	2007	年均复合增长率
		（亿元人民币）		（亿美元）		（%）
商务部	通信服务出口额			5.5	11.7	16.3
	通信服务进口额			4.7	10.8	18.1
统计局	信息传输服务出口额	71.4	98.6	8.6	13.0	6.7
	信息传输服务进口额	19.6	82.7	2.4	10.9	33.4

资料来源：按照《中国统计年鉴》（2010）中表 6-2 人民币汇率（年平均价）的数据，2002 年美元对人民币的汇率为 8.277，2007 年为 7.604。

但有个问题是，按照统计局的口径 2007 年"电信和其他信息传输服务"的出口额，甚至大于商务部发布的"通信服务出口额"，这与国外经验电信服务仅占通信服务的 80% 左右是不一致的。我们认为这可能是由两个部门的统计口径存在差异造成的。总体上，2007 年电信服务贸易的规模在 10 亿美元左右，2009 年估计在 12 亿美元左右。

2）我国国际电信业务量情况。除了电信服务的进出口额指标外，还可以从电信服务贸易的主要业务指标——国际话音业务通话量指标来分析我国电信服务贸易的发展情况。图 7-2 给出了 2001~2009 年我国用户拨打国际及港澳台地区的通话时长的情况，以及利用固定电话、移动电话或 IP 电话拨打的占比。

---

① 按照国家统计局编《2007 年中国投入产出表》附录二的部门分类解释，"电信和其他信息传输服务业"包括：第一，电信，指通过电缆、光缆、无线电波、光波等传输的通信服务，或者说利用有线、无线的电磁系统或者光电系统，传送、发射或者接收语言、文字、数据、图像以及其他形式的信息传输活动。固定电信服务，指固定电话等电信服务活动。移动电信服务，指移动通信等电信服务活动。其他电信服务，指其他未列明的电信服务活动。第二，互联网信息服务，指网络公司通过互联网为客户提供信息的服务。第三，广播电视传输服务。有线广播电视传输服务，指有线广播电视网和信号的传输服务活动。无线广播电视传输服务，指无线广播电视信号的传输服务活动。第四，卫星传输服务，指人造卫星的电信服务和广播电视传输服务。

数据显示，通话总时长持续增加，由 2001 年的 25.8 亿分钟增加到 2009 年的 41.6 亿分钟，年均增长 6.1%，远低于同期通信服务出口额的年均增长率 20.4%。

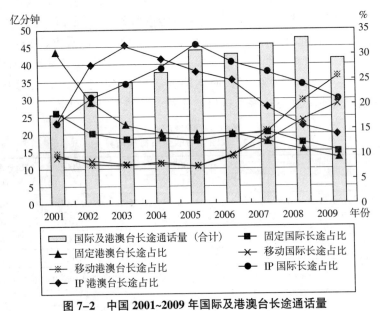

图 7-2   中国 2001~2009 年国际及港澳台长途通话量

资料来源：工业和信息化部电信研究院：《中国电信业 60 年》，人民邮电出版社，2009 年。

在国际及港澳台通话结构方面，也呈现出三个明显的阶段。一是 2001~2003 年，国内各家企业纷纷推出资费较低的 IP 国际电话业务，冲击和替代由传统固定电话发起的国际或港澳台通话量，导致后者加速下滑。二是 2004~2006 年期，IP 电话市场竞争激烈，通话资费平均水平快速下降，尽管这一时期由固定电话和移动电话所发起的国际及港澳台通话量总体保持平稳，但资费下降导致国际业务收入增长乏力。三是 2006 年以来，移动电话用户快速兴起，不但替代由传统固定电话发起的国际及港澳台通话量快速增长，而且替代了 IP 国际电话业务。从时间段来看，国际和港澳台通话量的这三个发展阶段，基本上与通信服务贸易出口额的这三个阶段是吻合的。

总的来看，尽管目前尚无具体的电信服务贸易统计数据，但无论从国家投入产出表的数据，还是从国际及港澳台的话音业务量统计指标来看，2001~2009 年我国电信服务贸易的增速都在 6%~7% 之间，远低于通信服务贸易增速，更是低于我国服务贸易整体增速。从支撑经济发展和服务业发展的角度讲，电信服务贸易还面临着如何加速发展的问题和要求。

2. 我国电信市场开放的现状

（1）我国的电信市场开放承诺。

1）WTO 关于电信服务的规则。电信服务是世界贸易组织中最重要的服务贸易部门之一。世界贸易组织中关于电信服务的规定由两大部分组成：一是服务贸易总协定（GATS）及其电信服务的附件，它规定了各成员在电信服务贸易方面应承担的基础义务；二是"《服务贸易总协定》第四议定书"①——《基础电信协议》及各国服务贸易具体承诺减让表和 GATS 第二条豁免清单的内容，此外还包括管制原则的参考文件。其中，《基础电信协议》非常简短，只规定了生效时间等程序性事项，其后所附的关于电信服务的具体承诺减让表和国民待遇豁免清单，是该协议的主要内容。

在服务贸易模式方面，GATS 规定了四种模式：即跨境服务、境外消费、商业存在和自然人流动。这其中，与电信服务贸易最为相关的是跨境服务和商业存在两种模式，跨境服务包括国际通信业务、互联网相关服务、呼叫中心外包服务等；而商业存在主要是指外资在其他世界贸易组织成员国境内直接设立经营实体经营电信业务的情形。

在加入世界贸易组织承诺方面，GATS 将市场准入与国民待遇的规定列为"具体承诺"，各成员国要对此进行专门谈判，而不是与最惠国待遇一样列为一般义务。电信服务市场准入就不是各成员方的普遍义务，而是需要通过各成员方之间的双边或多边谈判达成协议后，由各成员方据此制定出具体的市场准入承诺表，该表的内容才是该成员方应承担的开放本国电信服务市场的义务。包括发达国家在内的许多世贸组织成员，为保护本国或本地区电信业的发展，在开放市场方面普遍保留了市场准入的限制措施，如电信服务的类别、服务提供者的数量、商业存在的法律形式、外商直接或间接投资的比例、投资地域、商业存在中董事等高级管理人员的国籍等。

2）我国的电信市场开放承诺。自我国 2001 年 12 月 11 日正式成为世界贸易组织成员国，电信市场也随之拉开了对外开放的序幕。目前我国已经形成以入世承诺文件为主要依据，以《外商投资电信企业管理规定》为核心规定，以相关的政策文件为补充的外资准入管理政策体系。主要包括：中华人民共和国服务贸易具体承诺减让表第二条最惠国豁免清单、《电信条例》、《外商投资电信企业管理规定》、《电信业务分类目录》、《电信业务经营许可管理办法》等。其

① 1997 年 2 月 15 日，占全球电信市场 91%份额的 69 个世界贸易组织成员达成了《基础电信协议》（Agreement on Basic Tele-communications），各成员分别作出了实现电信业自由化的承诺，向外国投资者不同程度地开放国内电信市场，协议内容于 1 年后即 1998 年 2 月 15 日生效。

中,《外商投资电信企业管理规定》是我国电信市场对外开放的核心法律文件,它系统规定了外商投资我国电信市场的主要形式、中外方主要投资者的资质要求、设立外商投资电信企业的主要程序等。

世界贸易组织承诺是我国电信市场对外开放的主要依据。在对外资开放方面,一是区分基础电信业务和增值电信业务,二是分地域、按比例逐步对外开放。根据我国《外商投资电信企业管理规定》的要求,外资应以中外合资经营企业的方式投资中国电信业,并遵守相应的程序性规定。其中,准入资质要求主要如下:

注册资本要求:经营全国的或者跨省、自治区、直辖市范围内的基础业务的,其注册资本最低限额为 10 亿人民币;经营增值电信业务的,其注册资本最低限额为 1000 万人民币;经营省、自治区、直辖市范围内的基础业务的,其注册资本最低限额为 1 亿人民币;经营增值电信业务的,其注册资本最低限额为 100 万人民币。①

外方主要投资者要求:经营基础电信业务的外方主要投资者,需具有企业法人资格,在注册地取得基础电信业务经营许可证,有与从事经营活动相匹配的资金和专业技术人员,有从事基础电信业务的良好业绩和运营经验。经营增值电信业务的外方主要投资者应具有经营增值电信业务的良好业绩和运营经验。

根据上述法律规定,符合条件的中外方主要投资者需成立外商投资电信企业,并由中方主要投资者向电信主管部门提出申请,经过前置审批后,再向商务部门申请成立中外合资企业,最后经工商部门登记后方可成立。

(2) 外资进入我国电信服务市场的情况。

1) 基础电信业务。到 2007 年 12 月,我国加入世界贸易组织过渡期已经结束,基础电信业务——包括移动话音和数据服务、固定国内业务和国际业务等均已对外开放,即允许外资成立合资基础电信企业,外资股权比例不超过 49%,没有地域限制。截至目前,国内基础电信市场还没有一家中外合资企业,外资只通过股权投资的方式进入到基础电信业务中,包括英国沃达丰向中国移动投资,韩国 SK、西班牙电讯向中国联通投资等。

2000 年 11 月,英国沃达丰 (Vodafone) 集团斥资 25 亿美元购入中国移动 2.5% 股权,并于 2002 年 7 月乘中国移动收购内地 8 省市移动通信资产之机,再斥资 7.5 亿美元增持至 3.27%,双方建立起战略合作联盟。2010 年 9 月 7 日,经由高盛、瑞银和摩根士丹利三大投行承销,沃达丰集团向机构投资者出

---

① 注册资本要求由《外商投资电信企业管理规定》(2008 年 9 月修订) 第五条规定,修订之前的基础电信业务的注册资本要求分别为跨省 20 亿元人民币　省内 2 亿元人民币。

售其所持有的全部 3.27% 的中国移动 (0941.HK) 股份, 价值 65 亿美元, 投资回报率接近 100%。

2004 年 4 月, 韩国第一大 CDMA 运营商 SK 电讯与原中国联通共同投资成立了 CDMA 增值业务合资公司——联通时科, 它是我国加入世界贸易组织后第一个获得"增值电信业务经营许可证"的外商投资企业, 公司注册金额 600 万美元, 中国联通控股 51%。2006 年 7 月 5 日, 中国联通与 SK 电讯签署战略联盟框架协议, 向 SK 电讯定向发行期限 3 年、总额 10 亿美元的可转换债协议, 根据协议, 可转换债券发行 1 年后可转为中国联通股份, 转股价为 8.63 港元, 间接进入基础电信业务。2007 年 9 月 4 日, SK 电讯将其持有的可转换债券转换为 8.9975 亿股股票, 转换完成后, SK 电讯持有联通香港上市公司 6.7% 的股权, 成为其第二大股东以及第一大外资股东。2008 年国家实施新一轮电信体制改革, 原中国联通与原中国网通合并, SK 电讯的持股比例被稀释为 4% 左右。2009 年 9 月 28 日, SK 电讯宣布决定向中国联通出售其所持有的中国联通 3.8% 的股份, 退出中国联通。

2005 年 7 月 1 日, 西班牙电讯斥资 2.4 亿欧元 (2.9 亿美元) 入股原中国网通, 持股比例为 3%。2005 年 11 月, 西班牙电信在收购原中国网通 5.6% 的股份之后成为后者的战略投资者。2008 年国家实施新一轮电信体制改革后, 西班牙电信于 2009 年 5 月再次斥资 8 亿欧元使其对新中国联通的持股比例提高到约 5.5%, 一举超过当时的韩国 SK 电讯成为中国联通的第一大外资股东。此后, 中国联通和西班牙电信进行互相投资, 认购对方规模相当于 10 亿美元的股份, 交易完成后中国联通对西班牙电信的持股比例约为 0.88%; 西班牙电信对中国联通的持股比例由原来的 5.38% 上升至约 8%。2011 年 1 月 23 日, 中国联通红筹公司和西班牙电信订立加强战略联盟的协议, 双方互相增持对方约 5 亿美元的股份。中国联通对西班牙电信的持股比例从 0.89% 提高至 1.37%; 西班牙电信对中国联通的持股比例目前是 8.37%。双方将在采购、移动通信服务平台、跨国客户服务、网络容量批发承运、国际漫游、技术与研发、国际业务拓展、合作及实践经验分享等领域进一步深化合作。

2) 增值电信业务。到 2003 年年底, 我国增值电信业务允许外资成立合资企业, 外资股权比例不超过 50%, 没有地域限制。目前, 增值电信市场成立了大约 20 家的跨省经营的外商投资电信企业, 其经营范围多为互联网信息服务业务和移动信息服务业务等。

除了设立外商投资电信企业外, 约有 40 多家国内互联网企业在海外资本市场完成上市, 外资风险投资、私募基金等也通过通常所说的可变利益实体 (Variable Interest Entity, VIE) 模式进入我国互联网市场, 分享国内互联网业务发展业绩。

3. 电信企业走出去的现状

国家实施"走出去"战略以来，我国的电信运营企业就开始不断探索走出去的路径，主要通过在海外设立分公司、研发中心，跨国收购，参与区域电信业一体化建设等形式进行积极探索。

中国电信主要拓展跨国企业客户市场，以美洲公司、香港公司、欧洲公司为主体进行海外拓展，目前已经进入了20多个国家和地区，在大湄公河等区域的对外合作已经成为"走出去"的典范。中国联通积极开展国际合作，在欧洲、美国等设立多个海外分公司，先后与10多家国际电信运营商签署双边合作协议，与西班牙电讯之间相互持股。中国移动2007年2月收购了巴克泰尔通讯公司（Paktel），实质性进入巴基斯坦电信市场，也是目前中国电信运营商进行的较大规模跨国收购。

互联网企业方面，腾讯、阿里巴巴、百度等互联网企业采取多种方式，积极海外扩张。例如，263公司2008年成功收购美国第三大网络电话运营商ITalk，进军美国VOIP市场。阿里巴巴2009年斥资1亿美元打造"全球速卖通"平台，进军美国市场，年交易额超过3亿美元。盛大2010年斥资8000万美元收购美国网页游戏分销平台麻吉传媒（Mochi Media），利用Mochi Media的游戏分销平台，将国内的游戏规模化输出到海外市场。

（二）我国电信服务贸易发展面临挑战

1. GATS框架下我国的电信服务贸易规制

（1）GATS框架下的电信服务贸易规制原则。作为"《服务贸易总协定》第四议定书"的重要组成部分，《支持竞争的电信监管原则的参考文件》（以下简称"参考文件"）确定了基础电信服务的管制框架。大部分对基础电信服务进行承诺的世界贸易组织成员将《参考文件》作为其额外承诺。《参考文件》虽名为指南，却是各成员确立国内电信监管规则的重要基础。[1]

《参考文件》包括竞争保障措施、互联互通、普遍服务、许可标准的公开可获得性、独立的管制者、稀缺资源的分配和使用等6条主要规定。竞争保障措施包括限制竞争性交叉补贴，使用从竞争者处获得的信息用于限制竞争，不能及时为其他服务供应商提供关于基础设施的技术信息和其他提供服务所必需

---

[1] 石静霞：《WTO服务贸易法专论》，法律出版社，2006年。

的相关商业信息；互联互通要求确保新进入者在网络上的任何技术可行节点与主导运营商实现互联互通，且谈判程序要公开，互联互通协议要透明，并建立互联争端解决的救济手段；任何成员方都有权界定其所希望维持的普遍服务义务，但要以透明、非歧视和竞争中立的方式管理；许可的标准要公开可获得，并应申请人请求，告知对方拒绝颁发许可证的原因；管制机构应独立于所有基础电信业务提供者；分配和使用包括频谱、码号和路权在内的稀缺资源所使用的所有程序应该以客观、及时、透明和非歧视的方式执行。

在电信服务市场，电信市场开放离不开公平的准入条件和相对完善的配套监管政策，在已经进行市场准入承诺的领域，按照 GATS 第 6 条的相关要求，国内监管不能对电信服务的自由化造成不必要的障碍。

（2）我国电信监管体制与《参考文件》。我国在承诺开放基础电信市场时，也对《参考文件》进行了额外承诺。这表明，我国已经承担了遵守《参考文件》及建立电信监管框架的义务。因此，开放电信市场，绝不仅仅是在业务层面放宽外资准入，而是对我国的电信监管体制和法制环境提出了更高要求，要求不断深化电信监管体制改革，营造满足世界贸易组织要求的完善透明的政策法律环境。

在竞争保障措施方面，我国《电信条例》第 17 条要求主导的电信业务经营者不得拒绝其他电信业务经营者和专用网运营单位提出的互联互通要求；第 41、42 条规定了电信业务经营者不得从事的不正当竞争行为。2008 年《反垄断法》正式实施，对具有市场支配地位的经营者从事滥用市场支配地位的行为也进行了禁止性规定。但对比《参考文件》中的竞争保障措施，如防止单独或联合作为市场上主要提供者的运营商实施反竞争行为，我国并没有建立起较为完善的主导运营商管制规定，包括相关市场的界定方法和明确的主导运营商行为监管措施等。

互联互通方面，《电信条例》和一系列配套规章已经对主导的电信业务经营者应承担的互联互通义务进行了规定，并且互联互通谈判、协议和争端解决的程序也较为完备。但在结算价格的确立方面，目前国内仍未完全建立起与国际接轨的、基于长期增量互联成本的网间结算政策体系。

普遍服务方面，《电信条例》第 44 条对电信业务经营者履行普遍服务义务进行了原则性规定。实践中，我国采取了"村通工程"的做法，即各电信运营商主要通过分片包干等形式完成政府下达的普遍服务义务。截至 2010 年，全国行政村、20 户以上自然村通电话比例分别达到 100% 和 94%，实现全国 100% 乡镇能上网，"村通工程"取得了显著效果。但这种做法主要由基础电信企业自筹资金建设，自行经营维护，或者说通过发达区域和不发达区域之间以及企业内部不同业务间的交叉补贴来解决融资问题。而国外主要采用更为主流的普遍服务基金等配套机制来解决普遍服务任务的分配、融资和补偿问题。

许可标准的公开可获得性，《电信条例》用"电信业务许可"一节规定了基础电信业务的许可标准，《电信业务经营许可管理办法》对此进行了细化。《行政许可法》也规定：行政机关依法作出不予行政许可的书面决定的，应当说明理由。目前可以满足参考文件"许可标准公开可获得性"的要求。

独立的管制者，要求电信监管机构与基础电信服务提供者相互独立，对运营商没有利益关联关系；监管机构采取的决定和程序，对所有市场参与者都是公正的，1994 年，我国即实行了"政企分开"，电信监管机构独立于基础电信业务经营者；2003 年国资委成立后，电信监管机构进一步实现了"政资分离"。但是由于历史的原因，基础电信业务经营者与电信监管机构还难以做到完全独立。

稀缺资源的分配和使用，《电信条例》中电信资源一节专门对频谱、码号等稀缺资源的分配、使用进行了规定，可以达到透明、公正的要求。但是，对于"路权"，[①] 目前相关法规并没有进行专门规定。而且对于无线电频率，我国虽然在《电信条例》中规定了指配和拍卖两种方式，但实践中主要以指配为主，经济调节手段相对较弱。

2. 电信市场开放的压力与挑战

加入世界贸易组织以来，我国履行 WTO 承诺开放电信市场，目前基础电信业务市场和增值电信业务市场都有外资不同程度地参与竞争。但发达国家对我国电信市场开放的压力与日俱增，同时，我们自身也面临着很多挑战。

外部压力方面，2011 年 4 月，美国贸易代表办公室发布 2011 年关于《电信贸易协定》执行情况的 1377 审查。报告中提及中国电信市场开放的若干问题，而这些问题也是美方一直关注的问题。美国贸易代表办公室指责中国未能在国内许可制度中授权开放某些增值服务，认为这大大降低了中国市场的准入机会，贬低了中国加入世界贸易组织承诺的价值，其中，特别提出中国将建立虚拟专用网络（亦称 IP-VPN）服务作为一项基础服务归入到须经许可的类别当中，这使得外国电信公司很难在中国提供新的服务；卫星服务方面，卫星容量完全只能由政府所有的卫星运营商——中国直播卫星有限公司（China DBSAT）提供，或者由中国政府机构部分所有的两家香港公司向中国的终端用户销售卫星容量。美国贸易代表办公室报告所涉及的问题，也代表着一直以来

---

① 所谓"路权"，系指通过土地、水面、水底、滩涂、草原、森林等自然资源从事埋设电信管线、架设电信杆路、搭设电信线路、设置电信塔台以及搭载电信信号等电信基础设施建设或电信服务的权利。

一些发达国家对中国电信市场开放提出的质疑，其中包括业务分类问题、注册资本金要求，等等。①

自身挑战方面，挑战之一来自对安全的考虑。安全的范围很广，包括较高层面的国家安全、经济安全，也包括具体的网络安全、信息安全等。电信业是传统的信息网络基础行业，在互联网发展迅猛的今天，更是承载着国家政治、经济、军事、文化安全等众多使命。在基础电信业，目前由三家国有运营商占据全部的市场份额，市场开放意味着外资直接参与基础电信网络与业务的运营，在相关法律法规不健全的情况下，可能存在安全隐患。此外，随着互联网的发展，对网络安全的关注日益提高，美国发布了《网络空间国际战略》，向全世界进行网络安全战略宣誓。在这样的情形下，电信市场开放中的安全考虑不但不会减弱，甚至有向互联网领域延伸的趋势。

挑战之二来自新业务的发展。信息通信技术的发展，催生了大量新型业态，例如移动智能终端应用商店（Mobile Application Store）、云计算（Cloud Computing）等，也带来了众多挑战。首先，这些业务在全世界都是新兴的，现有的法律和规制存在诸多空白点；其次，这些新业务引领着未来的发展方向，因此它们的开放与否是目前双边、多边谈判的焦点；最后，新业务的出现，事实上打破了原来各国电信市场开放承诺所依据的业务分类标准，我们无法再固守原有业务分类所涵盖的较小业务范围，而应该着眼于未来，在一个新的基础上去探讨电信市场开放的问题。

挑战之三来自监管能力的制约。市场开放、参与主体更多是资本更为多元化，对市场监管带来更大压力。但目前我国《电信法》尚未出台，此外，网络与信息安全方面的法律规定也较为分散，缺乏系统立法，法律环境尚不完善。同时电信监管机构一方面面临着执法依据不足的困境，另一方面受制于自身的能力，尤其是在人力、财力、技术手段等方面资源短缺问题突出，难以适应日益复杂电信市场的监管的需要。

3. 电信企业"走出去"的艰难起步

电信企业"走出去"，是电信服务贸易的重要组成部分。但是我国电信企业"走出去"进行海外拓展的压力不足，人才、知识方面的储备也不够，在开展"走出去"战略方面还存在很多困难。

（1）"走出去"动力不足。在国内市场竞争激烈，仍有一定发展空间的情况下，基础电信企业的主要精力仍集中在国内市场发展方面，开拓国际电信市

① 上海 WTO 事务咨询中心。

场的压力不大，实施国际化战略的动力不足。

（2）"走出去"准备不足。电信运营企业在"走出去"方面虽然有一定的积极性，并已开始相关的研究和探索，但缺乏实施"走出去"战略的宏观、统一和有效的部署。而且"走出去"受国际形势的影响很大，发达国家市场竞争比较充分，进入国外市场并取得一定市场份额的难度较大；而进入发展中国家，则受到政治局势动荡、经济发展水平等多方面因素的制约。此外，电信运营企业"走出去"，除了要积累海外运营经验和进行海外人才储备外，还需要掌握目标国的电信管制政策、市场发展前景等，而这些信息都需要长期的积累。

（3）"走出去"程序烦琐。目前，我国政府对国内企业（尤其是国有企业）赴海外投资的审批程序十分严格，例如海外投资一定额度以上的项目，需要报多个部门审批，层层审批使电信企业海外项目运行效率极低，不适应市场运作，也降低了企业"走出去"的效率。

（4）国有电信企业在海外投资，有可能受到目的国的安全审查。我国电信设备制造商华为公司在美国多次并购交易失败的教训表明，中国的电信企业，尤其是国有运营企业海外投资，还可能受到国外安全审查等非经济因素的制约。

（三）新技术新业务的发展对电信服务贸易的挑战

1. 融合对世界贸易组织现有规则形成挑战

网络、技术、业务的融合，以及由此带来的电信、互联网、电视传媒和文化等产业的融合，正深刻影响着全球服务贸易的发展和游戏规则。世界贸易组织作为管理世界经济和贸易秩序最重要的国际组织，也在适应融合趋势，积极探索应对之道。

电信服务恰恰是融合涉及的两个最重要的服务贸易部门之一，此外还有视听服务。二者具有共同的通信特点，同列在世界贸易组织服务贸易中12个大部门的通信服务项下。虽然在各国的法律体系中，电信服务和视听服务通常由不同的法律进行规定，但随着技术的发展，电信服务和视听服务可以在同一个网络上传播，无论是电话网、有线电视网、无线网还是卫星网络，两者的界限变得越来越模糊。这种融合趋势对既有的世界贸易组织规则带来了很多挑战。

（1）关于电信服务和视听服务的世界贸易组织规则。

1）世界贸易组织成员对开放电信服务和视听服务的态度不同。虽然电信服务和视听服务同属于通信部门项下，但是世界贸易组织成员国对开放两类服务的态度却有很大不同。电信服务是较多世界贸易组织成员愿意向世界开放的服务部门之一，特别是 1997 年基础电信协议签订之后，各成员通过谈判来削减电信服务贸易的壁垒，达成市场开放的承诺。

对于视听服务部门的开放却历来存在争议，一些国家希望在 GATT（《货物贸易总协定》）框架下，对视听产品的进口征收关税，采用配额制，只允许一定比例的国外产品进入，以保护其视听产业和本国文化，抵制外来影响。因此，在 GATS（《服务贸易总协定》）之下，只有少数国家承诺开放视听服务，使视听服务成为世界贸易组织成员承诺最少的服务部门之一。而且这些承诺开放的世界贸易组织成员主要开放了其电影业务，对电视和广播服务承诺开放的成员更少。各成员对视听服务还规定了很多最惠国待遇的例外，其准入壁垒设置主要集中在：内容配额、经济需求测试、股权限制、国籍居住要求等。

2）电信服务和视听服务的业务分类存在交叉。在世界贸易组织关于业务分类的文件 W/120 中，电信服务（C）和视听服务（D）同属于第二大类通信服务项下。W/120 采用的是联合国 1991 年正式发布的试行版中央产品分类目录（Provisional Central Product Classification，CPC pro），即 1991 年版 CPC。[①]因此，在世界贸易组织承诺的每一项业务之后，对应标明了一个 CPC 数字，在 CPC 分类中对此有明确的解释。

根据 W/120，电信服务包括：①语音电话服务（7521）；②分组交换数据传输服务（7523）；③电路交换数据传输服务（7523）；④电传服务（7523）；⑤电报服务（7522）；⑥传真服务（7521** +7529**）；⑦私有线路租赁服务（7522** +7523**）；⑧电子邮件服务（7523）；⑨语音邮件服务（7523）；⑩在线信息和数据检索服务（7523）；⑪电子数据交换服务（7523）；⑫增值传真服务，包括储存和发送、储存与调用（7523）；⑬编码和规程转换服务（7523）；⑭在线信息和/或数据处理（包括交易处理）（843）；⑮其他。

视听服务包括：①电影和录像制作与分销服务（9611）；②电影放映服务（9612）；③广播和电视服务（9613）；④广播和电视传输服务（7524）；⑤录音和其他，见表 7-5。

从业务分类来看，视听服务中的广播和电视传输服务（CPC7524），与大部分增值电信服务（CPC7523）同属于 CPC752 项下。CPC752 即为电信服务，包括 7521 公共电话服务（Public Telephone Services）、7522 商业网络服务（Business Network Services）、7523 数据和信息传输服务（Data and Message Transmission Services）、7524 节目传输服务（Programme Transmission Services）、

---

① 2007 年，联合国推出 CPC2.0，但是 W/120 一直与 1991 年版的 CPC 对应，目前还没有改变。

表7–5　W/120中的电信服务与视听服务

电信服务	视听服务
①语音电话服务（7521） ②分组交换数据传输服务（7523） ③电路交换数据传输服务（7523） ④电传服务（7523） ⑤电报服务（7522） ⑥传真服务（7521** + 7529**） ⑦私有线路租赁服务（7522** + 7523**） ⑧电子邮件服务（7523） ⑨语音邮件服务（7523） ⑩在线信息和数据检索服务（7523） ⑪电子数据交换服务（7523） ⑫增值传真服务，包括储存和发送、储存与调用（7523） ⑬编码和规程转换服务（7523） ⑭在线信息和/或数据处理（包括交易处理）(843) ⑮其他	电影和录像制作与分销服务（9611） 电影放映服务（9612） 广播和电视服务（9613） 广播和电视传输服务（7524） 录音和其他

7525 互联服务（Interconnection Services）、7526 统一电信服务（Integrated Telecommunications Services）和 7529 其他电信服务（Other Telecommunications Services）。

CPC pro 对 CPC7524 节目传输服务的解释为：75241：传输电视信号的网络服务，无论其所使用的技术（网络）类型是什么。这一分类不包括服务提供者通过卫星向有线电视公司出售电视信号的卫星到有线的服务（不是出售卫星设施的使用），也不包括 DTH（直接到家庭）卫星服务，即服务提供者直接向偏远地区的家庭传送电视节目集成。75242：传输音频信号所必要的网络服务，如传送无线电广播、有线音乐和扬声器服务。

从上面的定义可以看出，视听服务与电信服务具有一定的交叉，视听服务中所涉及的 7524，就属于网络传输的服务，例如，美国就是在其电信服务承诺中提出了对 DTH 卫星服务的豁免。

从服务内容本质的分析来看，视听服务中的广播电视服务 9613，是提供广播和电视内容的服务。随着技术的发展，数字广播和电视服务具有了互动和多媒体的特征，对通过传统广播网络传播的视听服务和在线传播的视听服务进行明确区分已经不太可能了。而且，视听服务对于使用什么网络传输这些内容并没有限制。因此与增值电信服务中的在线信息和数据检索、在线信息和/或数据处理等不可避免地存在一定的交叉。

（2）融合对电信服务和视听服务两者的区分带来了更多挑战。互联网的发展和融合技术的兴起，使电信运营商可以在其网络上提供原来由广播电视服务商提供的业务，同时，广播电视服务商也可以在其网络上传送话音，提供网络接入等；使原有电信服务主要承载的经济属性，与视听服务主要承载的文化属性的界限逐渐模糊，实现趋同。这给世界贸易组织服务贸易的相关规则，最主要是业务分类方面带来了空前的挑战，而业务分类恰恰是 GATS 中各国具体承诺的基础。

目前世界贸易组织还没有对电信与视听服务的融合进行规定，其主要原因就在于 GATS 中的业务分类已经无法适应技术的发展趋势。世界贸易组织秘书处在 1998 年年底的一份文件（S/C/W/74）中很遗憾地表示："在广播与电信之间没有本质的区别，而且认识到这一点非常重要，因为它们之间的区别正在逐渐消失，而还受制于不同的规则。"业务分类的缺点在于，各成员承诺中所涵盖业务的确切范围通常是不清楚的。这一不确定性的程度将在未来广播、电视、计算机技术和服务融合的情况下，变得更加复杂。这表明，世界贸易组织在很早以前就已经意识到，现有的业务分类在融合环境下将会面临新的挑战。

（1）管制目标冲突。一些国家仍然寻求针对互联网的文化歧视性政策，而出于文化目的的市场管制可能与世界贸易组织非歧视的原则相冲突。例如，从市场的角度看，传输电信服务的利润高于广播服务，但政府为了确保达到其文化政策目标，可能为广播服务保留频率资源或有线网络，以提供公共广播服务，这可能与世界贸易组织要求的贸易限制措施必须以透明、非歧视为原则相违背。

（2）融合挑战业务分类的局限性。依据 W/120 的业务分类，电信服务和视听服务分属不同的子部门，并包含各自的分项。但对于技术发展出现的新业务，则无法涵盖其中，导致各国对此无承诺。例如视频点播业务，以及其他一些以互联网为基础的新业务类型，可能就无法归类到任何部门中，因此，各国也就无法对此进行市场准入和国民待遇的承诺。

（3）融合要求"技术中立"。GATS 中对视听服务的定义，在服务本身与提供服务的网络之间没有进行区分。而数字革命改变了视听节目产生、传送的方式，在一些国家，有采用"技术中立"的方式管制视听服务的趋势，原来由广播法规范的有线电视网络和无线电频率等在电信法的框架下进行管制。

"技术中立"目前并没有明确规定到世界贸易组织的贸易规则之中，也不属于 GATS 的第 16 条列举的禁止的市场准入限制措施。GATS 第 17 条国民待遇虽然也没有明确禁止技术中立的原则，但是，如果一项措施背离技术中立，而使得有利于本国供应商而危及来自世界贸易组织其他成员方的供应商，有损于竞争或者可能达到限制竞争的效果，则属于违反 GATS 第 17 条国民待遇的行为。在电信业务领域，1997 年 1 月 16 日世界贸易组织基础电信小组主席说明（S/GBT/W/2/Rev.1）指出："除非在部门栏下另有说明，否则列在部门栏下的任何基础电信服务，可通过任何技术手段提供（如有线、无线、卫星）"，被认为是"技术中立"原则的具体体现。

近年来，WTO 争端解决机制的两个案例——中美出版物案（WT/DS363/1）和美国博彩案（WT/DS285）中，专家组采用了"技术中立"的原则，结论是：只要现实的服务承诺开放，如物理形态的录音制品分销服务以及现实社会中的博彩服务，那么，通过互联网提供的"录音制品分销"及"网上博彩"就要开放。"出版物案"中关于"技术中立"的争论主要是互联网进行的"录音制品分销服务"究竟是否是一种新的服务，还是与传统方式进行的"录音制品分销服务"相同。这涉及中国服务贸易承诺表的解释，其中较大争议点在于对承诺表的 2.D "视听服务"分部门的"录音分销服务"（Sound Recording Distribution Service），这一具体承诺部门是否涵盖非实体形式录音产品的网络发行，专家组认为包括。[①]"博彩案"中，专家组认为，模式一（跨境提供）包含一成员领土向任何其他成员领土提供服务的任何可能方式。因此，对模式一作出市场准入承诺，意味着其他成员的提供者可以通过所有方式跨境提供服务，包括通过邮件、电话、互联网或其他方式，除非有关成员在其具体承诺表中另有规定。

但是，关于是否将技术中立原则引入世界贸易组织规则中，以及如何引入，还存在争议。例如，有观点认为，将技术中立原则引入到 GATS 第 6 条"国内法规"中更为合适。因为它符合国内法规所要求的"以合理、客观和公正的方式实施"，这样，世界贸易组织成员需要确保其采用的国内规制，对每一种技术和解决方案一视同仁。此外，也有观点认为，应该将技术中立引入到关于管制原则的《参考文件》中。

实践中，将包含电信和视听服务的"技术中立"引入到 GATS 框架中，将对标准化和频率分配产生很大影响。如果引入技术中立原则，国际社会和各世界贸易组织成员方对标准化的决定就应进行更严格的审查，因为它往往意味着对某一种技术的选择。频率也是如此，电视所使用的频率不能用于移动通信，但是技术中立的原则要求频率分配只分配频率的使用权，而不管其用途和目的。因此，是否在世界贸易组织规则中引入"技术中立"的原则，事实上还存在很多不确定性。

（4）适用 GATT 还是 GATS。互联网的兴起给视听服务的传播提供了一个新的媒介，对于电子商务，美国和欧洲都强调其免费的性质，以鼓励全球电子商务的发展，认为任何阻碍电子商务发展的法律和管制壁垒都应消除。那么，使用电信网传播的文化产品是货物贸易还是服务？由于互联网及其跨境传播的特点，贸易壁垒对买卖录制的视听产品已经越来越不重要了，因为这些产品已

---

① 王友根、龚柏华：《中美出版物和音响产品市场准入 WTO 争端案述评》，《国际商务研究》，2010 年第 1 期。

经可以通过网络下载了。而"产品"与"服务"之间的界限更为模糊。一些国家认为，通过互联网传播的电影、电视节目或音乐，是"虚拟货物"，因为它们具有有形的等效物，如 VCD/CD 等，因此应属于 GATT 框架下的货物贸易；而另一些国家认为，这样的观点不适当地限制了 GATS 的覆盖范围。①

2. 跨境提供的问题

跨境提供是服务贸易的 4 种提供方式之一，是指从一成员境内向另一成员境内提供服务。它不涉及人、物的流动，一般通过信息技术手段实现，被称为"IT 激活的服务"（IT-enabled Services）。

（1）跨境提供适用服务贸易规则。在 1994 年签订 GATS 协议时，互联网还没有大规模商用，但随着互联网和信息技术的发展，电子跨境提供服务增多，如外包、服务和数字产品的跨境贸易等。1998 年，世界贸易组织成立了电子商务工作组，将电子形式提供的服务作为 GATS 项下的交易，只是服务是以数字化的信息形式提供给消费者的（WT/L/274，1998），电子交易可以以 GATS 的所有四种模式进行，其中，跨境提供是最典型的形式之一。在电子商务工作组中，有一些 GATS 成员提出，1994 年的 GATS 义务和承诺是否适用于在 1994 年谈判时还不存在的技术（如互联网）传输的服务。一些成员认为需要新的承诺适用于跨境电子服务交易。另一些成员呼吁将基于互联网提供的服务置于 GATS 框架下需要共识。但是，电子商务工作组对跨境提供的服务一直没有明确的结论。

直到"博彩案"裁决，世界贸易组织对跨境服务才有了明确的态度，该案确认世界贸易组织规则可以适用于电子商务以及电子方式提供的服务。对模式一中包括的一种、几种或所有提供方式的禁止，则构成了对以该模式进行的市场准入限制。因此，专家组得出结论，如果一成员意图排除模式一中的一种或几种提供方式的市场准入，则应该在其承诺表中明确列出。

因此，GATS 规则主要适用于两种情况：第一，互联网作为一种服务，包括计算机相关服务、电信服务等。第二，互联网作为一种工具，即以互联网方式提供的其他部门服务，如博彩（体育娱乐服务）、远程教育，一般适用技术中立原则。

在多哈回合的谈判中，GATS 规则和承诺已经完全适用于跨境提供的基于互联网的服务。世界贸易组织成员在对模式一进行新的承诺时必须认真考虑并接受将承诺延伸到跨境提供的电子化服务中，如赌博、教育、医疗和其他受管

---

① Damien Geradin and David Luff. The WTO and Global Convergence in Telecommunications and Audio-Visual Services. Cambridge University Press，2004.

制的服务部门。

(2) 跨境提供对服务贸易监管的挑战。

1) 关于跨境提供的承诺。跨境提供作为服务贸易的四种模式之一，世界贸易组织成员在其服务贸易承诺减让表中进行承诺。在电信服务部门，我国对跨境提供的承诺是"见模式三"。对于此承诺有两种解释：一是我国对跨境提供方式所作的承诺等同于模式三的承诺。以跨境方式提供增值电信业务必须参照模式三，设立合资企业。二是我国对模式一不做承诺。即对于跨境提供的形式，我国可以完全自主地决定开放尺度，不受世界贸易组织协议的约束。但目前我国在教育服务的承诺中，专门对模式一明确表示"不承诺"，因此，将"见模式三"直接解释为"不承诺"存在一定的风险。

2) 云计算等新业务形态的跨境提供监管。"云计算"与传统的外包服务不同，其主要区别在于借助"云计算"，数据通过互联网进行全球范围内的存储和交付，它跨越了国界，穿越了不同的时区。由此产生的关键法律问题是普通人很难知道数据在哪里共享和传送，数据跨境传送，即时性地在全球传播，而每个国家都拥有自己的法律以及管理要求，"云计算"服务的提供者显然无法做到与所涉及的所有国家的法律相符合，因此如何同时满足各国的法律义务要求是一个棘手问题。

欧盟 1995 年通过了《数据保护指令》(即欧洲议会和理事会 1995 年 10 月 24 日关于涉及个人数据处理的个人保护以及此类数据自由流动的 95/46/EC 指令)，通常称为"一般指令"，对于"云计算"，最主要的规定是在缺乏特定承诺机制的情况下，欧盟禁止欧盟居民的个人信息从欧盟转移到美国和世界上大部分国家。这意味着，如果用户想将包含欧盟居民个人信息的数据放到"云"上 (这些个人信息可能是简单的，如一个邮件地址或雇用信息)，并将这些数据从欧盟传送到世界上的几乎任何地方，那么至少需要符合以下条件之一：①国际安全港认证 (International Safe Harbor Certification)，允许数据从欧盟传送到美国，但不包括到其他国家。②格式合同，允许数据从欧盟传送到非美国的其他国家，但是由于云计算涉及多层次的供应商关系，格式合同并不总是有效。③有约束力的公司规则 (即根据欧盟数据保护法制定的跨国公司、国际组织跨境传送个人信息的规则)，该规则专门针对跨国公司设计，因此对"云计算"服务提供商也不一定起作用。

为了执行欧盟指令，每个成员国也制定了相应的法律。如德国的数据保护法，规定无论"云计算"服务提供商是否位于欧盟，使用"云计算"的公司必须采取必要的措施保护个人数据的完整性和安全。例如，公司必须与"云计算"服务提供商签订合同，以符合数据保护法的相关条款，如果不遵守这些法律，将面临罚款和民事诉讼。

欧盟是对跨境数据流动有较完善法律规范的地区，而在我国，"云计算"业务的跨境提供就带来更多挑战。首先，对于跨境提供"见模式三"的承诺具有模糊之处，使监管陷入两难；其次，我国目前缺乏关于数据保护的基本法律，对使用云计算服务带来的最核心问题数据保护缺乏基本的法律规范；最后，云计算是一种新的业务形态，难以归于现有的业务分类之中，也就无法对其实施传统的监管。

从服务贸易的角度看，业务的发展使原有的业务分类变得模糊，不同成员对同一问题的不同承诺方式也使各成员在理解承诺上存在困难。因此，在多哈回合谈判中，一些成员呼吁使用更精确的承诺表使承诺更加清晰，比如使用W120或更精确的分类体系，以及遵循 2001 年 GATS 的承诺指南（Scheduling Guidelins，GATS），如果出现与这些通常接受的标准相背离的情况，就要进行清楚的解释。香港部长级宣言重申了精确分类的重要性。随着技术的发展与演变，现有服务的可贸易性和类型进一步增加，承诺的清晰化就变得更加重要了。

（四）发展电信服务贸易的政策建议

1. 不断完善法律制度环境，提升对电信服务贸易的监管能力

服务贸易与货物贸易不同，市场准入的承诺需要国内监管制度的配合。GATS 第 6 条"国内法规"规定，在已做出具体承诺的部门中，每一成员应保证所有影响服务贸易的普遍适用的措施以合理、客观和公正的方式实施。在满足这一条件的前提下，不断完善我国电信服务的国内监管也是促进电信服务贸易发展的题中之意。

根据《参考文件》的要求，加快制定和出台相关的电信法律、法规，建立健全完善的电信服务贸易方面的法律体系；建立公平的市场准入机制，健全互联互通监管政策，尤其是互联网骨干网的互联问题，完善对基础和互联网市场中的不正当竞争行为的监管政策；强化网络与信息安全管理。同时，结合技术进步和新业务发展态势，扩大监管队伍，增强技术手段，补充监管资源。同时，管制机构在制定监管政策时，需要考虑整个市场的发展和消费者福利的提升，实现与市场运营主体的真正独立。

2. 建立科学的市场准入体系，塑造更富有竞争性的市场结构

电信市场开放不但有利于增加消费者福利，而且有利于国内运营企业在市场竞争中不断改进公司治理机制，提升国际竞争力，为开拓国际市场奠定基

础。因此电信市场开放不仅是压力之下的被动之举，而且是电信业发展和转型的内在要求。

目前国内基础电信市场上，各个分业务市场如移动业务和宽带业务市场的集中度都相对较高。为打破市场结构集中局面，塑造更富竞争性的市场，需要建立科学的市场准入评估体系，继续加大电信市场开放力度。从目前情况看，基础电信市场的开放应先从网络末端开始，开放非基于设施的服务，同时向外资和国内民营资本开放；增值电信市场中的互联网市场目前已经是一个较为国际化的市场了，未来更应关注的是新技术和新业务的发展。

3. 构建事前和事后监管体系，创造良好的电信市场竞争秩序

从国际上来看，事前监管主要针对主导运营商，但首先要界定清楚各个业务的相关市场，然后在对各业务市场的竞争状况进行科学评估的基础上，对主导运营商施加管制义务。综观我国《电信条例》和相关法规，目前使用的是"主导电信业务经营者"这一概念，主要是指固网运营商，并且是从互联互通的角度界定的。这种界定缺乏全面性和科学性。

建议在借鉴国际经验的基础上，建立起符合中国国情的主导运营商评估体系。明确主导运营商的概念后，确立科学、公平、合理的评估标准，按照业务市场对各大运营商的市场地位进行重新分析和考量，并在综合评估的基础上，加大对主导运营商的管制义务。同时，还应该加强事后市场竞争行为的监测机制建设和处罚流程管理，对于破坏互联互通、市场排他等恶性竞争的企业，给予严肃处理。

4. 积极应对国内市场饱和压力，统筹考虑推动电信企业走出去

目前国内基础电信市场不同细分市场的发展空间不一，固定业务市场近几年持续萎缩，移动业务市场用户数已超过 9 亿户，正逐步趋于饱和，只有宽带和数据业务正处于快速发展阶段，还有一定的发展空间。整体上看，国内电信业收入增速已连续 4 年低于国家 GDP 增速，内部转型和外部拓展已成为必然选择。从国外来看，美国的 AT&T 和英国 Vodafone 都是向全球电信市场拓展的典范。

我国电信企业直接走出去进行国际化运营仍是未来的发展方向。各相关部门应相互协调，给予电信企业走出去以税收、保险、融资等方面的支持，帮助企业收集了解目标国市场信息，进行人才培训等，鼓励产业链上下游企业抱团走出去，积极参与电信服务贸易的国际竞争。

5. 在服务贸易框架下，关注新技术新业务的发展

互联网提供了创新的最好平台，目前基于互联网的新技术、新业务不断涌现，这对各国电信服务贸易承诺的边界、对电信服务的监管等都带来了新的问题。世界贸易组织一直关注互联网的发展给服务贸易带来的变化，在电子商务、服务贸易分类等方面都在进行一些探讨。因此，还要密切跟踪 GATS 框架下这些问题的新进展与发展趋势，以应对不断变化的外部挑战。

参考文献：

［1］工业和信息化部电信研究院：《中国电信业 60 年》，人民邮电出版社，2009 年。

［2］国家统计局：《中国 2002 年投入产出表》，中国统计出版社，2006年。

［3］国家统计局：《中国 2007 年投入产出表》，中国统计出版社，2009 年。

［4］国家统计局：《中国统计年鉴》，中国统计出版社，2010 年。

［5］蒙英华：《GATS 下中国电信服务贸易的市场准入研究》，《经济研究导刊》，2010 年第13 期。

［6］盛斌：《中国加入 WTO 服务贸易自由化的评估与分析》，《世界经济》，2002 年第 8 期。

［7］石静霞：《WTO 服务贸易法专论》，法律出版社，2006 年。

［8］王友根、龚柏华：《中美出版物和音响产品市场准入 WTO 争端案述评》，《国际商务研究》，2010 年第 1 期。

［9］吴英娜：《WTO 框架下国际电信服务贸易及对我国发展电信服务贸易的思考》，《中山大学学报论丛》，2007 年第 4 期。

［10］张玥、李震：《中美电信服务贸易发展比较分析》，《黑龙江对外经贸》，2010 年第 2 期。

［11］赵阳：《WTO 框架下国际电信服务贸易领域的市场准入问题——兼谈中国电信服务业的开放问题》，《贵州工业大学学报》，2005 年第 3 期。

［12］中国商务部：《中国服务贸易统计 2010》，http：//tradeinservices.mofcom.gov.cn/in-dex.shtml。

［13］Damien Geradin and David Luff. The WTO and Global Convergence in Telecommunications and Audio-Visual Services. Cambridge University Press，2004.

［14］World Trade Organization. International Trade Statistics 2010. http：//www.wto.org/statistics.

［15］UNCTAD Statistics. Trade in Services by Category（Imports，Millions dollars，1980-2010），http：//www.unctad.org/Templates/Page.asp?intItemID=1584&lang=1.

八、中国航运贸易的发展现状与对策

陈双喜　王　磊　赵　沫①

摘　要： 航运贸易是运输服务贸易的重要组成部分，航运贸易主要包括空运贸易和海运贸易。本研究界定了航运贸易的基本内涵，分析了中国航运业和航运贸易的发展现状与存在的问题，并基于 2001~2008 年中国海运贸易各项数据，利用多元回归方法实证研究了中国海运贸易逆差的影响因素。研究结论显示国轮承运比例、海运服务贸易竞争力及开放度因素对中国海运贸易逆差的影响较为显著，其中国轮承运国货比例偏低是造成中国海运贸易逆差的最主要原因，并提出了相应的对策建议。

关键词： 航运贸易　空运服务　海运服务　逆差分析

随着经济全球化的深化，国际服务贸易在一国经济中的地位得到迅速提升。以空运和海运服务为主要内容的航运贸易，对货物贸易的支撑作用及对一国经济的拉动作用也越来越受到人们的关注。中国自加入世界贸易组织以来，航运贸易高速发展，2001~2008 年航运贸易年增长速度超过 20%，2008 年航运贸易额达到 81.2 亿美元，占服务贸易总额的 22.7%。虽然中国航运贸易发展迅速，但是航运贸易总额却相对偏低，2008 年美国航运服务贸易额为 124.7 亿美元，德国、日本等发达国家的航运贸易额也超过 90 亿美元。同时，中国航运贸易的逆差问题，也严重制约着中国服务贸易的发展。

---

① 陈双喜，大连海事大学国际贸易与跨国投资研究所教授、所长；王磊，辽宁大学经济学院博士；赵沫，大连海事大学交通运输管理学院硕士。

（一）航运贸易的概念

航运贸易，也叫航运服务贸易，是指国际航运服务承运人使用航空器或航海器等运输工具，通过空中或海上航线运送货物和旅客，获取收益的运输服务方式，以及为完成运输活动所必需的辅助活动的总称。从目前对运输服务贸易的种类划分来看，航运贸易应包括空运贸易和海运贸易两部分。

1. 空运贸易

空运贸易，又称国际空运服务贸易，是指缔约国承运人为另一缔约国客户提供航空运输及相关服务，其范围包括国际航空运输服务与空运辅助服务，一般由各国根据双边航空协议的约定，由各方指定的航空公司执行。

目前，规范空运服务的国际性法规主要有国际民航组织的相关文件，包括1929年的《华沙公约》和1999年的《蒙特利尔公约》。以《华沙公约》为代表的华沙体系是调整国际航空运输承运人规则的较为成功的国际实体法。依照民航组织相关文件的规定，航空运输服务应包括客运、货运、包机出租、飞机维修、空运支持服务等方面。但是各国间在国际航空运输概念的界定以及公约适用范围这些基本问题的解释上仍然存在分歧，如免费运输是否适用于条约规范内容等，使得国际上关于空运服务的概念仍没有统一。

在乌拉圭回合谈判之前，世界贸易组织（WTO）对于空运贸易概念的确定一直比较模糊，直至2001年《服务贸易总协定》（GATS）生效后，其中的《关于空运服务的附件》开始涉及空运服务概念的界定，但是GATS中的空运服务贸易概念仅适用于飞机修理和维护、空运服务出售和营销以及计算机订座系统服务，而空运服务的大部分内容如客运、货运、包机出租、地面服务、其他的空运支持服务等都没有涉及。此外，目前各国对于空运服务的数据统计和市场管理都难以做到透明化和公开化。对于目前空运服务的概念服务贸易理事会定期或至少5年一次审查空运业的发展和《关于空运服务的附件》的运行情况，关于空运贸易的概念仍有待于进一步完善。

2. 海运贸易

海运贸易，又称国际海运服务贸易，是指服务的提供者使用船舶或其他运输工具，通过海上航线运送货物和旅客，获取收益的运输服务方式，以及与这种运输服务方式相关的辅助活动的总称，其范围包括旅客及货物的国际班轮与租船运输服务、港口设施服务、各种辅助性服务、在境外设立船运服务机构或代理机构、海员雇佣服务等。《服务贸易总协定》规定，通常人们将海运服务贸易划分为国际海上运输服务、国际海运辅助服务和港口服务三部分内容。

目前，海运服务贸易概念的界定已经为世界所普遍认可，尤其是《关于海运服务的附件》中对于海运服务贸易的规定已经较为翔实。同时，世贸组织成员国已经逐渐将海运服务市场自由化问题提上日程，国际市场上的海运服务贸易自由化进程已经取得较大的进展。

（二）中国航运服务业与航运贸易的发展

1. 中国航运服务业的发展

（1）中国空运服务业的发展。改革开放以来，随着国力的提升，中国民航事业持续、快速、健康发展。2008 年中国（不含港澳地区）民航完成的总周转量为 377 亿吨公里，连续 3 年位列世界第二位，成为全球仅次于美国的第二大航空运输系统。

1）中国空运服务业客货运输量。2000 年以后，中国民航客货运输量快速增长，截至 2008 年，客货运输总周转量是 1990 年的 15.1 倍，货邮周转量是 1990 年的 14.6 倍，旅客周转量是 1990 年的 12.5 倍，总周转量年均增长率约为 16.3%（参见表 8–1、表 8–2）。

表 8–1　中国民用航空历年客货运周转量

指　　标	1990 年	1995 年	2000 年	2005 年	2006 年	2007 年	2008 年
总周转量（万吨公里）	249950	714385	1225007	2612724	3057979	3652993	3767652
货邮周转量（万吨公里）	81825	222981	502683	788954	942753	1163867	1196023
货（邮）运量（吨）	369722	1011145	1967123	3067168	3494320	4018485	4076376
旅客周转量（万人公里）	2304797	6813036	9705437	20449288	23706600	27917258	28827993
客运量（万人）	1660	5117	6722	13827	15968	18576	19251

资料来源：《中国统计年鉴》（1991 年、1996 年、2001 年及 2006~2009 年）。

表 8–2　中国民用航空历年客货周转量增长率

单位：%

指　　标	2000 年	2005 年	2006 年	2007 年	2008 年	年均增长
总周转量	15.4	13.1	17	19.5	3.1	13.3
货邮周转量	18.7	9.9	19.5	23.5	2.8	10.1
货（邮）运量	15.4	10.8	13.9	15	1.4	8.4
旅客周转量	13.2	14.7	15.9	17.8	3.3	12.9
客运量	10.3	14.1	15.5	16.3	3.6	12.4

资料来源：《中国统计年鉴》（2001 年及 2006~2009 年）。

2008 年中国客货运输总周转量较前一年增长了 3.1%，同年世界客货运输总周转量增长了 0.6%；2000~2008 年，中国客货运输总周转量年均增长率为 13.3%，世界总周转量年均增长率为 3.5%；中国货（邮）周转量年均增长率为 10.1%，同期世界年均增长率为 3.2%；客运周转量方面，中国年均增长率为 12.9%，同期世界年均增长率为 3.9%。[①] 中国民航运输周转量增速远高于世界水平。

表 8-3　世界民用航空客货周转量（含增长率）

指　标	2000 年		2005年		2006年		2007年		2008年	
	运量	增长率(%)	运量	增长率(%)	运量	增长率(%)	运量	增长率(%)	运量	增长率(%)
总周转量（百万吨公里）	403960	9.1	487860	6.3	516700	5.9	546670	5.8	549730	0.6
货（邮）周转量（百万吨公里）	118080	8.7	142520	2.5	151230	6.1	158280	4.7	156310	−1.2
货（邮）运量（百万吨）	30.4	8.2	37.6	2.5	39.8	5.9	41.8	5.0	40.5	−3.1
旅客周转量（百万人公里）	3037530	8.6	3721690	8.0	3938770	5.8	4228330	7.4	4282870	1.3
客运量（百万人）	6722	7.0	2022	7.1	2124	5.0	2281	7.4	2271	−0.4

资料来源：国际民航组织理事会年度报告（2001 年、2006~2009 年）。

2）中国民用航空基础建设。中国民用航空基础建设在机队规模、机场建设和国际国内航线开辟等方面取得了飞速发展。中国民用航空飞机总体数量每年都以 10% 以上的速率递增。其中运输飞机和大中型飞机数量的增加量显著，说明中国在机队建设方面正在朝着大型化、高端化方向发展，如表 8-4 所示。

表 8-4　中国民用航空飞机机队情况

指　标	2000 年		2005 年		2006 年		2007 年		2008 年	
民用飞机期末架数（架）	982	23.5%	1386	11.3%	1614	16.5%	1813	12.3%	1961	8.2%
运输飞机	527	0.8%	863	14.5%	998	15.6%	1134	11%	1259	11%
大中型飞机	462	3.8%	785	16.3%	921	17.3%	1050	14%	1155	10%

资料来源：《中国统计年鉴》（2001 年、2006~2009 年）。

[①] 数据来源：根据表 8-1 和表 8-3 相关数据计算得出。

在机场建设方面，除 2000 年外，其余各年机场数量都呈现出稳步增长的态势；在航线的开辟方面，中国在 2005 年以后新开辟航线数量明显增加，并且国际航线的开辟数量增速要远超过国内航线的增速（见表 8-5）。

表 8-5　中国民用航空航线及机场建设情况（含年增长率）

指　标	2000年		2005年		2006年		2007年		2008年	
民用航空航线条数（条）	1165	4.5%	1257	−0.17%	1336	6.3%	1506	12.7%	1532	1.7%
国际航线	133	3.9%	233	−4.5%	268	15%	290	8.2%	297	2.4%
国内航线	1032	4.6%	1024	−1%	1068	4.3%	1216	1.6%	1235	1.6%
民用航空航线里程（公里）	1502887	−1.3%	1998501	−2.5%	2113505	5.8%	2342961	10.9%	2461840	5.1%
国际航线	508405	−2.8%	855932	−4.3%	966168	12.9%	1047418	8.4%	1120166	6.9%
国内航线	994482	−0.4%	1142569	−1.1%	1147337	0.4%	1295543	12.9%	1341674	3.6%
民用航班飞行机场（个）	139	−2.9%	135	5.2%	142	4.2%	148	4.2%	152	2.7%

资料来源：《中国统计年鉴》（2001 年及 2006~2009 年）。

3）中国民用航空业存在的问题。中国民用航空业在改革开放后经历了快速的发展，尤其在加入世界贸易组织以后中国民航更是进入了快速调整期。在此期间内，中国民航历经了几次大的改革，1980 年中国民航脱离了军队建制，开始了民航商业化步伐；1987 年中国民航实行了航空公司、机场和政府管理机构分离的改革；2002 年，为了适应加入世界贸易组织后的市场发展，中国民航在体制上更是实行了政企分开的改革。但是，值得注意的是在高速增长的背后，中国民用航空业仍然存在着诸多的问题阻碍着行业未来的发展。

首先，在经营管理体制上，中国民航仍没能完成所有权归属问题的市场化改革，使得国有直属航空企业仍然实际受控于政府部门的直接管辖。在经营管理上，国有直属航空企业很难做到以市场和企业自身经营成本为指导制定市场经营策略，在参与市场竞争过程中经常不计企业经营成本，利用其自身非市场化、非约束化的弱垄断地位，通过恶性竞争占有市场份额，不仅造成国有资本流失，而且也使得国内民用航空市场陷入恶性竞争，令地方航空企业陷入被动局面。在航线经营权方面，直属航空企业更是利用其自身与政府间的特殊关系，利用自身的垄断地位获得较为优质的航线和航班时段，进一步挤占了地方航空企业的生存空间，使得国内航空市场环境进一步恶化，其结果造成直属航空企业运营效率低下，服务质量难以提升，市场机制难以发挥作用，航空企业国际竞争力很难得到提升。另外，中国民用航空主要以国内航线运输为主，国际化程度偏低，通过表 8-6 与表 8-7 的对比可以看出，国际航线的货（邮）运量仅占国内货（邮）运量的三成左右，而国际客运量仅占有国内客运总量的一成左右。另外从世界排名来看，中国民用航空运输总量虽然位列世界第二位，但是中国的国际航空运输量在世界的排名却在十位以后。

表8-6　中国民用航空国际航线运输量

指　　标	1990 年	2000 年	2005 年	2006 年	2007 年	2008 年
总周转量（万吨公里）	82595	465190	855235	1031319	1299921	1288988
货邮周转量（万吨公里）	43830	291550	452450	564128	748134	773683
货（邮）运量（吨）	81102	492356	771551	921738	1173063	1194708
旅客周转量（万人公里）	516910	2328154	4524063	5239061	6184134	5772650
客运量（万人）	114	690	1225	1415	1692	1519

资料来源：《中国统计年鉴》（2001 年及 2006~2009 年）。

表8-7　中国民用航空国内航线运输量

指　　标	1990 年	2000 年	2005 年	2006 年	2007 年	2008 年
总周转量（万吨公里）	145156	759818	1757488	2026659	2353072	2478663
货邮周转量（万吨公里）	31647	211133	336504	378625	415733	422340
货（邮）运量（吨）	239467	1474767	2295618	2572582	2845422	2881668
旅客周转量（万人公里）	1576554	7377283	15925225	18467539	21733123	23055343
客运量（万人）	1346	6031	12602	14553	16884	17732

资料来源：《中国统计年鉴》（2001 年及 2006~2009 年）。

其次，在基础设施建设方面，虽然中国在机场建设数量上一直保持着稳步的增长，但是由于中国航空枢纽港的开发与建设仍然相对落后，目前国内的航空枢纽港辐射航线资源吃紧，一方面造成航空安全管理难度加大，另一方面也使得国内企业利用恶性竞争手段争夺干线资源。随着中国民航市场的逐步开放和国外航空企业的进驻，对于航线资源的争夺会更加激烈，进而影响未来中国民航业的发展。

最后，国内航空辅助性支持产业的垄断地位很大程度上削弱了中国航空企业的盈利能力。以中国航空油料供给和地面机场服务为例，中国航空公司的航油供给由中国航空油料总公司（简称中航油）独家经营，中航油在运输、储存、销售、加注等各个环节都实现了垄断。航空公司不能选择供货商，不能选择进油时机，只能被动接受。仅航空燃料成本一项就占据中国航空企业近三成的飞行成本和两成的总成本，与国际平均水平 13%~18% 的飞行成本和 8%~11% 的总成本相比差距甚远。而机场作为垄断资源拥有者，在与航空公司的博弈过程中处于优势地位，机场的各项收费一直居高不下。在航空公司普遍亏损的情况下，中国机场的经营业绩却随着整个行业需求的增长而大幅提升。支持性产业的垄断经营使航空企业经营成本居高不下也是造成中国航空企业国际竞争力减弱的重要因素之一。

（2）中国海运业的发展。新中国成立以来，经过 60 年的不懈努力，中国海运业的发展已经取得了骄人的成绩，主要表现在以下几个方面：

1）中国海运业在国际海事组织中的地位。国际海事组织理事会（IMO）共由 40 个成员国组成，其中 10 个 A 类理事国是国际海运方面具有最大利害关系的国家，一般也被认为是国际海运大国；10 个 B 类理事国为海上贸易量大国；20 个 C 类理事国为地区代表。1999~2008 年，中国连续 10 次当选为该组织的 A 类理事国。

2）中国远洋运输船队规模。中国远洋运输船队规模在 2007/2008 两年连续位列国际十大商船队第四位（见表 8-8）。按船型划分的商船队排名包括油船船队、散货船队、杂货船队和集装箱船队 4 类。其中，世界十大油船船队国家或地区排名由高到低（下同）依次为：希腊、日本、挪威、中国、德国、美国、新加坡、英国、中国香港、沙特阿拉伯；世界十大散货船队国家或地区排名依次为：日本、希腊、中国、韩国、中国香港、德国、挪威、美国、新加坡、丹麦；世界十大杂货船队国家排名依次为：中国、挪威、日本、德国、俄罗斯、希腊、荷兰、土耳其、英国、意大利；世界十大集装箱船队国家或地区排名依次为：德国、日本、丹麦、中国台湾、希腊、中国、英国、法国、新加坡、韩国。[①] 中国商船队在杂货船队的规模上处于世界领先地位，散货船队和油轮船队的规模也处于国际强国之列。

表 8-8　2008 年世界商船队排名（1000 总吨以上船舶）

排　名	国家	吨位（1000 载重吨）	载箱量（1000TEU）	数量（艘）	2007 排名
1	希腊	175711	703	3087	1
2	日本	160722	1005	3433	2
3	德国	94513	4214	3189	3
4	中国	83064	723	2975	4
5	挪威	45118	314	1400	5
6	韩国	36760	246	1063	8
7	中国香港	33782	162	619	7
8	美国	32999	273	936	6
9	新加坡	28262	307	744	9
10	丹麦	26573	882	768	12

资料来源：ISL 数据库。

---

① 由 Clarkson 相关数据计算得出。

中国海运企业在国际中的市场地位也取得了较大的发展，截至 2008 年，中国主要班轮企业已跻身世界前 10 强行列（见表 8–9）。

表 8–9　2008 年全球十大班轮公司排名

公司	市场份额（%）	载箱量（1000TEU）	船舶数量
马士基海陆	17.1	1728.7	458
地中海航运	11.5	1159.8	310
达飞海运	7.9	800.6	272
长荣海运	6.1	615.5	170
赫伯罗德	4.8	484.3	134
中远集运	3.9	390.6	98
中海集运	3.8	388.5	79
日本邮船	3.7	373	105
东方海外	3.4	347.8	72
韩进海运	3.4	342.8	80

资料来源：ISL 数据库。

3）中国海运支持性产业发展。在市场需求方面，中国远洋货运周转量呈现出强劲增长势头，1991~2007 年平均增长率高达 11.7%（见表 8–10）。国内货物贸易的强势增长也拉动了国内市场对海运服务的强劲需求。另外，起到支撑辅助作用的港口等辅助设施日趋完善，主要港口年吞吐量逐年递增（见表 8–11）。

表 8–10　中国远洋货运周转量

单位：亿吨公里

年　份	1991	1992	1993	1994	1995	1996	1997	1998	1999
周转量	8990	9034	9134	10268	11938	11254	14875	14920	17014
年　份	2000	2001	2002	2003	2004	2005	2006	2007	2008
周转量	17073	20873	21733	22305	32255	38552	42577	48686	32851

资料来源：2009 年《中国统计年鉴》。

表 8–11　中国主要港口吞吐量

单位：万吨

年　份	1985	1990	1995	2000	2004	2005	2006	2007	2008
吞吐量	31154	48321	80166	125603	246074	292777	342191	388200	429599

资料来源：2009 年《中国统计年鉴》。

中国海运业的国际地位逐步攀升，海运服务相关产业各方面的世界排名都位列世界前列，应该说中国已经步入了航运大国的行列。

4）中国海运业存在的问题。虽然中国在国际海事组织中的地位日渐提高，船队规模和支持性产业发展迅速，但是，中国海运业仍然存在"大而不强"的问题。

中国已经连续 10 年成为 IMO 的 A 类理事国，但是目前 IMO 的 10 个 A 类理事国中（中国、日本、韩国、英国、美国、希腊、意大利、俄罗斯、巴拿马、挪威），欧盟国家占据了 3 个席位。从各个 A 类理事国历年提交的提案数量来看，日本、英国、美国和挪威提案数量较多，更积极参与 IMO 公约和技术标准的制定及修订，也体现了其在国际航运领域的领先地位，特别是在科技研发的雄厚实力与规则研究方面。而中国在国际海事组织任 A 类理事国的十年中仅提出 88 份提案，占 A 类理事国总提案数的 3%。因此，可以说中国虽然已成为 IMO 重要成员，但是，中国却没能把握国际海事组织 A 类成员的有利身份。

中国的船队建设过程中，其船型结构和船龄结构在国际上并没有占据优势地位。首先在船队船龄结构方面，中国在 25 年以上的船舶比重超过了 28%。众所周知，船舶的最佳盈利船龄为 5~25 年，此类船舶在购置成本和盈利能力方面都占据优势。而中国船龄在 5~25 年的船舶比重仅为 48.2%（见表 8-12），不及船队总规模的半数，这大大影响了中国商船队的整体盈利能力。另外，中国在船型结构上也不能很好地满足国际国内货物贸易运输的需要。通常，国际大宗散货货运量约占总货运量的 45%左右，中国散货船总吨位却占据了 55%以上，散货船比重偏高；国际集装箱货物贸易量约占总货运量的 17%，中国集装箱船队规模约为 13%，严重偏低。

表 8-12　2008 年中国籍船舶的船龄构成情况

单位：%

船龄	0~5 年	5~10 年	11~15 年	16~20 年	21~25 年	26~30 年	31~35 年	36~40 年	40+年
比例	23.9	6.6	12.8	12.4	16.4	11.1	8.5	4.8	3.5

资料来源：Clarkson 数据库统计。

2. 中国航运贸易的发展

中国是贸易大国，巨大的货物贸易量不断推动着运输服务贸易的发展。中国运输服务贸易增长迅速，从 2001 年的 159.59 亿美元增长到 2008 年的 887.47 亿美元，8 年间增长了近 5 倍，年平均增长速度为 23.9%，其中运输服务贸易出口额由 2001 年的 46.35 亿美元，增加到 2008 年的 384.18 亿美元，增长了 7 倍，年均增长速度为 30.3%；运输服务贸易进口额从 113.24 亿美元增长到 503.29 亿美元，年均增长速度为 20.5%（见表 8-13）。

表 8-13　2001~2008 年我国运输服务贸易进出口额

单位：百万美元

年　份	进出口总额	出口额	进口额
2001	15959	4635	11324
2002	19332	5720	13612
2003	26139	7906	18233
2004	36611	12067	24544
2005	43875	15427	28448
2006	55384	21015	34369
2007	74595	31324	43271
2008	88747	38418	50329

资料来源：UN Service 数据库。

（1）中国空运贸易的发展。2000 年以来，中国空运贸易快速增长。2008 年中国空运贸易总额为 151.32 亿美元，同比增长 34.6%，其中，空运贸易进口额为 70.67 亿美元，同比增长 15.3%，出口额为 80.65 亿美元，同比增长 57.6%，进出口总额年均增长率高达 25%，[1] 并且首次由空运贸易逆差转为贸易顺差。

但是中国空运贸易在 2007 年以前一直处于逆差状态。2000~2007 年，空运贸易进口额年均增长率为 27%，而空运贸易出口额的年均增长率却在 30%，虽然中国空运贸易出口增长速度快于进口增长，但是 2007 年中国航空贸易总额为 112.44 亿美元，其中，空运贸易进口额为 61.27 亿美元，出口额为 51.17 亿美元，逆差额高达 10.1 亿美元，约占空运贸易总额的 8.9%。

中国空运贸易逆差的主要原因之一是中国航空企业对国际航线的开辟速度相对迟缓。截至 2007 年，中国的国际航班数量已达到每周 3377 班，[2] 其中，中国航空公司承运 1607 班次，国外航空公司承运 1770 班次，其中 589 班货运专机班次中，中国航空公司承运 218 班货机航班，国外航空公司承运 371 班次。在空运航班数量来看，中国航空公司的国际航线数量仍然偏低。由于航空运输业与各国的领空安全关系密切，各国对于航空业一直实行高度的政府管

---

① 根据世界贸易组织《航空服务贸易附件》项目统计归类，数据来源于世界贸易组织年度报告。
② 数据来源于中国民用航空局。

制。直至 20 世纪 70 年代后期，在美国的极力推行下，部分国家才逐步开始航空自由化①的进程，航空运输业逐步市场化。当前，国际航线的开辟主要依据各国政府间签订的双边航空自由化协定，并且中国民用航空在航线分配方面仍然处于政府管制状态，国外公司尤其是欧美等航空业强国的国际航线开辟能力远高于中国企业。以中美对开航线为例，2007 年中美各开设 155 班对开航线，其中美方可用客运额度 69 班，其余用于全货运航班，中方客货可以自由转换。在执行情况上，中方执行客班 37 班，货班 41 班；美方执行客班 70 班，货班 79 班。由此可见，中美签订自由化协定后，新增加的运力额度迅速被美方用完，而中方却有大量的航权闲置。一方面说明中国市场对美国承运人有强大的吸引力，另一方面也可以看出中国航空企业对于国际航线的开辟能力处于相对弱势。

（2）中国海运贸易的发展。

1）中国海运贸易取得的成绩。加入世界贸易组织以来，海运贸易进出口持续快速增长。中国海运贸易总额从 2001 年的 89.07 亿美元增加到 2008 年的 660.51 亿美元，年均增长 28.4%（见表 8-14）。

表 8-14　2001~2008 年中国海运服务贸易进出口额

单位：百万美元

年　份	进出口总额	出口额	进口额
2001	8907	2012	6895
2002	10943	2517	8426
2003	17152	4021	13131
2004	25195	6621	18574
2005	30614	8861	21753
2006	38391	12526	25865
2007	55003	19862	35141
2008	66051	25451	40600

资料来源：UN service 数据库。

2006 年以来中国海运贸易增长速度加快，2006~2008 年 3 年中总量增加了 276.6 亿美元，相当于 2001~2006 年的增长总和。从进出口分项上看，中国海运贸易出口额从 2001 年的 20.12 亿美元增长到 2008 年的 254.51 亿美元，增长

---

① 国际航空运输自由化主要是指改革国际航空运输的管理体制和方法，从政府对空运企业国际航空运输经营活动的详尽管理过渡到更多地依靠市场力量予以调节，给予空运企业更多的经营权利和灵活性。

了 12 倍。同期海运贸易进口额从 68.95 亿美元增长到 406.00 亿美元，增长了 5.8 倍（见图 8–1）。

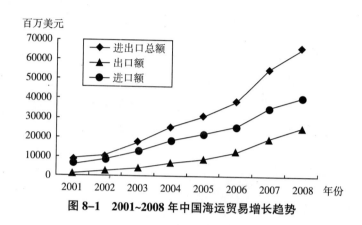

图 8–1　2001~2008 年中国海运贸易增长趋势

在对经济增长贡献方面，中国海运贸易占 GDP 的比重在总量和进出口分量方面也保持着增长趋势（见表 8–15）。

表 8–15　中国海运服务贸易额占 GDP 比重

年　份	2001	2002	2003	2004	2005	2006	2007	2008
GDP（亿元）	108068	119095	135174	159586	184088	213131	259258	302853
总量占 GDP 比重（%）	0.692	0.772	1.066	1.326	1.139	1.234	1.453	1.494
出口占 GDP 比重（%）	0.158	0.180	0.253	0.353	0.330	0.401	0.525	0.576
进口占 GDP 比重（%）	0.542	0.601	0.826	0.989	0.809	0.831	0.928	0.918

资料来源：2009 年《中国统计年鉴》。

另外，海运贸易对中国服务贸易的发展也做出了一定的贡献，随着服务贸易额的逐年增长，中国海运贸易也是同向变化，尤其在 2003 年以后，中国海运贸易额的增速加快，占服务贸易额的比重逐年加大（见表 8–16）。

表 8–16　中国海运贸易占服务贸易进出口额比重

单位：%

年　份	2001	2002	2003	2004	2005	2006	2007	2008
占总量比重	12.38	12.80	16.94	18.85	19.49	20.02	21.92	21.70
占出口比重	6.124	6.39	8.67	10.67	11.99	13.70	16.32	17.38
占进口比重	17.66	18.29	23.94	25.94	26.15	25.78	27.19	25.70

资料来源：2009 年《中国统计年鉴》及世界贸易组织中国呈报数据。

在世界海运贸易中，中国在国际海运市场中所占的比重也呈逐年上升的趋势（见表8-17）。中国海运贸易发展呈现出良好的发展势头。

表8-17　海运贸易市场占有率国际比较

单位：%

年　份	2001	2002	2003	2004	2005	2006	2007	2008
美　国	15.63	15.52	13.56	13.26	11.73	11.24	11.1	11.1
德　国	6.53	5.97	5.99	7.34	7.14	6.68	6.73	6.69
日　本	7.42	7.75	7.01	6.97	6.54	6.5	6.35	6.63
英　国	6.13	5.53	5.27	5.13	5.22	5.44	5.52	5.69
法　国	6.46	5.92	5.33	5.43	5.43	5.12	5.09	5.08
丹　麦	2.25	3.33	4.73	3.77	4.67	4.37	4.63	4.57
韩　国	3.65	3.96	4.02	3.73	4.11	4.53	4.23	4.33
荷　兰	6.63	6.35	5.87	5.06	5.05	4.74	4.01	4.26
中国香港	3.72	4.13	4.23	4.04	3.34	3.43	3.44	3.45
希　腊	2.4	2.47	2.43	2.37	2.22	3.31	3.01	3.1
挪　威	3.13	2.96	3.13	3.12	3.02	3.01	2.76	2.59
意大利	3.13	2.76	2.41	2.65	2.53	2.63	2.79	2.57
新加坡	1.56	1.63	1.72	1.8	2.85	2.78	2.76	2.58
中　国	1.26	1.4	1.52	1.75	1.98	1.99	2.11	2.26
西班牙	2.43	2.36	2.42	2.76	2.83	2.64	2.7	2.56

资料来源：WTO International Trade Statistics 及 WTO Annual Report。

2）中国海运贸易中存在的问题。中国海运贸易经过多年的努力与积累，已经获得较快的发展，但是其中仍存在一定的问题。

首先，中国海运贸易市场占有率偏低，在世界排名一直处于十名以外，其整体市场占有率不及全球市场份额的3%（见表8-17）。2008年中国商船队规模已经跻身世界第四位，同时，中国主要的海运企业位列世界前七位，但是同年中国海运贸易市场占有率仅排名世界第十四位，海运贸易的市场占有率与中国海运业在世界所处的地位极不相称，表明中国海运企业在国际市场的揽货能力处于比较劣势。

其次，中国海运企业市场竞争力明显不足。目前中国大型海运企业均是国有控股企业，在经营体制上均存在管理效率低下，经营成本偏高的问题。虽然中国的中远、中海等国有大型海运企业已经跻身于世界海运企业前十强，但是两家企业的盈利能力却在国际上处于相对弱势。其中实力较强的中远集团2007年公司税前总利润为3.4亿美元，同年马士基公司税前总利润为80.27亿美元,① 中国海运企业与国际海运巨头差距悬殊。

最后,在中国货物贸易连年巨大顺差的背景下,服务贸易逆差状况却一直在加大,这不仅对中国服务贸易的发展产生了影响,而且也不利于贸易结构的优化。中国海运贸易的进口额一直高于出口额,并且逆差还在不断加大,数据显示中国海运贸易逆差额从 2001 年的 48.83 亿美元增长到 2007 年的 152.79 亿美元,逆差额总量上涨了 3 倍多,以年均 22% 的速度增长(见表 8-17)。2008年受世界金融危机的影响,世界海运贸易量大幅下降,海运需求量萎缩,这虽使中国海运贸易逆差量稍有下降,但无法改变长期逆差的趋势。长期逆差已经成为中国海运贸易中最主要的问题,下面将重点分析此问题。

表 8-18　2001~2008 年中国海运服务贸易差额

单位:百万美元

年份	2001	2002	2003	2004	2005	2006	2007	2008
差额	−4883	−5909	−9110	−11953	−12892	−13339	−15279	−15149

(三)中国海运贸易逆差及其原因分析

目前学术界关于造成中国海运贸易长期逆差的因素研究还较少,且多数相关研究只局限于定性分析,缺乏有效的数据测算支撑,如周清华、赵鹿军(2001)分析了加入世界贸易组织对中国海运服务贸易的影响,指出加入世界贸易组织对中国海运服务业和服务贸易的发展既是机遇又是挑战,对外开放速度的加快会使我国海运服务业受到较大冲击,且在很大程度上限制中国海运服务贸易的发展;石俊芳(2007)对中国运输服务贸易的发展现状和存在的问题进行分析,认为中国运输服务贸易虽发展迅速,但在运输方式和运输的专业化上都存在较大不足,缺乏从事运输服务贸易的高素质人才,且相关法规还不健全,亟待进一步完善;张金昶(2008)对中国服务贸易的持续逆差现象进行研究,分析了造成服务贸易逆差现象的主要因素,指出中国服务贸易在出口结构、法律体系、市场体系、市场准入等方面都存在很多问题。通过研究综述可以发现,当前相关研究尚未具体针对海运贸易逆差问题进行准确的系统分析,并且只是简单指出对逆差影响的可能性,缺乏定量的模型评价,无法推断影响因素的实际影响程度大小,因此无法采取最为有效的应对策略。针对目前相关问题的研究现状,下面本报告通过构建定量模型对影响海运贸易发展,造成海

---

① 数据来源于 2007 年中远及马士基公司年度财务报告。

运贸易长期逆差的因素进行分析。

1. 指标解释与模型构建

由于研究中国海运贸易的文献较少，很多对海运贸易影响因素的分析，都是从对运输服务贸易和对海运产业的研究中得来的。因此通过总结目前学术界各学者所指出的影响运输服务贸易、海运服务贸易和海运业发展的各种因素，结合海运贸易的特殊性，同时考虑到海运贸易数据的稀缺性，以可量化、针对性为原则，选取国轮承运比例、海运服务贸易竞争力、海运运力、港口外贸吞吐量及海运服务贸易开放度五个指标，通过多元回归分析方法，分析其对海运服务贸易逆差的影响大小，从而推断其是否造成我国海运服务贸易逆差的主要因素，同时对影响程度进行系统分析。

（1）指标解释。本报告选取国轮承运比例、海运服务贸易竞争力、海运运力、港口外贸吞吐量、海运服务贸易开放度五个指标为解释变量，选取海运服务贸易逆差额（STG）为被解释变量（见表8-19），各影响因素指标解释如下：

1）国轮承运比例（DTP）。由于无法找到精确的国轮承运比例数据，本研究应用近似指标，即用中国远洋贸易运输量与港口外贸吞吐量的比值来代替。远洋运输是海运外贸运输的主要形式，中国远洋运输贸易量可以有效衡量中国海运对外贸易中自有船舶实际承运吨位，中国港口外贸吞吐量表示中国年外贸货物进出口吨位，测算结果如表8-19所示。

表8-19　海运运输中国国轮承运比例

单位：万吨，%

年　份	2001	2002	2003	2004	2005	2006	2007	2008
国轮远洋运输量	27573	29896	34002	39469	48549	54413	58903	42352
港口外贸吞吐量	60000	76000	94000	115000	136000	157000	178000	192000
国轮承运比例	0.46	0.39	0.36	0.34	0.36	0.35	0.33	0.22

资料来源：历年《中国统计年鉴》。

2）海运服务贸易竞争力（TCA）。海运贸易竞争优势指数（Trade Competitive Advantages，TCA）用一国海运服务进出口贸易的差额占海运服务进出口贸易总额的比重来表示，系数越大则竞争优势越大。该指数能够反映相对于世界市场上由其他国家所供应的一种产品而言，本国生产的同种产品是否处于竞争优势及其程度大小。其计算公式为：

$$TCA = \frac{X_{ij} - M_{ij}}{X_{ij} + M_{ij}}$$

式中，X_{ij}、M_{ij}分别代表i国海运服务的出口额和进口额。无论进出口额的绝对值是多少，该指标的取值均介于（-1，+1）的区间内。若该指数大于0，表示该国海运服务的生产效率高于国际水平，具有较强的出口竞争力，该指数越接近于1，表明国际竞争力越强；若指数为0，则表明海运服务的对外贸易类型仅为产业内贸易，竞争力水平与国际水平相当。如果 TCA=-1，则意味着该国海运服务只有进口而没有出口，如果 TCA=1，则该国海运服务只有出口而没有进口。中国海运服务贸易竞争力测算结果如表8-20所示。

表8-20　中国海运服务贸易竞争优势指数

年份	2001	2002	2003	2004	2005	2006	2007	2008
竞争力优势指数	-0.55	-0.54	-0.53	-0.47	-0.42	-0.35	-0.28	-0.23

资料来源：UN Service 数据库。

3）海运运力（STC）。针对海运运力，本报告采用中国年海运运力来进行分析，如表8-21所示。

表8-21　2001~2008 年中国年海运运力

单位：1000 载重吨

年份	2001	2002	2003	2004	2005	2006	2007	2008
运力	39865	40832	42735	45552	54140	64187	69069	91192

资料来源：德国 ISL 研究所。

4）港口外贸吞吐量（TTL）。2001~2008 年中国港口外贸吞吐量指标数值如表8-22所示。

表8-22　2001~2008 年中国港口外贸吞吐量

单位：百万吨

年份	2001	2002	2003	2004	2005	2006	2007	2008
外贸吞吐量	600	760	940	1150	1360	1570	1780	1920

资料来源：历年《中国国民经济和社会发展统计公报》。

5）海运服务贸易开放度（STO）。海运服务贸易开放度，是指一国海运服务贸易进出口总额占该国国内生产总值的百分比。它反映了一国海运服务参与国际贸易的开放程度，体现了一国经济增长对国际海运服务贸易市场的依赖程度。定义公式如下：

$$STO = \frac{TS_{ex} + TS_{im}}{GDP}$$

其中，STO 表示海运服务贸易开放度，TS_{ex}、TS_{im} 分别表示海运服务贸易出口额和进口额。我国海运服务贸易开放度指数测算结果如表 8-23 所示。

表 8-23　中国海运服务贸易开放度指数

年　份	2001	2002	2003	2004	2005	2006	2007	2008
开放度指数	0.0067	0.0075	0.0105	0.013	0.0137	0.0144	0.0168	0.0153

资料来源：历年《中国统计年鉴》。

（2）模型构建。在考虑多因素对某一变量的影响效果时，很多学者采用了多元回归方法，通过多元回归方法可以很好地得出数据间的线性关系，对分析各指标的影响程度有很大帮助。本报告构建如下模型对影响我国海运服务贸易逆差的因素进行检验：

$$\ln STG_t = C_0 + C_1 \ln DTP_t - C_2 \ln [ads(TCA_t)] + C_3 \ln STC_t + C_4 \ln STO_t + C_5 \ln TTL_t + \mu_t$$

其中，STG_t 表示在 t 时期我国海运服务贸易逆差额；DTP_t 表示在 t 时期我国海运服务中国轮承运比例；TCA_t 表示在 t 时期我国海运服务贸易竞争力；STC_t 表示我国 t 时期我国海运运力情况；STO_t 表示我国 t 时期我国海运服务贸易开放度；TTL_t 表示我国 t 时期我国港口外贸货物吞吐量。

C_0 为常数项，C_1、C_2、C_3、C_4、C_5 分别测度海运服务贸易逆差对国轮承运比例、海运服务贸易竞争力、海运运力、海运服务贸易开放度及港口外贸吞吐量的弹性。μ_t 为白噪音项。

2. 数据说明

（1）由于无法直接找出国轮承运比例数据，因此该项指标通过远洋运输量与港口外贸吞吐量比值确定，其比值可以有效说明国轮外贸货物承运比例的大小。同时，由于我国海运外贸运输的复杂性，本报告选取我国港口外贸吞吐量指标来代表海运货物贸易量进行测算分析，港口外贸货物吞吐量可能与我国海运货物贸易实际总吨位稍有差别，近似指标会稍偏离于实际国轮承运比例，存在一定的测算误差，但不影响最终的实证分析结果。

（2）本研究采用国轮承运比例、海运服务贸易竞争优势指数、港口外贸吞吐量、海运运力、海运服务贸易开放度指标作为解释变量，从理论上看各指标均分别统计，互不存在相关性。从实际情况来看，我国海运服务贸易影响因素相对复杂，由于存在国轮承运比例因素，海运运力的增加并不一定会增加海运贸易量，海运服务贸易竞争力的提升也只能说明海运服务能力的提升，并不一定会导致海运贸易量的增加，因为企业并不一定会选择本国企业提供服务。海运服务贸易开放程度可以从正反两个方面来影响海运服务贸易的发展，因此与海运服务竞争力的提高也无必然逻辑联系。因此，初步指标分析表明解释变量之间不存在多重共线性。

（3）在回归模型构建中为了消除异方差性，本文将数据进行对数处理，对于指标，由于其本身为负数，因此本报告先将其绝对值再对数处理并取负数，这样既可以消除其异方差性，又可以保证原有数列的线性关系，更好地衡量其对贸易逆差的影响作用。实证部分数据通过历年中国统计年鉴、UN Service 数据库、德国 ISL 研究所统计数据直接查出或间接计算得出。

3. 回归检验

（1）变量的统计性描述。从表 8-24 可以看出，国轮承运比例的平均值为 0.351，说明中国国轮承运比例偏小，标准差为 0.067，表明这一比例的变化不大。海运服务贸易竞争力指数一直为负值，说明中国海运服务贸易竞争力偏弱，最大值为 -0.23，最小值为 -0.55，标准差为 0.123，表明中国海运服务贸易竞争力一直在提高，而且海运运力和港口外贸货物吞吐量一直呈上升趋势。此外，从数值上看中国海运服务贸易开放度较小，但考虑到中国 GDP 基数较大这一基本情况，因此从数值上无法得出中国海运服务贸易开放度的具体状况，但可以表明中国海运服务贸易开放度在不断提高。

表 8-24　变量的统计性描述

	平均值	最大值	最小值	标准差
国轮承运比例	0.35125	0.46	0.22	0.066855
海运服务贸易竞争力	-0.42125	-0.23	-0.55	0.123339
海运运力（千载重吨）	55946.5	91192	39865	17949.4
港口外贸吞吐量（百万吨）	1260	1920	600	479.9107
海运服务贸易开放度	0.012238	0.0168	0.0067	0.003659
海运服务贸易逆差额	11064.25	15279	4883	4006.386

资料来源：历年《中国国民经济和社会发展统计公报》，《中国统计年鉴》，UN Service 数据库。

（2）多元回归测算。现将所有解释变量放入回归模型中，检验结果如表 8-25 所示。

回归结果显示，调整后的拟合优度（0.998996）与 1 极为接近，表明方程解释能力非常强，并且其中除海运运力 STC_t、外贸货物吞吐量 TTL_t 两变量没有通过零假设外，大部分解释变量均以 10% 的显著性通过 t 检验，方程各变量整体以 10% 的显著性通过 F 检验，说明 STC_t、TTL_t 两变量与海运服务贸易逆差没有明显的线性关系。因此将这两个变量剔除，再进行回归分析，建立如下

表 8-25　影响因素回归结果

变　量	系数	t-统计值	P 值
lnDTP$_t$	−0.223949	−4.592913	0.0443
ln[ads(TCA$_t$)]	0.451680	−3.843698	0.0615
lnSTC$_t$	0.327664	1.920546	0.1948
lnSTO$_t$	1.201611	10.15479	0.0096
lnTTL$_t$	0.084464	0.598076	0.6105
R^2	调整的 R^2	DW 值	Prob（F-statistic）
0.999713	0.998996	1.975743	0.0015

表 8-26　影响因素二次回归结果

变　量	系数	t-统计值	P 值
lnDTP$_t$	−0.271595	−3.479110	0.0254
ln(ads(TCA$_t$))	0.149558	−2.516285	0.0656
lnSTO$_t$	1.278817	29.28472	0.0003
R^2	调整的 R^2	DW 值	Prob（F-statistic）
0.998363	0.997135	2.149648	0.0002

模型：

$$lnSTG_t = C_0 + C_1 lnDTP_t - C_2 ln[ads(TCA_t)] + C_3 lnSTO_t + \mu_t$$

从表 8-26 的二次拟合结果中可以看出，DW 值 2.149648 表明不存在自相关性，模型中各变量均以 10% 的显著性通过了 t 检验，方程整体通过 F 检验，调整后的拟合优度为 0.997135，拟合效果非常好，国轮承运比例 DTP$_t$ 的相关系数为 −0.271595，海运服务贸易竞争力指数 TCA$_t$ 的相关系数为 −0.149558，海运服务贸易开放度指数 STO$_t$ 的相关系数为 1.278817，各项系数的符号均符合理论预期，表明模型构建整体架构较为合理。

4. 结果分析

实证检验结果显示，在这五个因素中，海运运力及港口外贸吞吐量的变化与海运服务贸易逆差不存在明显的线性关系，相对于其他三个变量，这两个变量并不是造成海运服务贸易逆差的直接因素。在另外三个因素中，国轮承运比例和海运服务贸易竞争力两指标与海运服务贸易逆差呈负相关，从相关系数上来看，国轮承运比例对海运服务贸易逆差的影响最大，即通过提高国轮承运比例，可以最为有效地减少海运服务贸易逆差，可以说国轮承运比例过低是海运服务贸易逆差产生的最根本因素，而海运服务贸易开放度与海运服务贸易逆差呈正相关，即较高的开放程度会扩大海运服务贸易逆差。

（1）关于国轮承运比例因素。回归结果中，可以直观地看出国轮承运比例与海运服务贸易逆差额具有很强的线性相关性，国轮承运比例的变动很大程度上决定了海运服务贸易逆差的变化，相关系数为负，说明国轮承运比例越高，海运服务贸易逆差额越小。同时考察相关系数的大小，在同为负相关的情况下，国轮承运比例相对于海运服务贸易竞争力来说，对海运服务贸易逆差的影响更大，即通过提高国轮承运比例，可以最为有效地减小海运服务贸易逆差额。

（2）关于海运服务贸易竞争力因素。海运服务贸易竞争力指数与海运服务贸易逆差具有很强的线性关系，由于系数为负，海运服务贸易竞争力指数越大，海运服务贸易逆差就越小。从相关系数上来看，我国海运服务贸易竞争力的提高对海运服务贸易逆差的影响要小于国轮承运比例的增加对海运服务贸易逆差的影响，但提高海运服务贸易竞争力，也是减小海运服务贸易逆差的有效途径。

（3）关于海运服务贸易开放度因素。中国海运服务贸易的开放度与海运服务贸易逆差呈正相关性，说明当前情况下进一步开放海运服务贸易，会加剧海运服务贸易逆差状况，从相关系数上来看海运服务贸易开放度的增加对海运服务贸易逆差增加有明显的效果。世界海运自由化的趋势是无法改变的，未来我国海运服务贸易肯定还要继续开放，因此，在当前情况下，通过减小我国海运服务贸易的开放程度来缩小海运服务贸易逆差并不可取，稳定海运服务贸易的开放速度才是大势所趋。

（4）关于港口外贸吞吐量因素。从回归结果中可以看出，相对于上述三种因素，港口外贸吞吐量的变化与我国海运服务贸易逆差并没有明显的线性关系，表明此种因素的变化并不会直接影响我国海运服务贸易逆差的增加或减小。海运服务贸易逆差存在的根本原因与我国港口外贸吞吐量的过快增长没有直接关系。

（5）关于海运运力因素。测算结果显示我国海运运力与海运服务贸易逆差不存在直接的线性关系，海运运力的变化并不会直接影响到海运服务贸易逆差额的变化，即单纯提高海运运力无法改变海运服务贸易的逆差现状。但通过结合实际情况分析可以发现，海运运力所体现出的问题并不在于总量而在于结构。

一直以来，海运服务贸易产能不足是造成当前海运服务贸易逆差现象的主要因素，这一观点被人们广泛接受，诸多学者认为我国海运运力的增长与海运货物贸易总量的发展不相匹配，我国进出口贸易量的增长大大超过了国内船队所能承载的贸易量发展程度，致使我国贸易与运力的差距不断增大。因此当自有运力无法承担自有货物运输时，海运服务需求就自然而然地转向国外海运运输服务，进而造成了我国海运服务贸易逆差不断扩大的现状。但是，本报告的回归分析结果显示，海运运力的发展并不会直接影响海运服务贸易逆差的变化，同时海运货物贸易量的增长也并不是逆差产生的主要因素，这与普遍的预期有一定差距，进而引起了我们对海运运力与海运贸易量发展关系问题的进一步思考。

1）我国海运运力正快速提升（见图8-2）。

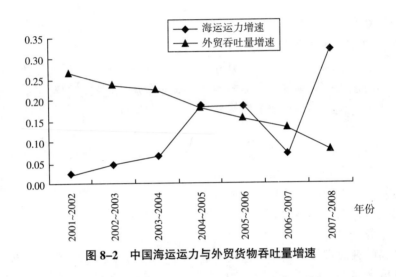

图8-2　中国海运运力与外贸货物吞吐量增速

从图8-2中可以发现，2004年之前，海运运力的增速一直小于我国港口外贸吞吐量的增速，而在2004年之后，我国海运运力的增量上升迅速，除2006~2007年增速稍有回落外，2007~2008年更是呈快速上涨趋势，可见我国海运运力的总量正在快速上升。

2）我国运力结构无法适应运输需要。中国经济快速发展，对外贸易货物结构也随之变化。中国出口货物从加入世贸组织之初以原材料、矿产等初级产品为主逐渐转为以工业制成品为主。当前中国出口货物主要以集装箱货物为主，约占总货物量的39.5%，[1] 但是中国集装箱船队规模增长速度并没有跟上货物贸易的发展步伐（见表8-27）。

---

[1] 根据《中国国民经济和社会发展统计公报》相关数据计算得出。

表 8-27　2001~2008 年中国远洋船队的船型构成情况

单位：%

船型	2001 年	2002 年	2003 年	2004 年	2005 年	2006 年	2007 年	2008 年
油船	15.90	16.50	18.20	20.30	22.10	23.20	24.80	25.00
散货船	46.10	45.60	45.10	44.80	43.80	43.50	42.70	42.10
杂货船	26.30	25.20	23.70	21.90	19.90	19.10	18.20	17.50
集装箱船	7.30	8.30	9.80	10.00	11.30	12.10	13.20	13.80
其他船舶	4.40	4.40	3.20	3.00	2.80	2.10	1.10	1.60

资料来源：Clarkson 数据库。

　　同时，进口货物则由以进口工业制成品为主转为以原材料、能源和矿产品等大宗货物为主。比较表 8-27 和表 8-28 可以发现，我国铁矿石和原油的进口量递增速度较快，但是大宗散货比重却呈现逐年下降的趋势。相比之下，中国远洋船队的船型结构未能适应这种变化，尤其是铁矿石船和集装箱船的比例严重偏低，制约着中国承揽进口货物的运力供给。另外，中国远洋船队中超大型油船的比例仍然偏少，同样影响了中国海运运力供给。整体来看，中国远洋船队中超大型油船、铁矿石船和集装箱船数量偏少，船队结构不合理是造成中国海运服务贸易逆差的重要影响因素。另外，从前面的分析中可知，中国船队的平均船龄偏高，同样影响着中国船队在国际市场中的揽货能力。

表 8-28　2001~2008 年主要大宗商品进口量占进口货物总量比重

单位：%

年份	原油及成品油	铁矿砂	大豆	煤	其他大宗散货
2001	0.59	0.67	0.13	0.02	8.83
2002	0.05	0.06	0.01	0.01	0.72
2003	0.07	0.09	0.01	0.01	1.06
2004	14.48	18.76	2.70	1.68	32.66
2005	11.83	20.58	2.46	1.96	33.54
2006	9.63	17.31	1.69	2.02	46.35
2007	11.90	23.14	1.95	3.08	29.24
2008	11.17	22.76	2.00	2.07	25.46

资料来源：历年《中国国民经济和社会发展统计公报》。

　　通过以上运力分析可以看出我国海运的供给问题主要集中在运力的结构失衡上，即远洋运输船舶的老龄化及超大型油船、铁矿石船和集装箱船数量严重偏少是造成运力供给不足的主要原因，这同时也解释了回归结果中运力和海运服务贸易逆差并不存在直接线性关系。

(四) 中国航运贸易发展的对策建议

1. 针对空运贸易的建议

(1) 建立健全国内航空运输市场机制。从中国航空业以及空运服务贸易现状我们可以看出,目前中国空运贸易在国际上仍处于弱势地位,主要表现在航空企业国际竞争力不足以及空运贸易逆差等问题上。造成中国航空业竞争力不足和空运服务贸易逆差的主要原因是中国国内航空业的市场化管理机制不健全,航空企业不能通过市场竞争优化企业内部资源配置,造成国有资源利用效率低下,企业竞争力不足等问题。

摆脱目前中国航空业发展难题的重要途径之一就是加快中国民航业的市场化建设,使企业尽快融入到市场竞争中来,通过市场的历练强化中国航空企业的经营质量和管理效率。推进中国民航市场化建设,首先,应弱化民航总局与国有直属航空企业之间的利益联系,逐渐削弱直属航空企业的政府背景,从而最大程度地限制直属航空企业利用现有垄断地位干扰市场竞争机制的行为,在国内航空运输市场建立有序的竞争机制。其次,逐步取消航空油料供给的垄断,在整个行业链条上扩大和完善市场竞争机制,扩大航空企业的利润空间和盈利能力。最后,改变现有民航机场的经营体制,在航班维护、客货地面流转等方面更大程度地引进航空公司和地面代理服务公司参与经营。一方面能够提升国内航空运输的服务质量,另一方面也能够最大程度地促进国内航空市场机制的健全和完善。

(2) 鼓励国内空运企业积极参与国际市场。中国空运贸易一直处于逆差状态,这与国内空运企业不能够迅速开发国际航线、承揽国际运输业务同样有着密切的关系。目前国际空运服务主要以班机形式提供,同时,国际航线的开辟数量通常以双边协议的约定为最高限额,因此,一国航空企业如果能够迅速开发利用国际航线,就会提高本国空运服务的市场占有率。所以,国际航线的有效利用同样影响着国际空运服务的贸易规模。

当前,中国主要承揽国际航线的航空公司仍以国家直属航空企业为主,其他地方航空公司在国际航线方面的开辟速度相对迟缓。究其原因主要是政府航空公司航线分配效率低下以及国内航空公司在经营国际航线过程中收益率偏低造成的。所以,在促进中国空运服务贸易发展的过程中,政府应审时度势,制定适当的扶持和补贴政策,提高国内企业经营国际航线的盈利水平,鼓励更多的有资质、有实力承揽国际运输的航空企业参与到国际航线的承运活动中来。同时,国内空运企业也应该立足国际市场,尽快适应国外经营环境,提高自身的国际竞争实力，从而提高中国空运服务的国际竞争力。

2. 针对海运贸易的建议

（1）提高国货国运比例。通过对我国海运现状进行分析和实证研究发现，国轮承运贸易量过低是造成我国海运服务贸易逆差的主要原因，且实证分析结果显示国轮承运比例的提高会显著减小海运服务贸易逆差额。结合我国对外贸易发展的实际国情可以发现，国货国运比例失衡的问题与我国贸易方式的选择有很大关系。我国进出口贸易大量地以 FOB 价格出口，以 CIF 价格进口，将货物的国际物流权交给了国外企业，国外企业纷纷采用自有船舶进行运输，严重影响了我国海运业的发展，造成了海运服务贸易的大量进口。出现这种现象的原因一方面是我国航运企业的服务能力无法满足我国外贸企业的需要；另一方面也不能忽视国内外贸企业的主观因素。一些企业认为采用 FOB 出口和 CIF 进口可以不需要自己与船公司联系，进而简化进出口流程，同时可以很好地规避海运运费变动所带来的风险。但外贸企业并没有很好地认识到使用这样的贸易方式同样会给企业带来很大风险。

1）FOB 出口并没有降低卖方风险。FOB、CIF 同属装运条款，按照《INCOTERMS2000》的规定，其风险划分都以越过船舷为界，卖方在装运港交货，承担货物越过装运港船舷前的一切风险和费用，买方承担货物越过装运港船舷后的一切风险。而这两种贸易术语所带来的不同，只是由谁组织运输、支付保险费用。可以说，这两种贸易条件在风险的划分上是相同的，采用 FOB 出口并没有明显地降低卖方的风险。

2）FOB 出口带来的卖方风险。在采用 FOB 贸易术语出口时，租船订舱的主动权掌握在买方手中，卖方容易受市场行情的左右，一旦情况有变，买方可以用各种理由来推迟租船装运，直到信用证到期，甚至会以此来威胁卖方降价出售。同时，在采用 FOB 出口时，由于是买方指定船务公司或代理来租船订舱，那么其资信情况的良好与否就不得而知，这是直接关系到卖方利益的。在出口货物时，船舶经常会受天气影响而无法如期到港，如果船舶无法在信用证规定的装运有效期内到达，卖方就要重新与买方商定信用证装运期和有效期等问题，这样卖方就会承担上一段时间货物在装运港的仓储费用，大大影响卖方的资金周转，同时承担了在此期间货物灭失和损坏的风险。

提高国货承运比例，还需要国家政策的支持。"国货国运"是我国政府为发展我国海洋运输产业，针对海运运输中所出现的大量货源流失状况而提出的发展口号。"国货国运"的实现不仅需要我国进出口企业的配合，同时更重要的是需要我国政府调整相关政策来保护我国船队的承运比例，例如政府采购就可以成为保护国轮承运比例的重要手段。我国可以在不违背相关承诺的前提下，通过政府采购行为，将一些重要的军用物资、战略性资源、对外援助物资等"政府物资"保留给我国海运服务企业承运。类似贸易附加措施的使用在美国、日本等发达国家相当普遍。

（2）增强海运服务贸易竞争力。长期以来，我国海运服务贸易竞争力偏低影响了我国海运服务贸易的发展，造成了我国海运服务贸易的逆差现象，要想发展海运服务贸易，减小海运服务贸易逆差，就要不断地提高我国海运服务贸易的竞争力。海运服务贸易竞争力的提高是多方面的，不仅需要政府政策的扶持，而且也需要海运企业自身竞争力的提高。首先，在货载政策扶持方面，虽然我国在服务贸易多边谈判中已明确表示取消货载保留制度，但针对我国船队运输的政策保护不能消除，政府可以通过设定适度的货载优先制度来对自有船舶参与海运服务运输加以保证，尤其是对政府物资、外援物资、军用物资及关系国计民生的战略性资源的运输更应运用此政策来保护。其次，在政府补贴扶持方面，目前补贴扶持的做法日趋隐蔽，直接补贴多改为间接补贴。我国也可以借鉴发达国家成熟做法，以税制、借贷优惠等间接的调控措施来进行隐蔽性扶持，同时国家可以设立政策性融资机构来对国内企业购船及造船资金的来源加以保证，并可以延长企业还款期限。最后，企业自身也应从自身内部出发，一方面，可以在政府的引导下进行海运企业的联合与重组，联合可以从境内和境外两个渠道同时进行，境内的强强联合可以有效地配置市场资源，境外可以通过本国企业与境外企业进行联合，使本国企业学习国外先进的技术和管理经验，提高自身实力，通过这种方式加大企业规模，以及通过资本运营的方式来实现规模的扩张，享受规模经济所带来的好处；另一方面，企业应推行人才战略，全面提高海运服务企业竞争力。市场竞争归根到底是人才的竞争，企业的发展离不开高素质的人才，在这一点上，我国海运服务企业应该向国外企业学习，提高自身的管理能力和激励机制，重视人才，挽留住人才。

（3）适当调整海运服务业开放策略。当前，我国海运服务业的开放程度已经很高，达到甚至超过了发达国家的开放水平，如外国航商可以从事挂靠中国港口班轮和非班轮国际运输；设立中外合资的船舶运输企业；外商可以在中国设立独资船务公司等。结合前文的实证测算以及国内海运业对外开放的实际情况，本报告认为在当前形势下，进一步开放相应市场会使我国海运服务贸易受到冲击，不利于海运服务贸易的发展。我们应清醒地认识到海运业自由化趋势是无法改变的，短期内开放所带来的冲击会影响海运服务贸易发展，但从长远来看，一旦我国海运服务贸易竞争力获得提升，海运基础设施得到完善，服务能力得到提高，开放是有利于海运服务贸易发展的。因此针对目前形势，首先，作为世界众多发展中国家的一员，我国应充分利用世界贸易组织赋予发展中国家诸如"逐步自由化原则"、"贸易开放条款"等官方条例来放缓海运服务业的开放速度，充分行使发展中国家的特有贸易权利。其次，要坚持循序渐进的国民待遇原则。目前我国海运服务中对外国公司的国民待遇过高，某些方面已经达到超国民待遇，比如税收方面，这在很大程度上使得我国航运企业与国外企业无法在同一水平上竞争，不利于我国海运企业的发展。而按照 GATS 对国民待遇的定义，只要竞争条件相同，可实行对本国与其他国家服务提供者相同或不同的待遇。因此我国可以利用类似规定，依据实际情况采取逐步的国民待遇，来保护本国产业的发展。最后，政府应代表广大企业积极参与多边规则的制定。从某种程度上来说，规则的制定者同时也必将是规则的受益者，这一点就要求我国应积极参与海运服务贸易多边框架的谈判，在谈判中明确自身立场，充分发挥话语权来维护自身利益，这也是前两点措施能够顺利实施的前提条件。

参考文献：

[1] 何伟、何忠伟：《我国运输服务贸易逆差及其国际竞争力》，《国际贸易问题》，2008年第11期。

[2] 李怀政：《我国服务贸易国际竞争力现状及国家竞争优势战略》，《国际贸易问题》，2003年第2期。

[3] 刘峰：《我国国际航空运输的发展现状》，《中国民用航空运输》，2004年第48期。

[4] 刘志云：《试论 GATS 框架下新一轮空运服务谈判及我国的对策》，《甘肃政法学院学报》，2005年第81期。

[5] 沈丹阳：《构建我国服务贸易促进体制的必要性及基本思路》，《国际贸易》，2007年第8期。

[6] 石俊芳：《国际运输服务贸易的发展趋势及中国的发展策略》，《国际服务贸易评论》，2007年第1期。

[7] 王勇：《民航业相关群体间的利益关系》，《经营与管理》，2007年第9期。

[8] 王晓东、胡瑞娟：《我国运输服务贸易竞争力分析》，《国际贸易问题》，2006年第12期。

[9] 于立新：《开放中国航运服务贸易市场的思考》，《财贸经济》，1999年第11期。

[10] 张金皤：《关于我国服务贸易逆差的对策分析》，《北方经贸》，2008年第5期。

[11] 周清华、赵鹿军：《加入 WTO 对我国海运服务贸易的影响》，《世界海运》，2001年第8期。

[12] Alerander Eisenkopf. Gerard McCullough. The Liberalisation of Rail Transport in the EU. *Intereconomics*, 2006, 41 (6).

[13] Elina Eskola. The Impacts of an East Asia FTA on Foreign Trade in East Asia. *NBER Working Paper*, 2003, No. 10173.

[14] G. P. Sampson, R. H. Snape. Identifying the Issues in Trade in Services. *The World Economy*, 1985.

九、劳务输出——中国具有优势的
服务贸易出口

邢厚媛　周密[①]

摘　要：劳务输出又称国际劳务合作，在我国属于对外经济合作的主要方式之一。经过改革开放30多年的发展，经过起步、快速增长和调整发展三个阶段，中国已经在全球劳务市场上确立了自身的位置，成为支持东道国经济发展、社会进步，促进互利共赢的不可或缺因素之一。中国的劳务输出具备人口规模大、劳动人口比例高、教育程度不断提升和城市人口占比增加等优势，除传统的制造业和建筑业外，在医护、中文导游、中餐厨师、中医和中文教育等领域都有着较强竞争力。后金融危机时代，挑战与机遇并存，建立健全法律体系，加强海外市场拓展，推进和规范市场秩序建设，实现劳务输出全流程管理，做好风险防范和风险应对，才能实现对外劳务合作业务的健康运行，并服务于中国经济可持续发展目标，实现互利共赢。

关键词：对外劳务合作　劳务输出　机遇与挑战

中国的对外劳务合作是在20世纪70年代后期国内和国际的一定历史条件下兴起的。中国共产党十一届三中全会以后，在对外开放政策的指引下，对外劳务合作作为对外经济合作的重要形式之一，获得了迅速发展。目前，中国的对外劳务合作已取得重大进展并在激烈的国际竞争中形成了自己的独特优势，对中国经济和世界经济的发展做出了重要贡献。2001年，中国加入世界贸易组织后，对外劳务合作的平台大大拓展。而2008年金融危机爆发后，既给对外劳务合作行业带来了空前的挑战，又创造了新的机遇，对政府、企业和劳务人员提出了更高的要求。

---

① 邢厚媛，研究员，商务部国际贸易经济合作研究院跨国经营研究部主任、海外投资研究中心主任；周密，博士，商务部国际贸易经济合作研究院副研究员，跨国经营部副主任。

（一）劳务输出的有关理念与规定

劳务输出又称国际劳务合作，也是世界贸易组织中的自然人移动服务贸易模式。受劳动力资源禀赋要素分配不均，以及经济结构性用工需求影响，对外劳务合作成为国际经济合作的重要形式之一，在包括世界贸易组织、FTA 等各种国际协定中得到广泛的关注。

1. 劳务输出含义与实质

对外劳务合作是中国改革开放以后开展对外经济合作的一项新兴业务，是指经国家批准的对外劳务合作企业受境外雇主的委托，有组织地选派中国各类劳务人员到有关国家或地区为雇主提供服务，并通过对外派劳务人员进行后期服务和跟踪管理，最大限度保护外派劳务人员合法权益的一项双边经济合作活动，其实质是国际劳务输出的一部分，属于国际服务贸易中自然人移动的范畴。

根据外经贸部 1993 年颁布的《对外劳务合作管理暂行办法》，对外劳务合作是指企业按照与国（境）外政府有关机构、团体、企业、私人雇主所签合同规定，向国（境）外派遣从事经济、社会、科技等活动的各类劳务人员的经济活动。而 2010 年 12 月颁布的《对外劳务合作业务统计制度》则对此概念进行简化，确定中国企业与境外企业或机构，按照合同约定组织中国公民赴境外工作的活动为对外劳务合作。

2. 世界贸易组织对自然人移动的规定

实际上，自然人移动（劳务输出）的活动早已随国际贸易产生、发展，但真正以国际协议方式对其进行规范还是在 1995 年世界贸易组织成立之后。作为全球服务贸易发展的重要依据，世界贸易组织服务贸易总协定（GATS），对自然人移动这种服务贸易方式进行了相关说明。

GATS 第一条"范围和定义"提出，以自然人方式赴其他成员国境内提供服务是服务贸易的一种重要形式。GATS 第六部分"最后条款"（Final Provisions）的第 28 条明确给出了"另一成员的自然人"概念，指的是居住在该另一成员或任何其他成员领土内的自然人，且根据该另一成员的法律：①属于该另一成员的国民；或②在该另一成员中拥有永久居留权，如该另一成员：A. 没有国民的身份形式；或 B. 按其在接受或加入《WTO 协定》时所作通知，在影响服务贸易的措施方面，给予其永久居民的待遇与给予其国民的待遇实质相同，只要各成员无义务使其给予此类永久居民的待遇优于该另一成员给予此类永久居民的待遇。此种通知应包括该另一成员依照其法律和法规对永久居民承担与其他成员对其国民承担相同责任的保证。而"服务消费者"则是指得到或使用服务的任何人。

GATS 的附件二是"关于本协定项下提供服务的自然人流动的附件"。主要规定有四点：

（1）本附件在服务提供方面，适用于影响作为一成员服务提供者的自然人的措施，及影响一成员服务提供者雇用的一成员的自然人的措施。

（2）本协定不得适用于影响寻求进入一成员就业市场的自然人的措施，也不得适用于在永久基础上有关公民身份、居住或就业的措施。

（3）依照本协定第三部分和第四部分的规定，各成员可就在本协定项下提供服务的所有类别的自然人流动所适用的具体承诺进行谈判。应允许具体承诺所涵盖的自然人依照该具体承诺的条件提供服务。

（4）本协定不得阻止一成员实施对自然人进入其领土或在领土内暂时居留进行管理的措施，包括为保护其边境完整和保证自然人有序跨境流动所必需的措施，只要此类措施的实施不致使任何成员根据一具体承诺的条件所获得的利益丧失或减损。

3. 中国—新西兰自贸区有关自然人移动的规定

中国—新西兰自贸区（以下简称"中—新自贸区"）是中国与发达国家签订的第一个自由贸易区协定，其中第十章"自然人移动"更是第一次为双方劳务合作提供可资借鉴的政府间协议依据，也为中国与其他国家就劳务合作进行自贸区谈判奠定了基础。

中—新自贸区对属于劳务合作的自然人进行明确界定。符合协定所确定的自然人移动包括商务访问者、合同服务提供者、公司内部流动人员、技术工人或机器设备配套维修和安装人员 5 种。

与自然人移动相关的临时雇佣入境是指包括技术工人在内的一方自然人进入另一方境内，以期按照根据接收方的法律订立的雇佣合同从事临时性工作，且不以永久居留为目的。临时入境则是指商务访问者、公司内部流动人员、独立专业人员、合同服务提供者或者急切设备配套维修和安装人员的入境，旨在从事与他们各自业务明确相关的活动，而非永久居留。此外，对于商务访问者，其薪金和任何相关报酬应当全部由其母国雇佣该商务访问者的服务提供者或法人支付。

协议规定，关于临时入境的承诺，除非列明，任何一方不得：①要求劳动力测试证明和其他有类似作用的程序要求；②对临时入境设置或维持任何数量限制；③要求将劳动力市场测试、经济需求测试或其他有类似作用的程序作为临时入境的条件。而双方承诺在协议的附件 10 中予以列明。

同时，新西兰还把中国纳入假期工作机制的国别名单，中国的劳动者可以在新西兰每年公布的行业名单中，赴新西兰从事其紧缺的工作，为中国向新西兰输出劳务提供新的渠道。

4. 中国对外劳务合作的管理

目前，与对外劳务合作相关的法律规定较为零散和间接，主要包括《中华人民共和国对外贸易法》、《中华人民共和国公民出入境管理法》、《对外劳务合作资格管理办法》及补充规定、《对外劳务合作备用金暂行办法》、《办理劳务人员出国手续的办法》等，而《对外劳务合作管理暂行办法》则颁布于 1993 年，已经无法适应新的、发展的国际国内形势需要。《对外劳务合作管理条例》于 2004 年被列入国务院二类立法规划，2006 年被列入一类立法计划，在《国务院2008 年立法工作计划》中，就已被列入"需要抓紧研究、待条件成熟时提出的立法项目"，相信该条例将在不久的将来出台。

目前，对外劳务合作业务的管理仍然依据已有的管理机构和管理模式，由商务部对外投资和经济合作司负责业务管理，交通部对海员形式的外派劳务进行管理。而商务部对对外劳务合作业务的管理并非直接针对劳务本身，而是通过我国境内各级商务主管部门和获得对外劳务合作经营资格的企业进行。

（二）中国劳务输出的发展历程与趋势展望

中国对外劳务合作起步较早，经过半个世纪的发展，已经形成了自身的特色，在国际劳务市场中占据了重要位置。随着业务规模的扩大，市场多元化不断发展，管理制度不断完善，从事对外劳务合作的企业实力不断增强，外派劳务人员的素质和能力不断提高。展望未来，中国对外劳务合作将继续保持较快发展。

1. 发展历程[1]

中国的对外劳务合作事业源于 20 世纪五六十年代的对外经济技术援助。50 年代末期，中国开始派遣大批技术人员、普通劳务及医务人员赴亚、非、拉、欧等 50 多个国家和地区参加援助项目的建设及服务，积累了在国外施工和提供劳务的经验，这为对外劳务合作事业的发展奠定了基础。

党的十一届三中全会以后，中国实行对内搞活、对外开放的政策，对外劳

---

[1] 本部分主要参考了周密执行主编的《中国对外经济合作三十年》的相关内容。

务合作事业起步。如图 9-1 和图 9-2 所示，20 世纪 80 年代之前，劳务合作的总量规模很小，但在改革开放 30 年的曲折历程中获得了迅速发展。总体而言，除个别年份外，对外劳务合作无论是合同金额、营业额还是全年派出人数、年末在外总人数都呈现上升趋势。

如图 9-1 和图 9-2 所示，按照对外劳务合作 30 年来合同金额、营业额、全年派出人数及年末在外总人数的变化情况，中国改革开放之后的对外劳务合作可以划分为三个发展阶段：起步阶段（1979~1990 年）、快速增长阶段（1991~2001 年）和调整发展阶段（2002 年至今）。

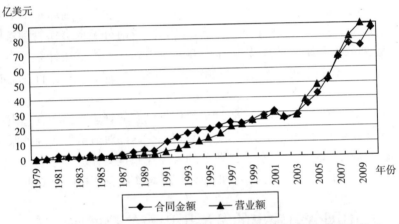

图 9-1 1979~2010 年中国对外劳务合作新签合同额和完成营业额

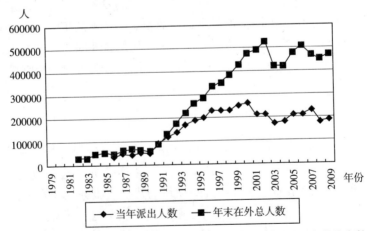

图 9-2 1979~2010 年中国对外劳务合作当年派出人数和年末在外人数

（1）起步阶段（1979~1990年）。20世纪70年代末期，国际石油市场的两次大幅度提价，使中东和北非为主的石油输出国的石油外汇收入急剧增长。阿拉伯石油输出国随即投以巨额资金，在本地区掀起空前的、大规模的经济开发和建设高潮。但是这些国家人口稀少，劳动力不足，技术力量薄弱，因而从世界各地招募了大批工程技术人员和普通劳务。市场空前繁荣，仅在中东非洲地区的外籍劳务就达数百万人。

基于国营公司的努力开拓和国家有关部门的正确指导，中国对外劳务合作业务实现了零的突破。中国土木工程公司是中国率先从事对外劳务合作业务的企业。1979年，中土公司承接日本公司中标的伊拉克一条高速公路建设项目的劳务分包，成为中国首次成建制对外建筑劳务输出。中国第一项对外劳务合作业务的成功开展为中国企业赢得了声誉，并为中国对外劳务合作业务的稳步推进奠定了基础，积累了经验。

这一阶段，承包项下的劳务占据主要地位，中东地区是劳务输出最为集中的地区，中央企业在对外劳务合作中发挥主导作用。

（2）快速增长阶段（1991~2001年）。20世纪90年代，随着世界经济一体化和区域化的推进，世界劳务流动加速发展。据国际劳工组织统计，此间国际临时移民劳务的总量从2000万人增加到8000万人。

1992年，随着邓小平"南方谈话"的发表，中国开始了新一轮改革开放的浪潮，开始由传统的计划经济体制开始向社会主义市场经济过渡，政府转变职能和企业转换经营机制在加速进行。1995年世界贸易组织（WTO）正式成立之后，中国的谈判重点从恢复关贸总协定缔约国地位转为加入WTO。1998年中国加入亚太经合组织（APEC）并实施在APEC范围内的贸易投资便利化的自主承诺，也使中国的进一步开放在该区域内率先实施。

在国际国内的新形势下，从1991年开始，中国对外劳务合作业务跃进快速增长阶段。虽然受亚洲金融危机等因素影响，国际市场不够稳定，中国对外劳务合作合同的履约率不高，但是在政府的指导下，派出劳务人数不断增长，对外劳务合作的市场格局、行业结构不断优化，对外劳务合作业务发展较快。

快速增长阶段，我国对外劳务合作发展迅速，初成规模；以亚洲为主的多元化市场格局基本形成，多领域的技能型劳务增长，经营主体不断增加，企业和劳务人员的竞争力不断增强。

（3）调整发展阶段（2002年至今）。中国于2001年底正式加入WTO，这对中国参与国际经济大循环，利用国内外的"两种资源，两个市场"，加快对外劳务合作的进程，有着重大的意义。经济全球化的发展进一步增强了包括劳动力在内的各种生产要素跨国界流动的趋势，但区域经济一体化的进程，使得劳动力的区域内移动更加明显。在新形势下，国际产业分工进一步调整，发达国家继续把劳动密集型制造业向发展中国家转移，中国成为转移的重要目的地，中国东部沿海成为吸引国内劳动力的重要地区。在以互联网的广泛使用为标志的信息技术革命的推动下，服务外包发展迅速。生产环节的转移在一定程度上减少了国际市场对制造业劳务的需求。同时，随着中国改革开放的继续推进，中国居民的工资收入不断上涨，生活水平不断提高，由此相应增加了劳务的成本，也降低了部分劳动力出国提供劳务服务的动力。

国际国内环境的变化，使中国对外劳务合作事业在取得重大成就的同时，也面临着不少发展变数。总体而言，这一阶段，中国对外劳务合作业务在调整中不断向前发展。我国对外劳务合作业务呈现政府间磋商与交流增加、制度建设积极推进、业务规模在调整中扩大、多元化市场格局初步形成、长期劳务合作加强以及多种企业所有制并存等特点。

2. 发展现状

2010 年，中国对外劳务合作业务在困境中艰难发展，新签合同额出现较大增幅，为未来劳务合作业务发展奠定基础；外派劳务人数和年末在外人数均有所增长，劳务输出仍然处于上升周期。

（1）对外合作业务进入平稳发展期。对外劳务合作业务受国际市场发展机遇推动，如图 9-3 所示，自 2001 年以来我国对外劳务合作的新签合同额和完成营业额均保持持续增长。但这一增势到 2009 年受经济危机影响出现停滞和萎缩。2010 年，我国对外劳务合作完成营业额 89 亿美元，与 2009 年基本持平；新签合同额 87.2 亿美元，同比增长 16.8%。

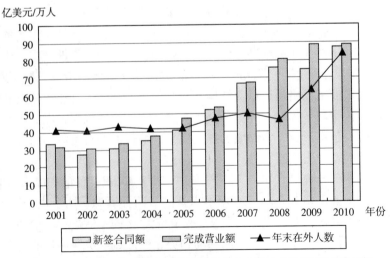

图 9-3　2001~2010 年我国企业对外劳务合作新签合同额和完成营业额

作为人口和劳动力大国，对外劳务合作是中国具有一定比较优势的领域。2001~2010 年，除 2008 年暂时下滑外，年末派出人数基本保持稳中有升的发展态势。2010 年，我国全年累计派出各类劳务人员 41.1 万人，同比增长 4%，年末在外各类劳务人员 84.7 万人，较 2009 年同期增加 6.9 万人。

加入世界贸易组织 10 年是中国对外劳务合作发展最快的时期。截至 2010 年年底，我国对外劳务合作累计完成营业额 736 亿美元，签订合同额 760 亿美元，累计派出各类劳务人员 543 万人。而 2001~2010 年对外劳务合作的新签合同额和完成营业额分别占到了 69.2%和 76.2%。

（2）各省企业派出劳务受影响不同。与对外承包工程业务相比，对外劳务合作的集中度相对较低，央企的外派劳务业务量不多，各省企业从事的业务比重较高。2010 年，各省、自治区、直辖市的对外劳务合作新签合同额和完成营业额分占全国的 84.3%和 83.2%。经济危机对劳务派出构成不利影响，但各省、自治区、直辖市因派出劳务目的地存在差异，对外劳务合作业务所受影响不同。如表 9-1 所示，2010 年，派出人数占前 5 位的省份为山东、江苏、河南、广东和湖北，派出人数均超过 2 万人；排名前 13 位的省份的派出人数均超过 1 万人。按照年末在外人数统计，排名前 5 位的分别是山东、江苏、吉林、河南和广东，年末在外人数均超过 3 万人。

表 9-1　2010 年我国派出各类劳务人员按省市区排名

单位：人

序号	省市区名称	派出人数	年末在外人数
1	山东省（含青岛市）	47300（6393）	101913（15559）
2	江苏省	34576	96336
3	河南省	32435	56291
4	广东省（含深圳市）	24788（0）	38455（135）
5	湖北省	22372	29478
6	福建省（含厦门市）	19182（5803）	24240（7394）
7	辽宁省（含大连市）	18291（11784）	41448（19620）
8	吉林省	15972	66566
9	上海市	15910	26847
10	浙江省（含宁波市）	13446（1664）	26261（4257）
11	安徽省	12631	20236
12	北京市	11770	22499
13	云南省	11275	17189
14	湖南省	9727	20370
15	河北省	8761	13324
16	陕西省	7638	8553

续表

序号	省市区名称	派出人数	年末在外人数
17	天津市	7066	12683
18	四川省	5876	21983
19	新疆维吾尔自治区	5122	3077
20	广西壮族自治区	4723	5958
21	江西省	4694	14615
22	新疆生产建设兵团	3813	4665
23	黑龙江省	3166	12885
24	重庆市	1790	4066
25	山西省	1224	6147
26	贵州省	977	1789
27	内蒙古自治区	931	4706
28	甘肃省	922	911
29	宁夏回族自治区	453	692
30	青海省	57	51
31	海南省	0	2

注：表中未列省区暂无此项业务。

（3）中国对外劳务合作发展趋势展望。中国劳动力规模优势和吃苦耐劳的精神仍未改变，对外劳务合作业务仍将处于上升期。受各种不利因素影响，外派劳务规模增长速度不快，且可能面临更为复杂的风险因素。在继续传统领域的劳务合作的基础上，我国对外劳务合作业务会继续拓展领域并创新模式。而随着东部经济的发展与中西部的更为开放，中西部地区外派劳务在我国对外劳务合作市场中所占比重将得以显著提升。

1）外派劳务总量规模仍将保持缓慢增长。中国人口总量保持增长，尽管年初部分地区出现"用工荒"，但劳动力供给仍享受"人口红利"。一方面，为了获得境外就业的经验和更高的收入，仍有相当数量的劳动人口希望赴境外就业。部分跨国公司将设在中国的加工制造厂转移至其他发展中国家，使得原有的国内就业岗位减少。另一方面，尽管不少国家对外籍劳务入境有着严格的限制，但人口老龄化问题已经并将继续困扰不少国家，除蔬果采摘、农畜业和城市清洁等传统"3D"〔脏（Dirty）、累（Difficult）、险（Dangerous）〕类型的工作外，劳动力密集型的生产制造，乃至部分服务行业也都需要外来劳务，需求市场仍然不小。与此同时，在多双边贸易协定和短期劳务合作协议的支持下，中国劳动者赴境外从事劳务工作的机制或渠道较为畅通。在三方面因素的共同作用下，短期内我国对外劳务合作的业务规模和外派劳务总量都将继续保持增长，但增速不快。

2）劳务合作将继续拓展领域并创新模式。传统的赴日研修生和海员劳务等对外劳务合作因其市场需求与供给仍然存在将继续得以发展，而以双边自贸区协议、短期劳务合作安排以及其他方式的对外劳务合作面临更多的发展机遇。澳大利亚、新西兰等国作为农业大国的劳动力远无法满足水果成熟或牲畜产奶、剪毛的需要，季节性农业劳动力需求旺盛。而在召开奥运会、世界杯等赛事的国家，建筑施工类劳务需求旺盛。我国对外劳务合作企业数量众多，与外国劳务需求方有着各种形式的合作，除长期合作外也会探讨前期介入和标准技能培训升级等方式，以减少劳务派出后的培训时间，为劳动者和劳务用工企业带来收益上的双赢。各级政府和社会中介服务机构将对劳务归国后的有效管理和支持更为重视，归国劳务在促进地方经济发展中有望发挥更大的作用。

3）中西部省份派出劳务将占据更高位置。当前劳务派出大省集中于经济发展水平较高的东部省份和人口大省，中西部劳动力资源优势并未体现。随着中国经济的发展，东部地区的劳动力收入水平相应上升，劳动者以派出形式积累经验并获得更高回报的愿望大幅减弱。相比之下，中西部地区的劳动报酬仍然较低，劳动者派出的愿望更为强烈。在加强培训、提供充分信息引导和强化外派劳务企业管理与保障的共同作用下，中西部省份的派出劳务规模将占据我国对外劳务合作业务的更大比重。

（三）中国劳务输出发展要素禀赋基础

中国具备劳动力总量规模、年龄结构和人员素质等对外劳务合作的优势，在医护服务、中文导游服务、中餐服务、中医服务、中文教育服务和中低技能劳务服务等领域具有较为独特的竞争力。

1. 总体劳动力优势

中国人口基数较大，劳动人口在年龄结构中占有主要位置，随着教育的普及和发展，人口素质不断提升，工业化和城市化进程也为经济发展提供了充足的劳动力保障。

（1）人口规模庞大且保持增长。作为全球第一大人口国，中国的人口基数庞大。尽管增长率有所降低，但总量规模仍处于上升周期。根据第六次全国人口普查的结果，以 2010 年 11 月 1 日零时为标准点，全国总人口为 13.7 亿人，普查涉及的大陆 31 个省、自治区、直辖市和现役军人的人口共计 13.4 亿人，香港特区、澳门特区和台湾地区的人口分别为 709.8 万人、55.2 万人和 2316.2 万人。大陆 31 个省、自治区、直辖市和现役军人的人口同 2000 年 11 月 1 日零时的 12.7 亿人口相比，共增加了 7390.0 万人，增幅为 5.84%，年均增长率为 0.57%。

（2）劳动人口仍是人口的主要部分。从年龄结构来看，青壮年劳动人口占有绝对比重，能够为经济发展提供充足的劳动力供给。人口普查数据显示，我国劳动人口规模庞大，且占比有所上升，但人口年龄重心开始向上移动，老龄化现象开始出现。大陆人口中，0~14 岁人口为 2.22 亿人，占 16.6%；15~59 岁人口为 9.40 亿人，占 70.1%；60 岁及以上人口为 1.78 亿人，占 13.3%。与 10 年前相比，0~14 岁人口的比重下降了 6.29 个百分点，15~59 岁人口的比重上升了 3.36 个百分点，60 岁及以上人口的比重上升了 2.93 个百分点。

（3）人口受教育程度逐渐提升。随着业务教育的普及和大学的发展，人口的教育水平显著提高，人口素质大幅增强。人口普查显示，以毕业生、肄业生和在校生统计，大陆人口中具有大学（大专以上）文化程度的人口为 1.20 亿人，具有高中（含中专）文化程度的人口为 1.88 亿人，具有初中文化程度的人口为 5.20 亿人，具有小学文化程度的人口为 3.59 亿人。与 10 年前相比，每 10 万人中具有大学文化程度的由 3611 人上升为 8930 人，具有高中文化程度的由 11146 人上升为 14032 人。大陆文盲人口（15 岁以上不识字的人）为 5465.7 万人，比 10 年前减少了 3041.3 万人，文盲率从 6.72% 下降至 4.08%。

（4）城市人口占比大幅上升。随着工业化进程的推进，城市人口占比大幅上升，农村富余劳动力转移至城市，为工业生产提供了充足的劳动力。根据人口普查数据，大陆人口中，居住在城镇的人口为 6.66 亿人，占 49.68%；居住在乡村的人口略多，为 6.74 亿人。同 10 年前相比，城镇人口比重上升 13.46 个百分点。

2. 主要优势领域

丰富的劳动力资源、逐步完善的培训体系，以及各种实际操作经验，使得中国拥有具备较强业务水平的劳动力队伍。凭借专业素质、文化和语言优势，使得中国外派劳务在多个领域具备开展对外劳务合作的优势。

（1）外派劳务人员的领域分布。据商务部统计，截至 2010 年年末，外派劳务人员的规模与我国经济产业结构密切相关。从事建筑业的人数最多，占总数的 45.1%；制造业的人数其次，占总数的 23.4%；从事农、林、牧、渔业的人数第三，占总人数的 9.4%；交通运输业与住宿餐饮业的从业人数分别占总数的 5.9% 和 4.2%；科教文卫体业的从业人员占总数的 0.4%；计算机服务和软件业从业人数占总数的 0.2%。

具体到工种，农林牧渔业外派劳务分为渔工和农业种植，人数比例约为 4:1；制造业外派劳务分为纺织服装、电子和机械加工三种，人数比例约为 2:1:1；交通运输业外派劳务分为海员和空乘人员两种，海员的占绝大比重；

科教文卫业外派劳务主要包括护士和中医；另外还有从事其他工种的外派劳务人员。

（2）医护人员。中国拥有数量规模较大的医护人员资源，护理人员是外派劳务的重要类别之一。2010年末，全国卫生人员总数达820.8万人，比2009年增加41.7万人（增长5.4%）。卫生技术人员587.6万人，乡村医生和卫生员109.2万人，其他技术人员29.0万人，管理人员37.1万人，工勤技能人员57.9万人。卫生技术人员中，执业（助理）医师241.3万人，注册护士204.8万人。据商务部统计，截至2010年年末，我国外派护士共计810人，其中向亚洲国家派出的护士就有737人，占到总数的91.0%。

（3）中文导游。中国拥有丰富的中文导游人才资源。根据全国导游人员状况报告，2002年全国共有134552人拥有导游资格证，55511人拥有初级导游证，5939人拥有中级导游证，1346人拥有高级导游证，27人拥有特级导游证。由于中国的旅游考试制度还在不断健全的过程中，近几年有更多的人员通过考取导游证从事专职或兼职的导游工作。为了迎接2008年北京奥运会的召开，中国培养了一大批优秀导游，也重启了导游晋级过程，更多的中级导游员能够为服务消费者提供更优质的服务。此后，上海世博会、广州亚运会等一系列国际盛会的召开，进一步促进了导游行业的发展。尽管入境游仍是中国提供旅游服务的主要模式，但随着中国公民出境游的快速发展，对中文导游的需求也有较大增长。

（4）中餐厨师。民以食为天，餐饮厨师已经成为重要的服务行业，在新西兰等国家甚至已被列入长期技能型短缺名单，海外市场需求旺盛。经过五千年的积累和改进，中华饮食形成了八大菜系及相对专业的体系特点。中华饮食文化也成为中国文化的重要组成，因其独特的色香味意形养等特点赢得了广大消费者的喜爱。加之华人已经遍布全球，世界各地的中餐消费需求增长较快。经过专业的培训和长期的实践，我国已经拥有相关规模且技术水平较高的中餐厨师队伍，提供服务的能力提高，也成为传递文化和传播友谊的重要使者。

（5）中医。中医拥有数千年的历史，是中国传统文化的重要组成部分。近些年来，中医已经以其独特的理论和特殊疗效引起了更为广泛的关注，海外中医服务需求不断增长，缺少中医医师和中药供应不足严重影响和制约了国外消费者享受中医服务的需求。经过数千年的发展，中医学为中国的健康事业的发展做出了重要的贡献。但由于管理不够规范、无序竞争，中国的中医药专业人员的数量在2001年以前呈逐渐减少的趋势。从1999年开始，开始实施《医师执业注册暂行办法》，对医师资格进行规范，中药人员的数量有所上升。据中医药管理局统计，2009年全国共有中医机构3.49万个，职工人数65.0万人。其中，中医执业医师有23.6万人，中医执业助理医师3.6万人，中药师（士）

9.3 万人，见习中医师 1.2 万人。

（6）中文教育。随着中国经济的发展和实力的不断加强，加之汉语的独特魅力，许多国家已经掀起了学习汉语、学习中国文化的浪潮。越来越多的各国各界人士，希望通过学习汉语了解中国、理解中国，分享中国发展带来的机会。仅以美国为例，2005 年，美国只有 200 所学校教授汉语，而 2010 年已有 2000 所，增长了 10 倍。据统计，截至 2010 年 7 月，全球已有 94 个国家和地区建立了 316 所孔子学院和 337 个孔子课堂。改革开放，特别是 21 世纪以来，中国经历了越来越热的学英语潮流，英语水平的提升使得更多中国人能够流畅地对外交流，进而为进行境外中文教育提供了更多的教师资源。

（7）一般中低技能劳动力。中国是农业大国，广大农村劳动者吃苦耐劳，且拥有较多的种植和养殖经验，能够胜任季节性采摘、剪羊毛等工作，对于农业资源丰富但劳动人口不足的发达国家尤为重要。同时，经过快速工业化，中国也已形成了一大批工业劳动力队伍，能够满足纺织服装、电子信息以及机械加工等技能水平不高但劳动力密集的产业的用工需求，具备相当强的国际竞争力。而中国劳动者对条件要求并不苛刻，能够较好适应各种艰苦的环境，相对而言生活习惯普遍较好，且易于相处，也大大降低了用工单位的管理成本。

（四）中国对外劳务合作发展的主要制约因素

中国对外劳务合作业务仍然面临不少制约因素，直接影响了业务的健康、平稳发展。法律保障不足、对外谈判难度大和市场引导不足需要政府相关部门持续推进；而劳务市场的企业过度竞争、劳务人员素质偏低和境外吸引力减弱也在不同程度上不利于业务的可持续发展。

1. 法律体系仍不健全

中国对外劳务合作的法律体系仍不健全。缺少有较高层级的法律或条例的管理，相关各方的责权利的分配因此缺少依据，进而形成对业务发展的掣肘。由于当前的《对外劳务合作管理暂行办法》由原外经贸部颁布，其作用范围受到部门限制，且自发布至今已有 18 年，受限于历史环境，并不能完全适应环境发展带来的新要求。按照现有管理体系，相关人员的专业资质的认证和管理由各专业部委负责，国内劳动者的素质和规模是劳务输出的基础，而劳务合作所涉及的行业数量众多且新的劳务合作行业种类层出不穷，仅凭多部委的联合发文难以解决长期发展的问题，一旦出现新的行业部门就面临需要重新修订和征求各部门意见的问题，周期长且不确定性较大。松散的部际协调机制也只能对重要劳务事件进行处理，难以为对外劳务合作业务创造稳定的发展环境。

2. 对外谈判困难重重

对外劳务合作涉及人员的出入境和就业市场两个环节。其中，政府出入境管理机构通过签证方式管理入境人员；而如果涉及就业则需获得工作许可。根据 IATA〔国际航空运输协会（International Air Transport Association）〕的相关资料，截至 2011 年 3 月，中国公民持因私护照可以享受免签证或落地签证的国家和地区只有 38 个，而且除了附带酒店证明、往返机票或其他特殊条件的，国家数量更会大幅减少，国别和地区主要集中在东南亚、东非和中东。对于境外人员入境就业，大多发达国家要求进行劳动力市场需求测试，雇主必须证明在国内无法找到能够提供相同服务的人员之后方可申请雇佣外来劳务。在我国政府对外谈判中，许多国家往往以本国法律规定为由，拒绝就降低人员要求进行妥协，谈判进度难以推进。

3. 市场方向引导不足

受法律法规不健全和外部环境变化频繁影响，我国对外劳务合作的发展多依靠外派劳务企业或就业中介自身的市场开拓能力。政府主管部门劳务派出地区的引导、行业类别的引导较少，目前的多数工作集中于问题发生后的处理与应急，往往扮演"救火队员"的角色。引导的不足直接导致境外劳务用工市场需求与境内劳动力供给的不匹配，使得优势资源无法发挥最大效果，进而降低了外派劳务活动的效率，制约了对外劳务合作业务的长期可持续发展。由于对外劳务合作需要培训、派出、工作，具有一定的周期性，市场引导非常重要。缺乏对未来一段时间市场需求的准确把握，外派劳务企业的培训方向就可能走偏，劳务人员的预期回报就可能难以实现。

4. 企业存在过度竞争

受管理体制转变影响，我国对外劳务合作经历了劳动部的境外就业向商务部的对外劳务合作整合的过程。原有的对外劳务合作企业已经形成了一定规模和集中度。据统计，2010 年全国总计有 1018 家对外劳务合作企业；在当年全国外派的 41.1 万人中，前 20 名的企业合计派出了 6.2 万人，占总数的 15.1%；全国年末在外人数 84.7 万人，前 20 名的企业在外人数合计为 8.1 万人，也占到了总数的 9.6%。但是，也必须注意，原境外就业的市场门槛较低，企业规模不大，多以降低价格赢得市场，形成了低价低质的不良竞争局面。经过管理体制的改革，企业规模过小的状况有所改善，但还未形成规模化、有秩序的竞争市场格局。

5. 劳务人员素质偏低

尽管我国拥有庞大的人口基数和较高的劳动力比例，公民受教育程度也显著提升，但根据当前的对外劳务合作业务发展，我国的外派劳务主要集中于建筑业、制造业和农林牧渔业三大行业领域，再次派出的比例并不高，经验积累不足。一些国家对临时入境的外籍劳务设定了英语水平、技能水平等硬性条件要求，不满足这些条件就无法进入该国的劳动市场。另外，随着现代产业分工的不断细化，国外劳务需求单位对具备特殊技能、能够熟练完成特定业务流程的劳务人员的需求上升，定制化培训越来越普及。派出前培训时间很短，受培训人员既要掌握相关技能，又要过语言关，对于大部分劳务人员并非易事。缺人，特别是缺合适的人，成为制约我国对外劳务合作业务发展的重要因素。

6. 境外就业优势减弱

境外就业吸引力降低在很大程度上分流了外派劳务的供给。2005 年人民币汇率形成机制改革时，1 美元兑换 8.25 元人民币，而到 2011 年 7 月 22 日，基准汇率已经突破 1 美元兑换 6.45 元人民币关口，升值幅度达到 21.8%。而且按照当前趋势，未来一段时间人民币仍将继续保持升值。对外劳务合作的工资由雇主发放，一般为美元计价，在人民币升值的大背景下，外派劳务人员获得收入折算为人民币不断缩水。此外，中国经济经过快速工业化，人民收入显著提升，劳动者在国内从事类似工作所能获得的劳动力报酬上涨。一降一升，境外就业的收入优势呈现减弱态势。与此同时，劳动人口中独生子女比例上升，成长条件往往较好，赴境外就业，劳务人员还需面临语言文化沟通、气候环境适应，以及远离亲人等问题，加之今年以来集中爆发的各类风险等诸多因素都影响了劳务人员的境外就业意愿。

（五）中国劳务输出的外部挑战与机遇

经济危机爆发以来，中国对外劳务合作面临更为复杂的外部环境，用工政策收紧，市场竞争激烈，需要各方做好应对和调整。同时，也必须看到，境外劳务需求，特别是某些领域或行业的需求仍未发生根本性变化，随着中国企业"走出去"步伐加快，对外劳务合作的发展空间仍然不小。

1. 外部挑战

尽管全球经济从危机中快速反弹，但发展势头不稳，出现反复的可能性仍很大。各国收紧外籍劳务政策，增加了市场竞争的激烈程度。来自其他发展中大国的劳务人员以其成本优势逐渐扩大市场份额，形成对我国对外劳务合作的直接竞争。

（1）全球经济危机影响仍在持续。2008年爆发的经济危机蔓延全球，对全球劳务合作市场影响巨大。对于发达国家而言，经济危机不仅使其虚拟经济泡沫破灭，更直接影响其实体经济的产业发展，劳动力就业市场萎缩，劳务需求减弱，失业率上升，原有的高端劳务可能也会因生活所迫转向低端劳务岗位，影响劳务进口量，单纯救助性的财政刺激计划或政府临时提高债务上限的做法并不能从根本上解决市场流动性紧张的困境，反而可能因此埋下对内通货膨胀、对外本币贬值的祸根；发展中国家出口受发达经济体消费能力降低的影响，经济发展动力减弱，也会减少对外籍劳务的需求。此外，一些欧洲国家正处于严重的债务危机之中，民众的抗议浪潮不断，也增加了劳务市场的不稳定性，对外籍劳务的入境形成阻力。

（2）各国外籍劳务政策趋于收紧。危机爆发后，为解决本国就业问题，相当数量的国家收紧了外籍劳务政策。美国、西欧等在临时入境和工作许可的颁发上严格把关，增加了我国向这些国家派出劳务的难度。印度、巴西等发展中大国也收紧了外来人员入境政策，印度更要求已进入本国的外籍劳务人员限期离境，一时间壁垒森严，入境就业艰难。约旦、毛里求斯等传统外籍劳务的重要市场出现萎缩，塞班岛等地的最低工资标准与美国大陆标准的统一也使得加工企业利润大幅降低，进而出现大批破产，劳务需求大幅减少。

（3）他国专业劳务人员竞争激烈。在市场萎缩的同时，来自其他国家专业劳务人员的竞争日趋激烈。除了传统的建筑业等中低技能劳务市场外，印度以其英语和信息技术优势占领了具有更高技术含量和更高利润率的产业。作为英语非母语国家，中国劳动者在以自然人移动方式为美欧消费者提供服务中存在劣势。而且，随着发展中国家国际化程度的提升，越来越多的劳动者走出国门。与其国内相比，外出务工可以获得更高的收入，显著提高其生活水平，动力很强，在中低端劳务市场形成了对我国外派劳务的直接竞争。

2. 外部机遇

国外劳务市场，特别是发达经济体市场劳务供给的总量不足和结构不平衡仍将存在较长时间，随着中国企业开展对外经济合作活动的日益发展，部分国家实施再工业化战略，中国开展对外劳务合作也面临不少机遇。

（1）发达国家劳动人口总量减少。受理念和社会发展趋势影响，发达经济体出现出生率降低的现象，在西欧和北欧国家表现尤为突出。出生率的降低和现代医疗卫生水平的提高使得这些国家快速进入老龄化社会。相对其他国家，发达国家的消费水平普遍较高，劳动力的减少使得维系这一较高消费水平的成本增加，也对劳动力供给提出更高要求。此外，人口的老龄化创造了新的需求，"银发经济"需要更多的老年人护理人员。劳动人口的供给不足使得愿意从事传统的"3D"工作的劳动者进一步减少，但缺少这些环节，社会秩序和环境都会受到严重影响，外来劳务则恰恰可以填补空缺，维系其高质量的生活水平。金融危机造成社会压力增加，原来的中产阶级受较大影响，生育率可能进一步降低，将为我国劳务输出创造机遇。

（2）中国企业"走出去"步伐加快。中国企业"走出去"的规模日益扩大，地域分布更加广泛，多种"走出去"的形式往往相互影响、相互促进。企业对外直接投资，会增加公司内部人员流动的需求，也可能通过扩大的本地服务能力增加对各类服务提供者派出的需求。为了促进本地经济尽快复苏、吸引外资，一些西方国家也采取一定的让步方案，对于一些投资规模较大且能够解决当地就业的项目，对外派劳务的要求可以有所降低。开展对外工程承包的企业对建筑相关的劳务外派需求较强，尽管多数国家对建筑工程使用本地劳务的比例有最低要求，但中国对外工程承包业务总体规模的持续快速增长势必带出更多劳务。

（3）部分国家实施再工业化战略。美国、欧洲等国提出"再工业化"的发展战略，以促进向实体经济回归，实现经济的可持续发展。作为全球制造业大国，中国拥有大量具有较强技能和丰富经验的产业工人和技师，与美欧制造业发展所需劳动力存在结构上的互补关系。同时，由于美欧的再工业化并不等同于经济发展方向的反复和回转，发展重点并非集中在传统制造业，而是侧重于发展拥有较强技术实力、较高技术含量的高科技制造业，以及新能源和新材料产业。中国输出劳务如果能够参与相关工作，可以学到更多的技能，有利于我国制造业整体技能水平的提升，有利于我国在这一轮技术革命中争取较前的位置。

（六）中国劳务输出的策略及应对措施

为加强中国劳务输出的竞争力，促进对外劳务合作业务的健康发展，政府主管部门、行业组织、对外劳务合作企业以及派出劳务自身都应积极应对，以完善市场秩序、促进市场规范竞争、提升全球竞争力、降低风险，并充分发挥对外劳务合作业务对中国经济的支持作用。

1. 建立健全外派劳务管理制度体系

解决我国当前的管理法律法规不完善问题是保持对外劳务合作业务可持续发展的重要前提。《对外劳务合作管理条例》已经经过几十次的修订和多年的完善，内容已经较为完整。尽管对外劳务合作业务还在不断发展，也还面临着不断变化的外部环境，但只有明确相关各方的权责利，完善劳务合作的市场机制，建立健全各种监管手段，对监测系统发现的问题能够有效传导、及时处理，才能始终保持业务的稳定发展。需要注意的是，法律法规的制定既要注重与现有的管理制度的协调，又要能够适应外部因素的变化，为后期的不断完善提供可行路径，还必须符合国际惯例，避免引起不必要的贸易争端和摩擦。

2. 以政府间协议大力拓展外部市场

应进一步加大对外劳务合作的政府间沟通。通过在世界贸易组织或 FTA 框架下积极磋商，促进其他成员国降低自然人移动模式的市场准入门槛，力争获得国民待遇。中国—新西兰自贸区协定为我国对外开展劳务合作领域的政府间协商提供了很好的范例，也对解决我方关切的中低技能型劳务输出提供了更好的平台。为持续开拓境外劳务市场，政府主管部门应加大谈判力度，同时积极探索包括"假期工作计划"在内的临时劳务入境合作。除了要扩大海外市场，政府主管部门应加强与东道国在劳务工作安全和权益保障方面的合作与沟通，以最大程度维护我国输出劳务人员的生命和健康安全。主管部门还应与东道国政府就相关人员资质标准等方面进行磋商，以实现资质的互认，为我国相关专业劳务人员派出打通绿色通道。

3. 加强对外劳务合作企业规范管理

作为微观管理的主体，对外劳务合作企业在业务发展方面的作用不可忽视。因此，要保障业务的持续发展，必须加强对企业的管理。应继续完善对外劳务合作企业的资质管理，对不符合条件的企业进行重点审核，尤其要重点审核我国对外劳务合作管理机制调整后从劳动部划转的境外就业中介服务机构的资质情况。除了商务部对业务进行管理外，交通运输部对海员的管理，以及其他部委对相关专业人员国内从业资质的管理也应该加强信息互通，以实现管理效率的提升。

4. 培训提升外派劳务人员基础素质

作为外派劳务的基础，人员素质决定了提供服务的能力。应加强培训力度，除了打下扎实的基础外，还要着力加强培训的针对性、实用性和有效性。培训要有针对性，能够根据境外用工单位的实际需要培养专门人才，能够运用专门的技术完成特定的产业流程，或者使用专门的软件开发工具完成任务；培训要有实用性，不仅限于基本的原理或理论的教授，还要加强动手能力的培养，通过培训要能够操作特定的机器设备以完成加工目标；培训要有效，能够通过培训增强劳务人员的学习能力，使其不限于被教授的内容，能够举一反三，处理可能遇到的新问题。

5. 健全风险防范预警处置全套机制

对外劳务合作业务分布广，一旦发生问题影响较大，对风险进行识别、加强信息传导的有效性事关重大。应积极筹备成立中国对外劳务合作商会等行业组织，加强对企业的组织、协调与培训。对于一些劳务合作较为集中的国家或地区，派驻专人进行监管和服务。一方面，应加强与东道国政府、用工单位的沟通，最大限度降低外派人员与当地社会沟通不畅、不熟悉相关法律法规要求而造成的风险聚集。另一方面，要加强对派出人员的培训、管理和心理辅导，完善派出前的信息披露制度，保证派出人员对有关其自身利益问题的知情权，避免派出企业和用工企业违反中国或东道国的劳动法有关规定，不能拖欠外派人员工资，尽量提供人性化关怀，减少或消除心理问题。派出企业要做好风险应对方案，在出现劳务纠纷时应最大程度避免出现群体性事件，要处理好派出人员与东道国当地劳动者的关系，实现和谐相处。

6. 积极促进归国外派劳务发挥作用

"走出去"要与引进来相结合，对外劳务合作业务亦应如此，应加强劳务派出的全流程管理，尤其重视外派劳务归国后作用的发挥。除了在国外工作期间汇回的劳务收入可以服务中国经济发展外，劳务归国后的作用也不可忽视。派出的劳务人员在回国后要充分发挥其知识、技能和经验，及时总结相关经验教训，对不适合派出的目的地和产业进行梳理，通过权威渠道发布相关信息，提高后续劳务派出的针对性和有效性。为减轻部分归国劳务人员产生的不适应问题，应加强发挥其作用的公共服务平台的建设。鼓励归国人员自主创业，确属高新技术型的项目通过孵化器进行培育；鼓励外派劳务用工企业的国内相关产业企业进行优先招聘，通过传帮带实现知识的传递和技术的溢出。对于能够"二次派出"且从事同领域更高技术层级工作的劳务人员，可有针对性地提供支持，以鼓励技术进步，实现劳务人员技能的不断提升。

参考文献：

[1] 胡昭玲、曾敏：《中国劳务输出对进出口贸易影响的实证分析》，《数量经济技术经济研究》，2008年第3期。

[2] 刘新静：《我国对外劳务输出问题研究》，《中国集体经济》，2010年第4期。

[3] 世界贸易组织：《服务贸易总协定》。

[4] 王春燕：《我国对外劳务输出面临的瓶颈问题分析》，《中国经贸导刊》，2010年第17期。

［5］幸旎：《中国劳务输出的问题与对策研究》，《科技信息》，2011 年第 3 期。

［6］徐全红：《中国劳务输出发展研究》，《经济论坛》，2007 年第 3 期。

［7］尹豪：《改革开放以来我国对外劳务输出发展研究》，《人口学刊》，2009 年第 1 期。

［8］钟珊：《江苏省对外劳务输出的现状及对策》，《黑龙江对外经贸》，2011 第 2 期。

［9］周密：《中国对外经济合作三十年》，中国商务出版社，2009 年。

第三部分

专题研究

十、中国现阶段服务贸易与货物贸易的相互促进发展研究

于立新　周　伶[①]

摘　要: 近三十年来,国际服务贸易发展迅速,对于不同国家经济而言,由于发展水平与所处经济发展阶段各异,服务贸易与货物贸易的关系可能有细微差别,但从总体上看,二者之间存在相互促进、相互依存的关系。我国的服务贸易发展落后于货物贸易,要充分发挥货物贸易的优势,借助新一轮全球服务产业转移浪潮,实现国内外两个市场共同发展,把握国际服务外包加快发展的机遇,夯实服务产业基础,扩大服务业对外开放力度,以生产性服务业、服务外包和文化创意产业服务贸易为突破口,坚持政府主导、统筹发展、循序渐进、点面结合的原则,促进服务业及服务贸易快速发展。

关键词: 服务贸易　货物贸易　生产性服务业　突破口

(一) 导论

1. 服务贸易与货物贸易的概念

国际货物贸易的发展主要是在资本主义生产方式产生以后,19 世纪末形成巨大的世界货物市场。货物贸易主要指有形贸易,指各种实物性的商品以实物形态呈现并用于交换而获取利益。20 世纪 70 年代,霍尔 (T.P.Hill) 首次提出公认的"服务"概念,近年学者研究的"服务"主要是在霍尔概念基础之上不断地完善。通俗地讲,国际服务贸易就是指服务的国际交换。根据乌拉圭回

---

① 于立新,中国社会科学院财政与贸易研究所服务贸易与 WTO 研究室主任、研究员,研究专长为国际贸易、国际金融与投资;周伶,中国社会科学院研究生院硕士,国际金融与投资。

合达成的《服务贸易总协定》，服务贸易包括 4 个方面内容：跨境提供、境外消费、商业存在、自然人流动。

服务贸易与货物贸易相互促进发展，是指在贸易规模、贸易结构、贸易比重等方面二者相互促进，相互配合，充分发挥二者区域比较优势、产业结构优势，实现贸易结构和产业结构的合理化，提高贸易产品的附加值、技术含量、国际竞争力和国际影响力，使服务贸易与货物贸易充分发挥相互促进发展作用，平衡国际收支，促进国民经济和谐发展。

2. 关于服务贸易与货物贸易相互促进发展的文献综述

服务贸易在近 30 年才引起经济学家们的重视，地位也得到迅速提升。当前，世界经济正在从制造型经济向服务型经济转型，服务贸易是世界经济发展的制高点，也是新形势下各国经济竞争的焦点，并推动学术界对这个新领域进行激烈的探讨。

一些学者认为服务贸易与货物贸易之间可能出现发展不均衡的局面，这会影响一国经济发展，要通过调整使二者达到均衡发展。我国经济学者谢康与李赞（2000）通过分析指出，货物贸易的不平衡与服务贸易的不平衡均不利于国家经济的健康稳定发展，政府调节不可能从根本上改变这个不平衡的局面。中国政府开放本国的服务市场时应充分考虑服务贸易与货物贸易这个互补性的特征，开放服务市场的力度应当与货物贸易的开放力度相协调。朱莉莉（2009）分析了中国目前服务贸易与货物贸易的现状，指出其不平衡发展对国家经济发展带来的不利影响，同时提出一国服务贸易与货物贸易应均衡发展并提出了解决的思路及建议。

经济理论在争论中不断完善和发展，随着服务贸易参数被引入到货物贸易理论模型中，服务贸易与货物贸易的关系也有了改善。Tucker & Sundberg（1988）通过分析 1975 年澳大利亚与泰国两国贸易数据得出澳大利亚至少 50%的服务贸易间接包含在货物贸易中。钟晓君（2009）运用时间序列分析和相关性分析，对我国货物贸易和服务贸易之间存在的"总量互补、差额替代"关系进行实证研究，得出结果表明我国服务贸易出口和进口与货物贸易规模存在长期均衡关系，货物贸易规模的扩大对服务贸易进出口存在促进作用。

一些专家通过建立模型对国际服务贸易与货物贸易的关系进行探讨，得出服务贸易与货物贸易的关系在一定的情况下，二者基本呈现正相关关系。胡景岩（2008）通过对货物贸易与服务贸易的相关性曲线分析，得出结论：货物贸易增长速度与服务贸易增长速度呈正相关，货物贸易与服务贸易的相关度不断加大，货物贸易的附加值越高，含附加值的服务贸易就越多。王英（2010）以服务贸易和货物贸易的面板数据，构建服务贸易引力模型。研究结果显示，中国的货物贸易对于服务贸易起到了一定程度的促进作用，且这一作用主要表现为货物贸易对于服务进口的促进，货物贸易对服务出口的作用则不显著；同时，货物贸易对于服务贸易的促进作用尚未得到充分有效的发挥。

经济学家们通过把修正之后的国际贸易理论引入对服务贸易的研究中，二者关系有了更进一步、更精确的结论，并针对我国实际情况提出解决的措施。周燕等（2007）通过对世界一些主要国家的贸易数据进行分析指出，服务贸易和货物贸易总量互补但各自差额呈现替代性，服务贸易和货物贸易差额替代性体现了不同国家的比较优势，即说明仅拥有劳动密集型制造业优势的发展中国家可能会长时间存在服务贸易逆差。华广敏（2011）在回顾贸易保护主义理论的基础之上，介绍后金融危机时代贸易保护主义的现状和新延伸的特点，深刻剖析出贸易保护主义的实质和不良的影响，并借此提出中国应对新贸易保护主义的建议和策略。孙立行（2010）以上海为例，针对制约我国服务业发展的不利因素提出尽快建立促进服务业健康持续发展的激励机制。

3. 国际服务贸易与货物贸易相互促进的发展趋势

近年来，国际服务贸易与货物贸易的发展十分迅猛。1970 年，国际服务贸易总额为 710 亿美元，然而 10 年之后的 1980 年则猛增至 3830 亿美元，增长了 5 倍多。1980 年以后，国际服务贸易的发展趋势依然强劲，年均增长率一直高于同期国际货物贸易增长率。2010 年国际货物贸易出口增长 22%，在货物贸易的带动下，服务贸易继续保持高速增长，增幅达 8%，服务贸易总额达 36638 亿美元，比 1980 年增长了近 10 倍。一国经济发展的一定时期内，货物贸易的发展必然带动与之相关的服务贸易的发生；而服务业快速发展必然带来的结果就是服务贸易的不断增长，服务贸易的快速发展也带动了相关货物贸易的发展。

表 10-1   2008~2010 年世界贸易增长情况

	贸易额（10 亿美元）	年增长率（%）			
	2010 年	2008 年	2009 年	2010 年	2005~2010 年平均
货物贸易	15237.6	15	−22	22	8
服务贸易	3663.8	13	−12	8	8

资料来源：中华人民共和国商务部：《中国对外贸易形势报告（2011 年春季）》，附件一：世界经济贸易形势。

由于受国际经济危机的影响，全球经济处于从制造型经济向服务型经济转型的时期，服务贸易是促进各国经济发展的新的制高点，更是新形势下各国贸易竞争的焦点。世界货物贸易需要进行深层次调整，而服务贸易则是现阶段发展开放型经济的新的突破口。总体看来，现阶段国际货物贸易和服务贸易的发展趋势有以下几点：

（1）生产性服务业成为服务贸易与货物贸易相互促进发展的主要环节。生产性服务业是与制造业直接相连的配套服务业，是从制造业内部生产服务部门独立发展起来的新兴产业。通过专业化的国际分工，加大生产性服务业的投入，利用经济规模促进服务业与制造业分离，从而实现企业功能升级，通过相关产业聚集形成配套互动，实现整体产业链的升级。20 世纪 50 年代以后，随着新科技革命迅速发展，运输、旅游、建筑等传统服务贸易行业迅速发展。进入 21 世纪，世界各国都在寻求贸易发展的突破口，世界贸易结构发生了很大的变化，生产性服务行业如金融、公共服务、专利权使用等在政府政策的支持下获得了更加迅速的发展，所占贸易额的比重也呈上升趋势。

2001 年中国计算机和信息服务出口额为 4.61 亿美元，2010 年增长到 92.6 亿美元；咨询服务出口从 8.89 亿美元增长到 227.7 亿美元。高科技在逐步转化为生产力的过程中也逐步改造着劳动工具、劳动对象等，极大地促进生产力的提高，改善了部分货物贸易的格局，更能够达到企业或者国家在交易中获得高额利益的目的。换而言之，占领了生产性服务业高地的国家在国际贸易中就占有了极大的优势，在有关本国经济发展的国际谈判桌上有了分量更重的筹码。在激烈的国际竞争中，生产性服务业成为各国发展的主要方向和趋势。

（2）服务贸易与货物贸易壁垒更加隐蔽，阻碍了二者相互促进发展。各国的经济发展水平存在差异，为了使本国在国际贸易中获得更大的利润，一些国家制定了带有贸易保护的政策。随着国家间合作的逐步深入，贸易壁垒逐渐削弱，但是受本轮席卷全球的经济危机的影响，贸易保护主义又有所抬头。一些发达国家因其本身具有其他国家不具备的服务贸易及货物贸易技术优势，便利用这个优势对其他国家的产品进行认证要求，严重阻碍了发展中国家及不发达国家产品的出口。服务贸易还通过非关税壁垒对国外的服务提供者设置障碍。发展中国家为了保护本国的利益、市场和较弱小的民族企业，抵御发达国家市场的扩张，不得不制定相应的贸易保护政策。如政府采购优先考虑本国的企业和服务提供者；对本国服务的出口实行隐性补贴、减免税收等，保护本国的利益，进而提升本国企业和服务提供者在国际贸易中的地位。贸易保护措施不利于开展国际合作、引进先进的管理及生产设备等，更加不利于服务贸易与货物贸易相互促进发展。

（3）服务贸易与货物贸易更加融合。在国际竞争中想赢得一席之地，必须要不断提高服务业的生产率和竞争力。随着经济全球化的推进和高科技的迅速发展，依靠高科技改造传统产业，依靠高素质人才提升传统产业，促进传统产业的创新，优化产业结构。在传统产业提升与创新的过程中，产生的新服务、新产品也促进了消费者需求层次客观上的提高，消费市场的变革会导致整个产业结构的变革。大量的新生高科技用于提升传统的贸易产业，技术的融合导致产业的重叠，使得服务贸易与货物贸易的界限越来越难以清楚地界定。服务贸易与货物贸易之间的相互融合已成为当今世界产业高技术化、人才高素质化必然的不可逆转的潮流与趋势。以金融服务为代表的新兴服务业在国民经济中所占比重逐步增加，更为突出的表现是知识密集型服务行业发展最为迅速。传统的自然资源与劳动密集型服务贸易也在向具有高科技含量、资本密集型的新兴服务贸易转变。这些新兴的服务贸易已经渗透到传统货物贸易的各个方面，二者相互交织，难以区分界定。

（二）中国服务贸易与货物贸易相互促进发展的现状

1. 服务贸易与货物贸易发展高度相关，二者呈现相互促进发展的趋势

2010 年，中国服务贸易占全球服务贸易总额的 9.9%，货物贸易占全球货物贸易总额的 19.5%。中国服务贸易出口居世界第四位，进口居世界第三位。从服务贸易与货物贸易的绝对数额看来，现阶段相对于货物贸易的发展，服务贸易稍显滞后（见图 10-1）。但格兰杰因果检验得出，我国的服务贸易与货物贸易存在双向因果性，即服务贸易的发展会带动货物贸易的增长，而货物贸易也会促进服务贸易的发展。[①] 短期内，货物贸易对服务贸易的促进作用不显著，但长期看来，货物贸易对服务贸易的影响会逐渐加深；相对而言，现阶段服务贸易对货物贸易的发展也存在着滞后效应，但长期看来，服务贸易对货物贸易的促进作用将日益明显。

2001 年以后，遵照加入世界贸易组织时的承诺，中国逐步开放包括银行、保险、证券、电信服务、分销等在内的 100 多个服务贸易部门，占服务贸易部门总数的 62.5%。到 2010 年中国服务贸易进出口总额达 3624 亿美元。但与中国货物贸易连年保持顺差相比，服务贸易账户连续多年出现逆差，2010 年服务贸易逆差 219.3 亿美元，比 2009 年下降 25.7%。服务贸易整体仍处于逆差状态，与其他国家相比没有能够成为带动国民经济发展的新引擎。综观 2001~2010 年 10 年中国服务贸易与货物贸易的增长率（见表 10-2），服务贸易增速略快于货物贸易，呈现相互促进发展趋势。

---

① 胡景岩等:《服务贸易与货物贸易协调发展研究》，见:《中国外贸发展战略研究》，中国商务出版社，2010 年。

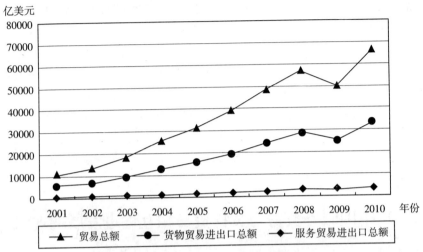

图 10-1　2001~2010 年中国服务贸易进出口额

资料来源：中华人民共和国商务部：《中国服务贸易统计 2010》，表 1：中国历年服务进出口情况。

表 10-2　2001~2010 年中国服务贸易与货物贸易增长率

单位：亿美元

年份	服务贸易进出口总额	货物贸易进出口总额	服务贸易增长额	服务贸易增长率	货物贸易增长额	货物贸易增长率
2001	719	5098				
2002	855	6208	136	19%	1110	22%
2003	1013	8512	158	18%	2304	37%
2004	1337	11548	324	32%	3036	36%
2005	1571	14221	234	18%	2673	23%
2006	1917	17607	346	22%	3386	24%
2007	2509	21738	592	31%	4131	23%
2008	3045	25616	536	21%	3878	18%
2009	2867	22072	-178	-6%	-3544	-14%
2010	3624	29728	757	26%	7656	35%

资料来源：中华人民共和国统计局：《2001~2010 年年度统计公报》。

　　由于新的科技革命推动了生产力的迅速发展，促进社会分工的进一步细化；资本国际化，以寻求最低的成本以获取最大的利益的目的，加深了各国之间的贸易联系。借助金融危机国际资本重新洗牌，资本向发展中国家逐渐转移，以降低成本提高利润的机会，我国在国际贸易中所占比例得以不断上升。同时，由于我国在经济危机中受到的冲击相对发达国家而言较小，一些科技实力、经济实力都较强的民族企业也着手开始发展科技含量更高的服务贸易。不仅我国，越来越多的发展中国家也瞄准这新一轮国际产业转移的发展机遇，对本国的贸易制定更加周详更加有扶持力度的贸易政策，加快促进本国服务贸易和货物贸易互动发展。

2. 服务贸易与货物贸易增长趋势一致，服务贸易增长速度仍需提高

2001 年，中国加入世界贸易组织，近 10 年间，不断开放我国服务贸易领域，极大地促进我国服务贸易的发展，占世界服务贸易总量的比重不断上升。2001~2007 年，中国服务贸易增长速度远远高于同期世界服务贸易增速，2008 年受全球金融危机影响，我国服务贸易额大幅下跌，下降幅度也大于世界服务贸易跌幅。2009 年，全球经济复苏，我国服务贸易增长速度基本恢复到危机前的水平，同比 2008 年增长 26%（见图 10-2）。

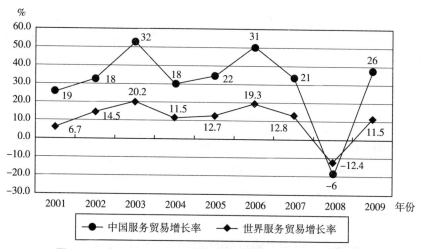

图 10-2　中国与世界服务贸易增长速度对比（2001~2009 年）

资料来源：中华人民共和国商务部：《中国服务贸易统计 2010》，表 1：中国历年服务进出口情况与表 6：世界服务进出口额。

2010 年，中国服务进出口总额达 3624.2 亿美元，比 2009 年增长 26.4%，超过世界服务进出口平均增幅 18 个百分点。总体看来，随着改革开放的进一步深化，中国的服务贸易发展速度也在加快，服务贸易占贸易总额的比重不断上升，与货物贸易增长速度逐步缩小，并基本上保持着较为一致的增长趋势。但整体看来，服务贸易仍与货物贸易存在差距，服务贸易增长速度有待进一步提高。

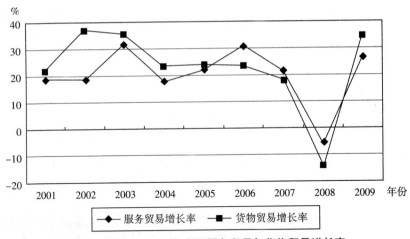

图 10-3　2001~2009 年中国服务贸易与货物贸易增长率

资料来源：中华人民共和国统计局：《2001~2010 年年度统计公报》。

3. 服务贸易整体竞争力不高，难以有效支撑货物贸易的深层次发展

我国服务贸易发展迅速，但与世界发达国家和服务贸易强国相比，仍有很大差距，国际竞争力仍需提高。2010 年，我国进出口贸易总额为 29727.6 亿美元，服务贸易进出口总额为 3624.2 亿美元，比 2009 年增长 26.4%，服务贸易占贸易总额的 12.2%。2009 年，美国的服务贸易占贸易总额的 23.1%，英国服务贸易占贸易总额的比例高达 32.5%，邻国印度的服务贸易占贸易总额的比例也在 28.7%（见表 10-3）。全球服务贸易 2010 年出口排名前 10 位的国家除中国以外均为发达国家。

表 10-3　世界主要国家服务贸易与货物贸易情况（2009 年）

国家/地区	贸易总额 （10 亿美元）	服务贸易		货物贸易	
		金　额 （10 亿美元）	所占比例（%）	金　额 （10 亿美元）	所占比例（%）
英　国	1230	400	32.5	831	67.5
印　度	560	161	28.7	399	71.3
欧　盟	12123	2842	23.4	9281	76.6
美　国	3462	801	23.1	2661	76.9
日　本	1401	270	19.3	1132	80.7
德　国	2523	470	18.6	2052	81.4
中　国	2493	286	11.5	2207	88.5
世　界	31534	6426	20.4	25108	79.6

资料来源：中华人民共和国商务部：《中国服务贸易统计 2010》，表 9：2009 年世界主要国家（地区）服务贸易与货物贸易占比情况。

我国服务贸易自 1992 年起首次出现逆差，差额仅为 1 亿美元，到 2008 年服务贸易逆差已经超过 115 亿美元。2010 年，服务贸易逆差更是高达 219.3 亿美元，但与 2009 年的 295.1 亿美元相比，下降了 25.7%。由于服务贸易人才匮乏、知识更新不及时带来的与国际领先水平的差距，以及科技水平含量、人员创新能力的不足，严重影响了中国服务贸易竞争力的提高。尤其在金融、咨询、计算机服务等高科技含量、高资本及高水平人才为特征的三高服务行业，此类贸易的人才缺口很大，不能为以这些为代表的服务行业的贸易发展提供足够的高质量的人力储备保障。整体上说，服务业市场化程度低，市场对资源配置发挥的作用不大。我国服务贸易自由化程度较低，市场准入限制较多，制约了服务贸易的发展。另外，我国是制造业大国，出口的货物主要处于"微笑曲线"最底端，产品附加值很低。服务业的发展，尤其是生产性服务业的发展，对生产性服务贸易具有促进作用，并能够对促进服务贸易与货物贸易二者相互协调发展产生良性推动。由于对服务业的投入较少，生产性服务业发展滞后，不能有效支撑制造业的优化升级，致使制造业附加值难以提高，无法通过产业聚集形成配套的互动关系，实现产业链的进一步延伸。

服务贸易缺乏国际竞争力，提供的高附加值的服务项目和服务贸易机会很少，阻碍了货物贸易质量的提高。由于服务贸易发展不足，在一定程度上给商品生产和商品的流通速度带来负面的影响。服务贸易相对于货物贸易的发展滞后，成为中国经济发展中影响全局的"短板"。

4. 金融危机使我国服务贸易与货物贸易发展模式弊端凸显

全球金融危机以来，我国的服务贸易与货物贸易的出口比危机发生前大规模下滑。2010 年，我国服务贸易逆差 219.3 亿美元，比 2009 年的 295.1 亿美元下降了 25 个百分点。通过分析表 10-4 可得，全球金融危机对各行业出口增长负面影响较大。近年运输业是我国服务贸易逆差的最大来源，但对比金融危机前后，运输业逆差额有所减少；保险和专有权利使用费等项目的逆差额也在逐步缩小，2005~2007 年，保险业的逆差额占据服务贸易总逆差额的比例在 71.8%~128.3% 之间徘徊，2009 年占总逆差额的 32.9%，明显呈下降趋势。顺差行业中，建筑业一直呈顺差状态，增长相对稳定；由于旅游业综合性、关联性较强，且受到金融危机影响比较明显，2008 年以前保持大规模顺差，2008 年虽然也为顺差，但因全球需求疲软，顺差额回落比较大，2009 年则转为逆差行业，逆差额占服务贸易总逆差额的 13.6%。自 2007 年，咨询服务行业从逆差行业转为顺差行业，2008 年咨询服务行业实现顺差 46 亿美元，2009 年实现顺差 52 亿美元，顺差额有不断扩大的总体趋势。计算机和信息服务业保持顺差，发展较快，为平衡我国服务贸易额发挥了巨大作用。

表 10-4　2005~2009 年中国服务贸易进出口差额分项目统计表

	2005 年		2006 年		2007 年		2008 年		2009 年	
	差额(亿美元)	占比(%)	差额(亿美元)	占比(%)	差额(亿美元)	占比(%)	差额(亿美元)	占比(%)	差额(亿美元)	占比(%)
总计	-92.6		-89.1		-76.1		-115.5		-295.1	
运输	-130.2	140.6	-133.5	149.8	-119.5	157.0	-119.1	103.1	-230	77.9
旅游	75.4	81.4	96.3	108.1	74.4	97.8	46.8	40.5	-40.2	13.6
通信	-1.1	1.2	-0.2	0.2	0.9	1.2	0.6	0.5	-0.1	0.0
建筑	9.7	10.5	7	7.9	24.7	32.5	59.7	51.7	35.9	12.2
保险	-66.5	71.8	-82.8	92.9	-97.6	128.3	-113.6	98.4	-97.1	32.9
金融	-0.1	0.1	-7.4	8.3	-3.3	4.3	-2.5	2.2	-2.9	1.0
计算机和信息服务	2.2	2.4	12.2	13.7	21.3	28.0	30.8	26.7	32.8	11.1
专利使用费特许费	-51.6	55.7	-64.2	72.1	-78.5	103.2	-97.5	84.4	-106.4	36.1
咨询	-8.6	9.3	-5.6	6.3	7.2	9.5	46	39.8	52	17.6
广告宣传	3.6	3.9	4.9	5.5	5.7	7.5	2.6	2.3	3.6	1.2
电影音像	-0.2	0.2	0.2	0.2	1.7	2.2	1.6	1.4	-1.8	0.6
其他商业服务	74.9	80.9	84.3	94.6	86.7	113.9	28.9	25.0	59.2	20.1

资料来源：中华人民共和国商务部：《中国服务贸易统计 2010》，表 2：1991~2009 中国服务贸易出口分项目表与表 3：1997~2009 年中国服务贸易进口分项目表。

　　中国货物贸易政策一直以来具有浓重的出口导向，很多情况下不计成本千方百计扩大贸易出口，特别是占对外贸易主要组成部分的货物贸易出口，由于金融危机之后，以低碳经济为代表的节能环保型产业及其贸易活动得到越来越多的关注，我国以牺牲资源、环境为代价，凭借劳动力成本优势开展竞争的粗放型经济贸易增长模式，已经不具备可持续发展的基础条件。因此，为应对后危机时代的国际形势，推动经济贸易发展方式转变势在必行。

　　综上所述，金融危机对我国的贸易出口带来较大影响。当下中国正处于货物贸易粗放型发展模式不可持续，而服务贸易又需提高整体竞争力的阶段。中国整体贸易格局需要进一步调整，以适应全球经济从制造型经济向服务型经济转型的需求。

(三) 中国服务贸易与货物贸易相互促进发展存在问题

1. 服务贸易与货物贸易相互促进作用不显著

　　近 10 年间，服务贸易的平均增长率为 20%，货物贸易为 23%。增长率相差不大，但由于货物贸易发展较早，贸易基数比较大，所以二者发展还是很不平衡，而且差距有进一步扩大的趋势。2010年，我国货物贸易与服务贸易进出口总额之比约为8.1∶1，然而同期，世界货物贸易与服务贸易的进出口总额之比约为2.2∶1。显然，在服务贸易与货物贸易的匹配程度上，中国大大低于世界平均水平。我国有世界"制造车间"之称，是加工贸易大国，但服务贸易无论在规模上还是在占比上，与货物贸易都有很大的差距。全球金融危机使得我国长期偏重货物贸易发展，偏重出口而轻视进口，更忽略国内市场经济增长模式严重受挫。它进一步迫使我国加快转变粗放型经济增长模式，改变货物贸易出口一枝独大的局面，适时调整货物贸易的结构，并提高对服务贸易发展的重视程度。

2. 货物贸易对服务贸易发展的带动作用尚未充分发挥

服务贸易与货物贸易之间的关系十分密切，运输、保险、咨询等服务贸易的发生无一不与货物贸易有着千丝万缕的联系，甚至可以说，这些行业是货物贸易的附属品，是伴随着货物贸易产生的。我国是货物贸易大国，2010年我国货物贸易额占全球货物贸易总额的19.5%，位于世界第一位，进出口也位于世界前列。如果货物贸易能够充分发挥对服务贸易的带动作用，那么，在强大的实体经济制造业带动作用下，服务贸易将得到日新月异的发展。但目前，我国货物贸易对服务贸易的促进作用主要表现在服务贸易的进口上，对出口则没有显著带动作用。因为目前中国的货物贸易仍以加工贸易为主，科技含量低，国际市场竞争力也不强，而原有的劳动力优势在近年逐渐被其他后起的发展中国家赶超，这些导致我国在国际贸易格局中处于不利地位，缺少贸易的话语权与决定权。虽然货物贸易会产生大量相对应的服务贸易的需求，但由于缺乏高端服务产品，这些服务主要由具有很强实力与竞争力的国外大型的服务提供商提供。发展货物贸易的同时蕴涵着服务贸易的巨大商机。所以要重视货物贸易发展模式的转型，优化货物贸易格局，提高货物贸易的科学技术含量、产品的附加值，并有目的地引导其与我国服务业相结合，从而充分发挥货物贸易对服务贸易的带动作用。

3. 服务贸易与货物贸易地区发展不平衡，不利于二者相互促进发展

对于国内服务贸易与货物贸易发展地区而言，目前货物与服务贸易发展比较充分的地区主要集中在经济较发达城市以及东部沿海地区，如北京、上海、浙江、江苏、广东等，在贸易发展中占据着十分重要的地位，中西部地区所占服务贸易与货物贸易市场的份额极小。东部沿海发达地区由于优越的区位条件

和较发达的现代产业基础，在制造业、运输、保险、计算机、信息服务、咨询服务和广告宣传等领域较内陆和西部地区具有明显的优势，而成为中国服务贸易的主要出口地区。我国的贸易市场发展地域性不平衡，市场多元化程度较低，一定程度上降低了我国货物与服务贸易的抗风险能力，制约了二者相互促进发展的带动作用。

此外，外贸合作伙伴的相对集中更增加了我国贸易市场的不稳定性。对于国际贸易合作伙伴来说，我国的对外贸易伙伴主要集中于发达国家和地区，美国、日本、欧盟、中国香港等地占据了我国贸易总额的大部分。2008年爆发全球金融危机，因为发达国家和地区开放程度较高，在危机中遭受的影响较为严重，因而也在很大程度上波及到我国贸易的出口，进而对我国经济增长带来不利的影响。

表 10-5 2011 年上半年中国进出口商品主要国别总值

单位：亿美元

进口原产地	进出口总额		出口额		进口额	
出口最终目的地	2011 年 6 月	2011 年 1~6 月	2011 年 6 月	2011 年 1~6 月	2011 年 6 月	2011 年 1~6 月
总　值	301.7	1703.7	162	874.3	139.7	829.4
中国香港	24.6	134.4	23.6	127.1	1.2	7.4
印　度	5.9	35.3	4.1	22.6	1.8	12.6
日　本	28.1	162.3	12.2	68.2	15.9	94.2
韩　国	20.2	118.1	6.9	41	13.3	77.1
中国台湾	13.2	79.1	3	17.5	10.2	61.6
欧　盟	47.9	265.9	30.3	164.5	17.6	101.4
美　国	36.9	206.4	28	145.5	8.9	60.9

资料来源：《中国海关统计快报》，中国海关网，www.chinacustomsstat.com。

从表 10-5 可以看出，我国进出口商品的主要国家和地区集中在欧盟、美国，还有邻近的中国香港、日本、韩国等亚洲国家，这些国家和地区的进出口贸易总额占了我国贸易总额的 58.6%。不仅货物贸易集中于这些发达国家和地区，从服务贸易来看，中国香港约占大陆地区运输业 35% 的市场份额，是第一大出口市场；其次是美国，约占 20% 左右。中国香港、中国台湾、韩国、日本等亚洲国家和地区约占中国旅游市场 60% 左右的份额，我国计算机和信息服务出口最大的市场是美国和欧盟，这两个地区约占据我国计算机和信息服务行业一半以上的份额。我国服务贸易与货物贸易进出口对象过于集中，分散程度低，很多国家或地区既是我国大型的货物贸易伙伴，也是我国服务贸易出口大国。这种情况导致我国服务贸易与货物贸易均面临较大的出口风险，一旦这些地区的经济出现问题，我国服务贸易与货物贸易就会受到牵连，国家经济也会因此受到冲击。

4. 服务贸易发展战略指导思想和政策体系缺位，政策倾斜力度不够

由于长期以来，我国一直致力于货物贸易的发展，因此，围绕货物贸易建立了相对比较完善的政策体系，有效地促进了我国货物贸易在国际市场上的竞争，取得了举世瞩目的成就。相比之下，发展服务业及服务贸易的观念意识与动力存在不足，有进一步提升的空间。目前来看，虽然我国从中央政府到地方政府已经逐渐意识到服务业与服务贸易的重要性，但是针对服务业及服务贸易发展的政策体系严重缺失，很多政策借鉴制造业和货物贸易的发展经验，并没有意识到服务业与制造业、服务贸易与货物贸易的差别，因此也就很难从制度设计层面上，有效促进服务业及服务贸易的快速健康发展。相对于制造业和货物贸易，服务业和服务贸易总体上对资产的依赖性较低，而对人力资源和知识信息有较高的要求，而制造业和货物贸易则对资产、设备及生产技术有过高要求，对资源能源的消耗也比较大。因此，应充分考虑二者之间的不同特性及发展规律，制定针对性较强的指导原则和政策措施，才能实现制造业和服务业、货物贸易和服务贸易的协调发展。

（四）中国服务贸易与货物贸易相互促进发展对策建议

1. 夯实服务产业基础，促进货物贸易与服务贸易的协调发展

大力发展服务业，进一步降低服务业市场准入门槛，实现服务业市场化进程，为服务贸易发展奠定坚实的产业基础保障。这就需要以扩大内需为基础，在改造传统服务业的同时，积极发展生产性服务业，即在满足生活性服务需求的同时，依托制造业基础，逐渐将服务环节从生产过程中剥离开来，并最终提供可以有效支撑制造业优化升级的优质服务。当然，还要扩大服务业对内对外开放，充分利用我国货物贸易在国际国内市场的优势地位，积极稳妥地扩大重点发展与货物贸易相关的服务业，带动和引导我国服务贸易发展。一方面，发展依托货物贸易而兴起的运输、金融、保险、分销服务等多项业务，为货物贸易结构升级提供优质的服务，促进货物贸易质量的提升；另一方面，以内需为发展基础，在国际市场能够站得更稳，不易受到外界经济波动的影响，有利于国民经济的稳定，同时可以弥补我国服务贸易占据全球服务贸易比重的不足。

发展服务业与服务贸易，可以通过向微笑曲线两端拓展价值链，促进新兴产业的发展，提高货物贸易产业链的主动权和产品附加值，最终实现企业功能的完善和提升。

2. 建立适合服务贸易和货物贸易协调发展的机制和政策措施

针对服务业及服务贸易发展特点，完善服务业与服务贸易管理体系，制定服务贸易和货物贸易协调发展规划，建立以货物贸易促进服务贸易的发展机制，提高服务贸易管理部门的运作效率。同时还要重视行业协会及企业之间的沟通与协调，充分发挥行业促进、对外交涉和桥梁纽带的作用。

此外，加强对服务贸易本身特点的研究，建立适合服务贸易发展的政策体系。加大政策扶持力度，完善服务业企业，特别是中小型企业的融资体系，扶持新兴服务业的发展，促进产业升级。完善税收制度和财税优惠政策体系，减少重复计税，对重点鼓励的服务出口进行关税减免；对研发先进技术以及对国民经济有重要促进作用的服务企业给予税收优惠政策。重视产业链的配套与完善，加强高层次人才的培育和引进，建立一套适应服务贸易发展的监管制度，提升行业服务贸易竞争力水平。

3. 以生产性服务业、服务外包、文化创意产业为突破口，促进服务贸易发展

以生产性服务为突破口，提高制造业的附加值，促进制造业优化升级。提高服务业发展意识，有效剥离生产过程中的服务环节，大力发展现代物流、金融保险、网络通信、工业设计和品牌营销等生产性服务业，增强自主创新能力，鼓励企业加大研发力度，完善有利于知识产权保护和技术创新的制度软环境建设。实现"引进来"与"走出去"并重，在引进国外先进服务业、服务的管理经验同时，抓紧培育中国的生产性服务业。鼓励有能力、有条件的企业"走出去"，更多积累国际经验，为我国贸易发展争取有利的国际环境。

以服务外包为突破口，继续完善服务外包优惠政策，在借鉴国外服务外包先进国家经验的基础上，立足中国服务外包产业发展实际情况，扶植龙头企业，推进服务外包产业化进程，加快经济发展转型；大力培养可满足服务外包产业需求的中高端人才，加强知识产权保护力度，完善相关法律法规；完善服务外包税收制度，加大对服务外包产业的投融资支持力度；并结合对外发包方的实际需求，制定服务外包产业发展规划。

以文化创意产业服务贸易为突破口，通过文化创意产业的对外输出，树立我国良好的国际形象。我国文化源远流长，可以以文化贸易为突破口，制定相关的政策法规，建立中华文化全球营销网，短期利益与长远目标相结合，充分

利用已有的货物贸易优势，关注文化创意转化为服务经济的产品出口，做大做强文化贸易，不仅可以调整贸易格局带动经济发展，更能够增强华夏儿女的民族凝聚力，增强国家软实力。

4. 建设服务贸易与货物贸易相互促进综合配套改革试验区①

截至 2011 年 3 月，已有 10 个国家级综合配套改革试验区申请成功。国家级综合配套改革试验区作为中国新设改革开放实验基地，其改革目标更为高远，涉及领域也更为广泛。因为东部沿海地区开放较早，经济基础雄厚，积累了大量发展经验，因此，在综合配套改革试验区中，沿海城市发挥的作用更为明显。可将服务贸易与货物贸易相互促进发展的政策创新纳入到配套改革试验区的政策中，适时推进服务贸易区试点，并以此推进国际商贸中心、国际金融中心和国际航运中心的联动，对沿海发达城市向服务经济转型，服务贸易与货物贸易相互促进发展方面应给予先行先试的政策支持。同时，还应积极推动服务贸易便利化改革试点，提高服务贸易制度运行效率，形成以服务业核心技术为突破口，以区域价值链优化配置为依托，以全国综合服务经济资源为支撑的国际贸易中心，以服务贸易与货物贸易相互促进发展提升货物贸易附加值，加快发展生产型服务贸易的同时提升货物贸易国际竞争力和发展空间。

此外，还应结合综合配套改革，适时推进区内监管规则，可参考国际惯例；优化管理方式，提高运营效率，建设信息平台和 EDI，实现信息化管理和集约化管理；健全相关法律法规，保障制度创新；设立优惠制度，吸引国内外投资者，促进服务贸易区的繁荣和发展。

参考文献：

[1] 钟晓君：《中国货物贸易与服务贸易关系实证研究》，《价格月刊》，2009 年第 9 期。

[2] 曲凤杰：《优化结构与协调发展——发展服务贸易与转变我国外贸增长方式的战略措施》，《国际贸易》，2006 年第 1 期。

[3] 周燕、郑甘澍：《货物贸易与服务贸易总量互补与差额替代关系》，《亚太经济》，2007 年第 2 期。

[4] 谢康、李赞：《货物贸易与服务贸易互补性的实证分析——兼论中美贸易不平衡的实证》，《国际贸易问题》，2000 年第 9 期。

[5] 孙立行：《以服务贸易引领经济持续增长》，《江南论坛》，2010 年第 6 期。

[6] 王英：《中国货物贸易对于服务贸易的促进作用——基于服务贸易引力模型的实证分析》，《世界经济研究》，2010 年第 7 期。

---

① 陈宪：《上海服务贸易发展战略研究》，见：上海市商务委：《上海服务贸易中长期规划》。

［7］胡景岩：《货物贸易与服务贸易的相关性曲线》，《国际贸易》，2008 年第 6 期。

［8］裴长洪：《中国贸易政策调整与出口结构变化分析：2006~2008》，《经济研究》，2009 年第 4 期。

［9］杨圣明、刘力：《服务贸易理论的兴起与发展》，《经济学动态》，1999 年第 5 期。

［10］温明：《浅谈中国服务贸易在后经济危机时代的发展》，《现代经济信息》，2011 年第5 期。

［11］彭柯：《中国服务贸易的现状与发展对策》，《武汉金融》，2008 年第 4 期。

［12］李瑞琴：《服务贸易与货物贸易自由化对经济增长影响的差异性研究》，《财贸经济》，2009 年第 3 期。

［13］胡君茹：《中国对外贸易特征分析》，《国际商务研究》，2007 年第6 期。

［14］张莉：《"十二五"时期国际服务贸易发展趋势及我国的对策》，《国际贸易》，2011 年第 1 期。

［15］华广敏：《后危机时代新贸易保护主义的特征和我国的应对策略》，《商业时代》，2011 年第 3 期。

［16］朱莉莉：《论我国货物贸易和服务贸易协同发展》，《现代商贸工业》，2009 年第 2 期。

［17］陈宪：《上海服务贸易发展战略研究》，见：上海市商务委：《上海服务贸易中长期规划》。

［18］胡景岩等：《服务贸易与货物贸易协调发展研究》，见：《中国外贸发展战略研究》，中国商务出版社，2010 年 11 月。

十一、服务外包：理论、趋势与中国的选择

霍景东 夏杰长①

摘　要： 30 年的改革开放，中国确立了以制造业代工为主的国际贸易模式，并由此带来了经济的高速增长，变成全球的制造基地，但是资源、能源过度消耗，环境破坏、污染严重，显然这种模式是不可持续的。而印度在没有建立工业体系的情况下，通过发展离岸服务外包，建立了以服务业为主的经济体系。本报告从服务外包的概念、动因谈起，分析我国服务外包发展的现状和问题，并提出中国发展服务外包的政策措施，包括加快基地城市建设，实行差异化战略，推进区域协调发展；加大人才培养力度，营造高端人才"宜居宜业"环境；改变基础设施投向；加大服务外包税收优惠力度；扩大政府服务外包规模，完善环境建设，加强知识产权保护和信息安全保护等。

关键词： 服务外包　动因　对策

（一）引言

30 年的改革开放，我国确立了以制造业代工为主的国际贸易模式，低廉的劳动力成本，比较丰富的资源、能源以及一系列优惠政策吸引了大量外资进入中国的制造领域，并产生了较强的外溢效应，创造了制造业外包（代工）的比较优势，成为全球制造基地，并由此带来了中国经济 30 年的高速增长。但是制造业代工模式带来了资源、能源消耗过度，劳动力工资低下，内需严重不足等问题。而印度走出了另外一条路，在没有建立工业体系的情况下，通过发

---

① 霍景东，经济学博士，北京市经济社会发展研究所助理研究员，主要研究方向为服务经济和公共服务；夏杰长，经济学博士，中国社会科学院财政与贸易经济研究所所长助理、研究员、博士生导师，主要研究方向为现代服务业。

展离岸服务外包，建立了以服务业为主的经济体系。目前，面对服务业的全球转移，我国也必须抓住机遇，大力发展离岸服务外包，推动经济服务化。

外包是指将传统功能通过合约的形式由外部提供商来完成，企业需要协调外部提供商和销售商来维持长久的合作 (Besanko David, David Dranove and Mark Shanley, 1996)。[①]

关于离岸服务外包的动因，Rick L. Click & Thomas N. Duening (2005) 认为驱动服务外包的主要因素包括受教育程度 (主要受教育专业和技能的差别)、宽带网络、强大的数据存储、在线分析软件、网络安全、业务专业化等；[②] Shailey Dash (2006) 利用 H-O 理论分析了离岸服务外包产生的原因，认为人力资源结构和工资水平差异是美国和印度进行服务贸易的主要原因；[③] 之后，他进一步指出一国的人力资本优势取决于熟练劳动力的绝对数量而不是熟练劳动力的相对比重；如印度与中国受过高等教育的人数占总人口数的比例都很低，但其熟练劳动力的绝对数仅次于美国，所以熟练劳动力的工资相对较低，这也是美国将服务环节外包到这两个国家主要原因。[④]

从离岸服务外包的影响来看，服务外包会推动全球经济增长 (Paul A. Samuelson, 2004)。[⑤] 具体来讲，服务外包的效应主要是缩减成本、增加财富、

① Besanko David.David Dranove and Mark Shanley (1996). Economics of strategy. John Wiley & Sons, Inc, 1996.

② Rick l. Click & Thomas N. Duening. Business Process Outsourcing: the Competitive Advantage. John Wiley & Sons, Inc, 2005.

③ Shailey Dash、Services Outsourcing: Evaluating Changes in Revealed Comparative Advantage-The Case of the US and India, 2006.

Shailey Dash. Human Capital as a Basis of Comparative Advantage Equations in Service Outsourcing: A Cross Country Comparative Study, 2006.

James Markusen. Modeling the Offshoring of White-Collar Services: from Comparative Advantage to the New Theories of Trade and FDI, NBER Working Paper Series, 2005, 11827.

Paul A. Samuelson. Where Ricardo and Mill Rebut and Confirm Arguments of Mainstream Economists Supporting Globalization. Journal of Economic Perspectives Volume 18, 2004, Number 3.

Levy, David L.. Offshoring in the New Global Political Economy. Journal of Management Studies, 2005, Vol. 42, No. 3.

Amy Jocelyn Glass & Kamal Saggi. Innovation and Wage Effects of Internationa Loutsourcing. European Economic Review, 2001, 45.

Gorg H., Hanley A.. Outsourcing Helps Improve your Firm's Performance or does it?. Journal of Financial Transformation.

④ Shailey Dash. Human Capital as a Basis of Comparative Advantage Equationsin Service Outsourcing: A Cross Country Comparative Study, 2006.

⑤ Paul A. Samuelson. Where Ricardo and Mill Rebut and Confirm Arguments of Mainstream Economists Supporting Globalization. Journal of Economic Perspectives Volume 18, 2004, Number 3.

收入分配等（Levy，David L.，2005）；[1] 服务外包能够降低发达国家企业成本、提高劳动生产率，进而有更多的资源开展创新活动。[2] 服务外包对发包国就业的影响没有统一的结论。一种观点认为，服务外包给发包国的就业带来负面影响，如 Mary Amiti 和 ShangJin Wei（2004）在考察英国 1995~2001 年中 69 个制造业和 9 个服务业的外包时发现，服务外包对就业有负面影响；[3] 也有观点认为服务外包对于发包国的就业起到了正面作用，Feenstra 和 Hanson（1999）在考察美国 1979~1990 年的高技能劳动力需求时发现，美国企业把中间品生产进行离岸外包，能够增加美国对高技能劳动力的需求。[4] Runjuan Liu 和 Daniel Trefler（2008）研究了将服务外包转移到中国和印度对美国劳动力市场的影响，同时考察美国通过离岸外包向印度和中国的非关联企业提供的服务。通过研究发现，离岸服务外包对于职业和产业转型、失业率的下降和工资水平的提升具有积极影响。[5]

从影响服务外包的因素来看，对于发包方来讲，决定离岸外包目的地选择的主要因素包括：劳动力成本、贸易成本、法律构架、税收和投资体制、电信等基础设施质量、计算机技术和语言交流技能等（World Trade Report，2005）。Richard zielinski（2004）指出发展中国家丰富的高素质人才和低廉的劳动力成本是推动服务外包的主要因素，此外，语言文化、基础设施状况也是重要因素。[6] 而 Grossman 和 Helpman（2004）则认为拥有良好的基础设施、能力较强的接包商以及有效的法律制度比工资成本优势更重要。[7] A.T.Kearney 公司开发了最具吸引力的外包目的地评价标准，主要包括：成本（劳动力工资、基础设施成本和税收）、环境（经济和政治风险、基础设施条件、地理空间、知识产权的安全性）和人才（工作经验和教育水平、劳动力市场规模、文化兼容性、语言障碍和员工稳定性）。[8]

---

① Levy，David L.. Of Fshoring in the New Global Political Economy. Journal of Management Studies Vol. 42，2005，No. 3.

② Amy Jocelyn Glass& Kamal Saggi. Innovation and Wage Effects of International Outsourcing. European Economic Review，2001，45.

③ Mary Amiti & Shang-Jin Wei. Fear of Service Outsourcing: Is It Justified?. NBER Working Papers 10808，2004.

④ Feenstra，Robert C. and Gordon H. Hanson. The Impact of Outsourcing andHigh-Technology Capital on Wages: Estimates for the U.S.，1979-1990. Quarterly Journal of Economics，August 1999，114（3）.

⑤ Runjuan Liu & Daniel Trefler. Much Ado About Nothing: American Jobs And The Rise of Service Outsourcing to Chlna and India. Working Paper 14061，2008.

⑥ Richard Zielinski. The Offshoring of Teleservices: Opportunities and Macroeconomic Effects in Developing Countries，2004.

⑦ Grossman，Gene M. and Elhanan Helpman. Outsourcing in a Global Economy. Reviewof Economic Studies，Forthcoming，2004.

⑧ A.T. Kearney's 2004 Offshore Location Attractiveness Index.

关于服务外包发展战略，徐兴锋（2007）利用波特的钻石模型分析了我国服务外包产业的竞争优势，提出我国服务外包业务发展模式：从业务类型来看，要大力发展业务流程外包（BPO）、IT 基础设施及研发服务外包、软件开发外包、嵌入式服务外包等；从目标市场来看，要积极培育国内市场，开拓国际市场；从策略建议来看，要制定服务外包发展规划，完善服务外包统计体系；强化"实训"，创新软件人才培养模式，加强知识产权保护，加大财税支持力度，打造"中国外包"的国际品牌，完善产业综合政策环境，建立类似 NASSCOM 的强有力的中介机构。李仲周（2006）在分析我国承接服务外包比较优劣势的基础上，提出政府在承接服务外包中的定位：加速改革步伐，建立能够为所有基础电信运营商和增值服务供应商提供平等舞台的竞争市场结构；解决紧迫的人才短缺问题；进一步放开 IT 和电信服务领域的外商直接投资；将在华跨国企业作为目标客户；进一步加强与服务业相关的知识产权保护；打造政府—产业战略规划合作；继续改进软件科技园区，吸引外国直接投资；建立一个有效的网络安全体系。于慈江（2007）从跨国服务商和东道国的视角分析了我国承接离岸服务外包的战略措施，主要包括优化服务外包政策环境，引导 FDI 进入服务外包领域；加强法制建设和行业规范制度化，优化服务外包发展的商务环境；调整教育和培训体系，建立金字塔、哑铃型的人才发展结构；发展行业协会，提高企业开拓市场能力等。霍景东（2009）在分析财税政策介入服务外包的依据的基础上，分析了影响服务外包的因素，进而提出了促进服务外包发展的财税政策，包括利用服务业引导资金、调整政府投资结构和教育支出结构；完善企业所得税、营业税以及增值税等。胡昭玲、王洋（2010）指出中国低廉的人力资源成本、较为完善的基础设施和良好的宏观经济环境成为吸引发达国家服务外包的有利因素；但中国服务业的总体发展水平还不高，服务外包需要的专业人才还较为缺乏，这些是我国承接服务外包的相对劣势。王诏怡、刘艳（2011）指出调整引进外商直接投资的结构，降低承接离岸服务外包领域外商直接投资政策的门槛；加强服务外包领域知识产权保护；加大服务外包实用性人才的培养力度等。

（二）服务外包的理论解释和动因

1. 服务外包的理论解释

（1）产品内分工视角。产品内分工理论最早用于解释制造业的贸易问题。"产品内分工"是特定产品生产过程不同工序或区段通过空间分散化展开成跨区或跨国性的生产链条或体系。[①] 一般来讲，服务根据服务对象可以划分为生产服务和生活服务，也可以划分为中间环节服务和最终服务。服务外包是产品内分工的一种，为了保证最终产品（服务）的顺利提供或者获得最终产品的竞争优势，而将中间环节或者间接环节转包给企业外部的主体进行提供。这里要明确，服务外包的目的是提供最终产品或服务，而不是将这个业务转移出去。

（2）企业垂直非一体化视角。企业垂直非一体化与产品内分工是相联系的，但是也有区别。产品内分工是从产品分割的角度来分析服务外包的，其分析的对象是产品本身，而企业垂直非一体化是以企业为对象的。企业垂直非一体化的理论动因是"有限理性"。"有限理性"是指在经济活动中，人的行为是有意识的、理性的，但这种理性又是有限的。其原因来自两个方面：一是经济事项的复杂性，在经济活动中，很少有同一种经济事项会重复进行，而且影响因素越多，不确定性就越大，信息就越不完全。二是人的能力的有限性，人对经济事项的预测能力和认识能力是有限的，人不可能无所不知，无所不晓。[②] 企业管理者在改变企业边界时，受到自身知识、技能的限制，不可能完全理性选择企业治理结构。企业垂直非一体化是管理者改变企业边界的探索过程，是企业发现和鉴定其激励机制、增强获利能力的过程。而服务外包是企业垂直非一体化的重要模式，通过外包来改变企业的边界。从长期来看，外包促进了企业动态能力的改善，外包有利于减少打破原有的激励机制的阻力，建立异化激励机制，从而使企业适应新的环境；同时外包影响知识的成本，而且有利于学习新的知识和经验，从而打破能力陷阱。[③]

（3）合约形态变革——人力资本与劳务活动配置的统一。外包并不是新鲜的事物，实际上30年前我国引进外资，大力发展制造业就是制造外包。但是服务和产品的属性差异较大，因此服务外包和制造外包的机理也有所不同。服务是一种或者一系列工作，这些工作或多或少是一种无形的自然行为，该行为产生于顾客与提供服务的职员之间，或者产生于顾客与物质资料、产品或提供服务的某个系统之间，它是正常的但不一定是必然存在的，这些工作是被作为一种方法提供给顾客的（Christian Gronroos，1990）；服务具有无形性、不可储藏性、消费和生产的同步性等特征，无论是市场合约还是企业合约，都不能有效使用人力资本。在服务外包过程中，发包企业对接包企业的人力资本没有直接控制权，但是通过外包合约控制接包企业进而间接控制了这些人力资本。服

① 卢锋：《产品内分工：一个分析框架》，北京大学中国经济研究中心，工作论文，No. C2004005。
② 刘树成：《现代经济词典》，凤凰出版社、江苏人民出版社，2005年。
③ 程新章：《企业垂直非一体化——基于国际生产体系变革的研究》，上海财经大学出版社，2006年。

务外包本质是人力资本市场合约和劳务活动企业合约的统一，通过市场合约，发包企业将提供服务的劳动力内置于生产经营活动的整体流程中。劳务使用细节由接包企业控制，降低了市场交易成本；提供劳务的人力资本并不进入发包企业内部，降低了组织成本，这样实现了企业合约和市场合约成本的双下降，提高了资源配置效率。[①]

2. 离岸服务外包的动因

企业进行离岸服务外包的动因不同，主要包括人力资本、通信交通发达、政府推动等方面。

（1）寻求人力资本。对于企业来讲，人力资本至少包括三个方面的因素：一是人力的数量；二是人力的知识、技能结构；三是人力资本的价格（成本）。

1）人力成本差异。根据前面的分析，控制成本是企业进行服务外包的直接动因。由于服务的提供主要依靠人力资本，特别是在设计、研发、信息技术服务、软件服务为主的高新技术领域，人力资本要求更高。降低人力资本成本是服务离岸外包的重要原因，不同国家人力资源的成本不同，是离岸服务外包发展的主要因素。

表 11-1　不同国家类似技能工作人员的平均工资情况

单位：美元

国家	具有 2~3 年工作经验的编程人员	具有 2~3 年工作经验的电话中心人员	编程人员平均工资
印　度	6000~9000	5500~7000	7500
中　国	5500~9600		7550
墨西哥	18000~23000	3000~15000	20500
巴　西	9000~16000		12500
爱尔兰	21000~28000	16000~25500	24500
加拿大	25000~50000	18600~28300	37500
美　国	45000~80000	25000~40000	65000

资料来源：Atul Vashisthaetal. The Offshore Nation The Rise of Services Globalization。

从表 11-1 可以看出，不同国家的人力成本差异非常大，美国编程人员的平均工资为 65000 美元，而印度只有 7500 美元，约为 1/8，巨大的人力资本工资差异是导致服务外包离岸的主要原因。

2）发达国家人力资源数量不足。随着发达国家经济社会的推进，目前普

[①] 江小涓：《服务外包：合约形态变革及其理论蕴意——人力资本市场配置与劳务活动企业配置的统一》，《经济研究》，2008 年第 8 期。

遍存在人口老龄化和出生率下降的状况，而且发达国家的城市化进程基本完成，农业人口向工业、服务业转移的空间已经没有。劳动人口占比过重，人口增长缓慢，导致劳动力人口缺乏。而发展中国家的人口结构中劳动人口和年轻人较多，而且城市化水平不高，劳动人口比较富足。如印度 2007 年 0~14 岁人口占 32.1%，14~65 岁以上的人口占到 62.8%，而 65 岁以上的人口仅为 5.1%，而日本 2007 年 0~14 岁人口占 13.7%，14~65 岁以上的人口占到 65.6%，而 65 岁以上的人口达到 20.8%。劳动力总规模不能满足经济增长的需要，这也是发达国家进行离岸服务外包，进而利用市场合约来获得人力资源的重要原因。

3）人力资源结构。发达国家大学教育结构和发展中国家的教育结构不同，导致了人力资本技能的差异。发达国家的教育偏向基础学科和社会科学学科，而应用学科的高等学校毕业生人数相对较少。如美国 1985 年以来，高等教育在校生中，数学、计算机学科增长缓慢，2000 年之后开始下降（见图 11-1）。而印度、中国等国家工科方面的学生数则不断上升。而且，由于美国本土的学生不愿意攻读工科方面的学位，在美国的学生中有 20% 来自中国和印度，美国不仅将服务外包到印度，而且还为印度培养了大量人才，同时发展中国家非常注重工科教育，特别是软件与信息技术人才的培养，能够供应大量的技术人才（见表 11-2），这样离岸服务外包就显得顺理成章了。

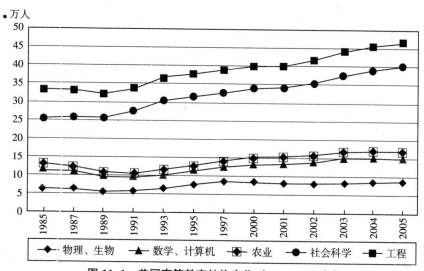

图 11-1 美国高等教育结构变化（1985~2005 年）

资料来源：Science and Engineering Indicators，2008。

（2）寻找新的市场。印度、中国是人口大国，随着经济规模的不断扩大，消费市场有着巨大的潜力，发达国家为了开拓这些新兴国家的市场，有必要在这些新兴国家设立企业或者寻找代理机构。发展离岸服务外包，对于跨国企业

表 11-2   2004~2008 年印度技术人才的供应情况

单位：人

年 度	2004	2005	2006	2007	2008
工科毕业人数	346000	365000	441000	495000	523500
学位（四年制）	139000	170000	222000	264000	277500
学历（三年制）	177000	195000	189000	196000	204000
MCA			30000	35000	42000
IT 专业人员数	179000	201000	239700	271700	292100
工程学 IT 毕业生（学位）	84000	102000	126400	149300	158300
工程学 IT 毕业生（学历）	95000	99000	83300	87400	91800

资料来源：NASSCOM。

开拓新兴国家的市场至少具有以下两个方面的优势：一是当新兴市场的销售额占到一定比例时，不仅需要大量的销售人员，而且需要科研、生产以及其他支持人员，新兴国家丰富的劳动力为企业扩张规模提供了保障，解决了跨国企业人力不足的问题。二是通过服务外包在市场需求国提供服务，有利于贴近市场需求，从而更有利于开拓市场。服务外包实现了服务的提供方和需求方地域上的一致性，新兴国家的人员更加了解市场，从而有利于市场开拓。以软件产业为例，因为软件涉及文化和理念方面的内容，跨国公司本身很难理解，因此通过在新兴国家设立分支机构或者发展服务外包来解决这一问题。IBM、微软、SUN 等国际知名软件企业纷纷在印度、中国建立分支机构的目的就是为了开拓市场。

（3）全球交通、通信能力的提高。服务外包能够在全球范围内推广，得益于全球范围内交通、通信能力的提高。交通、通信能力的提高在两个方面促进了离岸外包的发展。一是随着交通、通信能力的提高，贸易品和非贸易品的边界在改变，贸易品的范围逐渐扩大。技术进步使得服务越来越模块化、数字化、标准化，从而推动了服务外包。如网络传输速度的提高可以在国际间实时传输影视媒体，促进了美国的保安服务外包到印度。二是交通、通信能力的提高大大降低了交易成本。尽管服务外包主要是通过通信完成的，但是人员的交流和沟通也是必不可少的，而且比制造外包更加频繁，交通速度不断提高，成本不断下降，降低了人员流动成本；而通信网络的发达直接降低了交易成本，促成了全球服务外包的发展。

（4）政府政策的推动。从接包国来看，发展中国家，包括发达国家不断优化投资环境，吸引外资进入。1992 年以来，全球优化投资环境的国家和改革措施不断增多，特别是发展中国家开始着力创造更加开放、更加规范的投资环境，使得国际资本流动更加畅通。一些发展中国家，特别是印度出台了大量鼓励承接离岸外包的措施，增强了承接吸引力。如 1986 年，印度出台了《计算机软件出口、软件发展和软件培训政策》，1989 年开始制订软件技术园区计划，通过建立软件园吸引众多企业入驻，并制定一系列优惠政策；印度政府在园区设立管理中心，为企业提供全方位服务，快速审批，简化出口手续，低价出租基础设施与公共服务设施，为中小企业建立商务中心等；1986 年建立了全印软件业和服务公司协会（NASSCOM），其主要职能是简化软件和服务领域的贸易，鼓励并推进研发，促进教育和就业，促进印度经济发展以及通过资源的全球分配使全球经济获利；推进信息技术行业的发展，缩小印度数码鸿沟，使全民都能够享受信息技术带来的便利。爱尔兰、中国、以色列也出台了大量的吸引服务外包的政策。从发包国来看，在"9·11"事件以后，美国改变了移民政策，提高了移民门槛，而"千年虫"病毒修改程序代码需要大量的人力，这些都促成了离岸服务外包。

（三）中国离岸服务外包的现状与问题

1. 中国离岸服务外包的现状

2007 年，中国离岸服务外包市场规模达到 22.8 亿美元；2008 年，中国服务外包出口合同金额 58.4 亿美元，合同执行金额 46.9 亿美元，其中 ITO 占 68.4%；2009 年，离岸服务外包合同执行金额 100.9 亿美元；2010 年，离岸服务外包合同执行金额 144.5 亿美元，同比增长 43.1%，截至 2010 年年底，全国服务外包企业 12706 家，从业人员共 232.8 万人，其中大学以上学历 165 万人，占 70.9%。[1] 从结构来看，中国国际投资促进会对 237 家企业的调查结果显示，中国服务外包企业主要承接来自服务业、金融服务、卫生健康、制造业、政府与教育五大行业，分别占营业额的 32.5%、16.1%、12.0%、10.8%、5.0%，运输、能源与零售业各占 1.2%（见图 11-2）。

（1）外包基地城市的发展现状。对于发包方来讲，选择合适的城市远比选择国家重要得多，也就是说在服务外包目的地选择的决策中，城市状况比所处的国家更加重要。如印度的整体经济不是很发达，但班加罗尔集中发展软件外包产业，成为全球服务外包的重要基地。目前，班加罗尔有软件企业 1400 多家，其中 60 多家为 IC 设计公司，250 家为系统软件公司，140 多家为通信软件公司，350 家为应用软件公司，350 家为与 IT 业相关的公司。[2]

---

① 商务部。
② 嘉兴市对外贸易经济合作局：《印度软件产业考察的启示与建议》，2009 年。

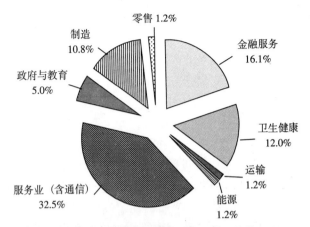

图 11-2　中国承接离岸外包的行业结构

资料来源：中国国际投资促进会：《中国服务外包企业研究报告》，中国服务外包网。

2006 年，我国推出服务外包"千百十"工程，开始选择服务外包产业发展基础好的城市设立"服务外包基地城市"和"示范园区"，确定服务外包基地城市 16 个：大连、西安、成都、上海、深圳、北京、杭州、天津、南京、武汉、济南、合肥、长沙、广州、哈尔滨、重庆；确定示范园区 4 个：苏州、无锡、大庆、南昌。2009 年，国务院批准北京、天津、上海、重庆、大连、深圳、广州、武汉、哈尔滨、成都、南京、西安、济南、杭州、合肥、南昌、长沙、大庆、苏州、无锡等 20 个城市为中国服务外包示范城市，2010 年厦门成为我国第 21 个服务外包示范城市。经过近几年的发展，我国服务外包示范基地城市形成了不同的竞争优势，如北京、上海等城市集聚了大量的跨国公司区域总部，商务环境较好，而且人才储备丰厚，具有综合竞争优势，定位也比较高，如北京提出要建设中国服务外包的领军城市，而上海要建设全球一流的服务外包中心城市，而大庆等城市则利用专业化的优势，发展特色外包业务，达到特色外包品牌（见表 11-3）。

（2）中国服务外包园区的发展。目前，全球服务外包产业呈现出"城市—园区—企业"三层构架，园区既是产业发展的载体，也是企业形成产业集群的平台，又是促进服务外包产业发展的关键动力。中国服务外包产业发展迅速，目前已形成"示范城市+示范园区"的两级支持体系，在 21 个示范城市中，商务部认定的服务外包示范园区达 84 个，据不完全统计以服务外包为主要发展方向的园区超过 200 个。根据《2010 年度中国服务外包园区十强白皮书》的评价，2010 年度中国服务外包园区十强是：大连软件园、中关村软件园、西安软件园、天府软件园、沈阳国际软件园、花桥国际商务城、深圳软件园、齐鲁软件园、常熟东南经济开发区、宁波市软件与服务外包产业园。其中大连软

表 11-3　服务外包基地城市的优势及定位

核心优势	优势表现	主要城市	定位
综合竞争优势	综合商务环境好，集聚大量跨国公司区域总部，大规模的人才和基础设施	北京	中国服务外包的领军城市
		上海	全球一流的服务外包中心城市，亚太地区发包、接包业务集散的中心市场
		广州	
地区地缘优势	较强的制造业优势，毗邻区域中心城市，具有成本优势，人力资源丰富	天津	
		南京	中国一流的服务外包示范城市
		无锡	中国服务外包基地，上海服务外包承接中心
		苏州	打造成具有国际知名度的服务外包基地
		杭州	国际知名的金融服务外包交付中心，国内领先的软件外包中心
离岸地缘优势	与发包方市场紧密的历史和文化联系，发包方市场特有的语言能力	大连	建设全球软件和服务外包的领军城市
		深圳	中国重要的软件产业基地和国际化软件出口基地
成本优势	人力资源丰富，具有人力成本优势，运营成本优势突出	西安	中国服务外包之都
		合肥	
		成都	国际知名、全国一流的服务外包之都
		南昌	发展呼叫中心，逐步向以数据分析与数据挖掘为核心的高端业务流程外包业务发展
		重庆	中国西部地区"国家级服务外包示范城市"
		武汉	华中地区最大规模的软件外包基地
		济南	
专业化	专业化技能人才，围绕优势产业形成的特色服务外包	哈尔滨	具有本地特色的产业集群，把服务外包产业发展为新的经济增长点
		长沙	服务全省、辐射中西部、区域性服务业外包示范城市
		大庆	打造石油石化服务外包特色品牌

资料来源：《中国服务外包发展报告 2008》和中国服务外包网。

件园是中国服务外包园区发展的缩影，2006 年大连被国家商务部和信息产业部联合认定为"中国服务外包基地城市"，之后被授予"中国服务外包基地城市示范区"称号。截至 2010 年年底，大连软件园入园企业 500 多家，外资企业所占比例为 40%，日资企业所占比例为 24%，包括 HP、埃森哲、Genpact、IBM、松下、索尼、日立、NTT、Oracle、NEC、Fidelity、BT、软银、辉瑞、联想等世界 500 强 42 家。2010 年大连软件园销售收入为 280 亿元，出口 10.8亿美元。

（3）中国服务外包企业发展。目前，中国有服务外包企业 12706 家，平均规模 18.3 人。2008 年金融危机过后，中国的服务外包企业格局发生了巨大的变化，外资企业的比重下降到 30%，而本土企业的比重上升到 70%，有 34 家企业营业收入超过 1 亿美元，涌现出了一批像文思信息技术有限公司、东软集团股份有限公司等优秀的服务外包企业（见表 11-4）。

表 11-4　国内服务外包企业 10 强情况

排名	企业名称	业务类型
1	文思信息技术有限公司	软件外包、研发外包、业务流程外包
2	东软集团股份有限公司	软件外包、数据处理、呼叫中心、研发外包
3	海辉软件（国际）集团	软件外包、IT 服务、研发外包
4	软通动力信息技术（集团）有限公司	软件外包、呼叫中心、IT 服务
5	浙大网新科技股份有限公司	软件外包、数据处理、呼叫中心
6	东南融通	软件外包、IT 服务、研发外包
7	药明康德新药开发有限公司	医药研发外包
8	华道数据	金融后援
9	大连华信计算机技术股份有限公司	软件外包、数据处理、呼叫中心
10	中软国际有限公司	软件外包、数据处理、呼叫中心

资料来源：《2010 年中国服务外包企业最佳实践 TOP50》白皮书。

2. 离岸服务外包发展中的问题

首先，从离岸外包发展的结果来看，主要是三方面的问题：一是离岸服务外包的规模偏小。2010 年我国服务外包的规模为 144.5 亿美元，而 2007 年全球服务外包规模就达到 7100 亿美元，印度为 400 亿美元，这说明我国离岸服务外包的规模偏小。二是产业集中度不高。较高产业集中度能够产生规模效应，服务外包很讲究规模效应。但目前我国服务外包发展布局比较分散，企业规模小，缺少龙头企业和知名品牌，承接与开发大型服务外包项目能力不足。根据《中国软件出口杂志》的数据，2008 年中国软件服务外包企业 20 强，外包总额仅为 11 亿美元，平均每个企业外包额为 5491 万美元，而以外包为主要业务的印度的最大的软件公司 Tata2009 年的收入达到 55.7 亿美元；另外一个接包企业 Infosys2007 年的营业收入为 47.76 亿美元，年末员工数 91187 人。[1] 从产业集中度看，前 20 强企业的收入规模占总收入规模（ITO）的比重约为 30%，行业集中度较低。三是承接的外包属于产业链的低端。BPO 按照简繁程度不同，从低端到高端分为以下五个层次：一是后勤办公，如数据输入、转化和文件管理等；二是顾客服务，如呼叫中心、在线顾客服务、远程营销等；三

_____

[1] 中国服务外包网。

是普通公司业务，如金融、会计、人力资源、采购、信息技术服务等；四是知识服务和决策分析，如研究咨询、顾客分析、证券分析、保险索赔、风险管理等；五是研究开发，如软件开发、建立数据中心、医药检测与分析、技术系统设计工程设计、建筑设计、新产品和新工艺设计等。① 随后还出现了 BTO（业务转型外包）、KPO（知识流程外包）等高端的外包形式，然而我国目前承接的服务还处在第一、第二层面，即价值链的低端。

其次，从影响离岸外包的影响因素来看，也是三个方面的问题：一是人才不足。据统计，全球 85% 以上的外包项目都是以英语作为沟通桥梁，软件外包中英文软件占 80% 以上，英语语言能力成为跨国公司选择外包合作伙伴时仅次于成本的第二大因素。但是我国缺乏大量以英语为母语的专业技术人才以及有国际视野、经验丰富的高级项目经理人才。此外，外包对于管理人员提出了更高的要求。外包服务管理人员不仅需要技术技能还需要谈判技能、沟通技能、商业技能以及财务技能等。② 二是市场不够规范。我国服务外包市场还存在许多不规范的现象，如外包服务质量的监控还不到位、服务外包合同还不是很规范、履行合同也不是很严格，缺乏行业标准以及市场不正当竞争等现象仍较多。三是公共服务平台建设不足。目前尽管很多园区建立公共服务平台，公共技术平台，但是这些平台在后续的运营方面存在大量的问题，导致这些公共服务平台不能发挥其应有的功能。

最后，从服务外包载体发展来看，主要是两个方面：一是缺少差异化。中国目前有 21 个服务外包基地城市，但是服务外包总规模赶不上印度班加罗尔一个城市，出口规模和基地城市规模不协调，这势必会带来基地之间的过度竞争，尽管这种竞争会在一定程度上激励地方政府出台更加有利于服务外包发展的政策，但是也出现了一批为了享受优惠政策而不断搬迁的企业，这样不利于外包基地持续竞争力的培育，其主要原因是外包基地发展定位不明确，功能定位雷同。同时服务外包基地城市的国际竞争力整体较弱，根据 Tholons 的评比，我国没有一个基地城市进入全球服务外包城市 8 强，只有北京、上海、广州等8 个基地城市进入新兴服务外包城市 50 强。二是外包城市载体建设不足。多数外包园区建设和规划思路仍停留在硬件建设上，而忽略了对技术、管理人才的培养和对相关产业政策的制定，其企业和产品却大致趋同，没有形成一个分工明确、体系完整、实力雄厚的产业链条，造成了人力、物力资源的浪费。同时，混合型园区对入园企业类型限制性条件少，致使园区内产业种类繁多，产

---

① 李菲菲：《非对称信息下 BPO 风险、成本和决策博弈研究》，西安电子科技大学硕士学位论文，2007 年。

② 姜荣春：《中国服务外包产业发展的现状、问题与策略》，《宏观经济研究》，2007 年第 5 期。

业之间关联度不高，入园企业档次相对较低，难以培育园区主导产业和龙头企业，影响园区竞争力和可持续发展。

（四）促进中国离岸服务外包的对策

提升服务外包的接包能力是一个系统工程，需要中央政府、地方政府、园区共同努力，分工协作。

表 11-5 承接服务外包：中央、地方与园区的角色

类别	目 标	中央政府	地方政府	外包园区
财务成本	工资成本	完善社会保障体系，引导公平竞争	人才奖励，调节社保比例	形成公平竞争的氛围
	基础设施成本	降低通信资费	控制土地等成本	控制运营成本
	税收和管理	给服务外包税收优惠	地税留成奖励	给开发载体优惠
人力资源	经验和技巧的积累	引进海外人才	支持地方性专业化职业教育	引进、培训高层次人才
	适用劳动力的培养	推进教育改革，调整教育模式	强化外语教育	为企业提供专业化人力资源服务
	职业教育与语言培训	加大职业教育投入	建设实训基地	人力资源派遣
	员工跳槽率	宣传职业道德，加快立法	行业约束，建立人才数据库	信息收集，为决策提供依据
商业环境	区域综合环境	产业扶持与环境优化，推进服务业开放	规划引导，加强环境保护	专业化客户服务
	区域基础设施	加大投入	提升运营水平	智能化管理，优化园区环境
	文化适用性	提升文化兼容性和影响力	推广城市品牌	营造良好的工作氛围
	知识产权保护	完善法规和监管体系	提高服务水平，降低维权成本	推进行业自律

资料来源：杨丹辉：《全球化：服务外包与中国的政策选择》，经济管理出版社，2010 年。

1. 发展服务外包的战略

（1）把握国际服务外包的历史机遇。服务外包对全球经济版图与格局正在产生深远影响，对我国来讲，发展服务外包是发展现代服务业的突破口。在过去 30 年制造业全球外包的浪潮中，我国把握住了机遇，将中国打造为世界制造中心，利用制造业的全球转移实现工业化，积累了丰富的经验。目前，面对服务业的全球转移（服务外包作为重要形式）的浪潮已经到来，根据联合国贸发会估计，未来 5~10 年全球服务外包市场将以 30%~40%的速度递增，2020

年全球离岸服务外包市场将达到 1.65 亿~1.8 亿美元，我国应该也必须抓住机遇，利用服务产业的全球转移，实现经济服务化战略。

（2）离岸外包与在岸外包协调发展。要将离岸外包与在岸外包统一协调发展，通过发展离岸外包提升在岸外包的承接能力，通过发展在岸外包为离岸外包提供市场支持，进而实现规模效应，降低成本，提高国际竞争力。因此，在制定相关政策时，在完善在岸外包或内生服务化政策环境的基础上，加大对离岸外包的优惠力度，实现二者的协调发展。

（3）外包和创新要协调推进。目前，我国的服务外包接包商除了少数医药研发外包企业，大多从事的是劳动密集、较为低端的业务。以软件外包为例，我国大多服务外包企业主要参与程序开发、编码、测试及本地化等工作，较少从事整体框架设计、综合解决方案等高端外包服务；较少作为总接包商，较多承担三级、四级分包工作。因此在发展服务外包的同时，要创造条件，促进企业进行技术创新、管理创新、流程创新等，逐步摆脱处于价值链低端的不利地位。

2. 服务外包的重点领域选择

总结目前我国服务外包发展现状和未来全球外包产业的发展趋势，我国服务外包应重点发展以下领域：

（1）巩固发展基于 Web1.0 的传统服务外包，即以更低的成本完成不愿意做的事。重点是业务流程外包，包括为客户企业提供后台管理，人力资源管理，财务、审计与税务管理，金融支付服务，医疗数据及其他内部管理业务的数据分析、数据挖掘、数据管理、数据使用的服务等企业内部管理服务，为客户企业提供技术研发服务，为企业经营、销售、产品售后服务提供的应用客户分析、数据库管理等服务等运营服务；软件及信息服务外包，包括为金融、政府、教育等行业提供定制软件开发、嵌入式软件、套装软件开发，系统软件开发，软件维护、培训、测试等软件服务，为客户内部提供信息系统集成、网络管理等信息系统应用服务以及基础信息技术管理平台整合、IT 基础设施管理、数据中心、托管中心、安全服务、通信服务等基础信息技术服务。

（2）大力拓展基于 Web2.0 的知识服务外包，即战略性\选择性外包。重点是知识产权研究、医药和生物技术研发和测试、产品技术研发、工业设计、分析学和数据挖掘、动漫及网游设计研发、教育课件研发、工程设计等领域；以及为客户提供采购、物流的整体方案或者企业提供内部管理、业务运作流程设计服务等。

（3）积极发展基于 Web3.0 的云外包，即以云计算为基础的按需服务。根据 Forrester 的预测，2020 年全球云市场将达 2410 亿美元。云外包重点包括

SaaS（软件即服务）、IaaS（基础架构即服务）、PaaS（平台即服务）、BPaaS（业务流程即服务）等。

3. 加快基地城市建设，实行差异化战略，推进区域协调发展

中国目前有 21 个服务外包基地城市，数十个服务外包园区，而服务外包的总规模仍然很小。服务外包的规模和园区规模不协调，这势必会带来基地（园区）之间的过度竞争，尽管这种竞争会在一定程度上激励地方政府出台更加有利于服务外包的政策，但是也出现了一批为了享受优惠政策而不断搬迁的企业，这样不利于外包基地持续竞争力的培育。此外，中国服务外包基地的城市经济发展水平、软件产业基础差别比较大，发展相同的产品不能发挥比较优势。为了发挥每个基地的比较优势，减少过度竞争，增强服务外包基地的可持续竞争力，必须走区域差异化战略，实现区域协调发展。

同时，要加大服务外包园区的建设，园区内应集中提供服务外包研发平台、成果孵化平台、软件交易与发布平台、人才培训机构、便利的交通与生活设施、良好的休闲娱乐场所等，充分发挥外包园区的集群优势和规模效应，重点是公共服务和技术平台，如先进的软件开发平台、公共数据资源库、高速宽带通信基础设施，形成良好的服务配套体系等。同时要引导企业进行长远规划，积极促进园区内的外包进行资源整合，实现优势互补，逐步形成大型骨干企业。同时要对园区开发主体给予政策优惠，可将给予服务外包企业的优惠政策扩展到园区开发及运营企业。

4. 加大人才培养力度，营造高端人才"宜居宜业"环境

服务外包是一个新兴行业，其主要特征是高技术含量与创新性，所以从事服务外包的人才主要以智力劳动为主，而且随着信息化进程的不断推进，服务外包和制造业、服务业、政府等部门的结合更加紧密，这就要求服务外包人才具有更全面、更专业的素养，而在离岸外包兴起后，对于人才的国际化要求越来越突出。从能力来看，服务外包人才主要分为基本职业技能要求和与工作相关的专业技能（吴胜武等，2009）。培养服务外包人才的关键在于建立和完善多层次、全方位的外包人才培养和培训体系。第一，发挥高校在服务外包人才培养中的基础与骨干作用。完善体制机制，建立合作平台，促进高校和外包企业深入合作，使高校切实了解企业需求，并引导高校根据服务外包产业发展的需要，增设与服务外包相关的专业，培养适用于服务外包发展需要的新型人才。第二，针对不同层次的人才，采取不同的培养模式。外包企业需要各种层次的人才。以软件外包企业为例，既需要软件研发、系统构架、系统分析师、需求分析师等高端人才，也需要程序员、测试员等软件蓝领人才，同时还需要

软件营销人才。对于这些人才，要采取不同的模式进行培养。对项目分析师、程序设计师、需求分析设计师等高端人才，需要一个综合协调的培养体系，而且必须走国际化的道路，通过与国际著名公司的交流、培训、技术合作等多种方式培养。对于程序员、测试员等软件"蓝领"人才的培养，则应该通过职业教育、高等教育为软件外包企业量身培养，同时提高社会化培训机构软件外包人才的培养能力，并给予补贴。对于软件营销人才，则应该坚持干中学，或者从国外引进熟悉国际市场的人才。因此，要统筹财政性教育资金，把职业技术教育放到与普通文化教育同等重要的位置上来，同时要对岗位培训教育加大财政补贴力度和税收优惠力度，引导社会关心、支持职业教育的发展，为职业教育的发展创造一个良好的外部环境（欧阳煌、夏杰长、霍景东，2006）。同时要制定吸引人才的政策，为人才的发展提供优良的环境，特别是吸引海外留学人员回国或者外籍人才来华工作。

5. 改变基础设施投向

（1）软性的基础设施。如针对我国信用体系不健全，导致服务外包吸引力不强的问题，可以加大征信平台建设力度；再比如建立业务流程外包赖以生存的数据库等。

（2）建立高速数据传输通道。如印度为了克服数据传输慢的难题，园区通过专用的通信卫星来传输数据；美国政府先后提出了"国家信息基础设施"（NII）行动计划和建设全球信息基础设施（GII）的倡议，建立了完备的信息基础设施，并通过卫星通信和电信光缆连通全球信息网络，形成信息共享机制。此外，目前在承接国外关于信息及信息相关服务外包的过程中，由于信息涉及企业的机密，因此很多企业不愿意接受信息监管。我们可以考虑建立一个数据通讯出口港，借鉴发展制造业外包建立保税区的概念，只要数据来自国外，在加工处理后不在国内传播，则可以免于监管；为了提高数据传输速度，建议通过陆缆、卫星等方式连接通信港。

（3）完善公共服务平台建设。政府可以构建服务外包信息平台，提供服务外包承接方和发包方的信息。同时可以定期组织服务外包峰会、交易会、论坛等，为服务外包各方提供合作平台。公共服务平台要摆脱重建设，轻运营的格局，加大运营维护力度。

6. 加大税收优惠力度

将技术先进型服务企业的范围扩大到北京、天津、上海、重庆、大连、深圳、广州、武汉、哈尔滨、成都、南京、西安、济南、杭州、合肥、南昌、长沙、大庆、苏州、无锡、厦门等21个中国服务外包示范城市之外的其他地区，如果企业符合技术先进型企业，经认定后可以享受15%的企业所得税优惠税率，也可以享受出口业务免征营业税的优惠。在企业所得税方面。在对于一般服务外包的企业实行15%的企业所得税优惠税率的基础上，对技术外溢性较强的服务外包业务，如软件、金融等，适用10%的企业所得税税率；对于中西部地区允许下浮5%，即对承接服务外包的企业实行10%的企业所得税税率，对技术外溢性较强的服务外包业务，适用5%的企业所得税税率。在纳税期限上，对承接服务外包的企业，自获利年度起，第一年和第二年免征企业所得税，第三年至第五年减半征收企业所得税。

7. 促进政府服务外包

发展在岸外包可以提升接包企业能力，通过规模效应降低成本，而政府是巨大的在岸外包发包方。推进政府预算约束，提高政府服务外包意识。政府服务外包的关键是解决意识问题和观念问题，因此要强化预算约束，从利益上促进各级政府节约公共服务成本，进而推进服务外包的发展；服务外包的主体不仅是政府机关而且还包括事业单位。扩大政府服务外包的领域主要包括：电子设备、网络、软件开发和维护管理等信息技术外包；培训教育，专业技术鉴定、检验、检测；统计、论证、咨询、课题调查研究，规划编制、法规规章文件的起草、政府法律顾问等BPO外包；居家养老、公务活动的组织等公共服务外包以及后勤服务等。同时政府服务外包的对象要选择那些具有一定竞争力的本土企业，而不能再像以前的审计、咨询等业务制定由外资企业来承接。但是要严格要求，发挥政府服务外包在服务外包中的拉力（创造需求）和推力（监督、提升质量）双重作用。选择接包商应该坚持公平、公正，采取招投标的方式进行运作。

8. 完善环境建设，加强知识产权保护和信息安全保护

加强服务业法制建设，降低司法成本。中国要借鉴国际经验，针对不同行业的特点构建健全的服务业发展法律体系。在完善法律方面，特别要注意三个方面：一是加强知识产权保护。知识产权保护不力是阻碍企业服务外包的重要因素，如华为将研发部门设在印度，就是考虑到国内的知识产权保护不够。因此必须要加大知识产权的保护力度和违反知识产权的整治力度，加强对信息安全的研究和保护等。二是对持续性服务制定完善的法律制度。如培训、中介服务等，这些服务是非一次性的，需要一个时间过程才能完成，在这个过程中容易发生服务质量问题，比如时好时坏等，因此对这些服务门类应该加强立法。三是降低法律成本，提高司法公正性；强化依法长效管理，避免突击整治。同时健全信用征信制度，对市场主体的资信状况进行系统调查、收集、加工、评

估和保存。同时要开展诚信宣传教育，创建诚实守信的社会信用环境；加快企业和个人信用信息基础数据库的建设步伐；加快征信立法建设，完善征信制度；推进信用体系建设标准化管理。

9. 培育龙头企业

（1）创造有利条件支持有实力的大企业抓住机遇，进行海外并购，并利用中小板、创业板的机会鼓励有潜力的服务外包中小企业上市，加速发展壮大。对于发展比较成熟的企业，要鼓励其到境外资本市场上市。

（2）四是鼓励培训机构邀请国际知名发包企业的相关负责人、服务外包行业专家和成功的接包企业的管理者，组织面向国内服务外包企业的管理者的培训，特别是针对如何承接国际大单、采用新的业务模式、进行内部质量控制、实施流程管理、促进技术创新、强化人才培养、重视标准认证等领域的提升，加快本土接包企业与国际先进水平接轨，增强服务意识与国际竞争力。

（3）鼓励软件企业申请 CMMI/CMM 认证等国际资质认证，对获得 CMMI/CMM3、4、5 级认证或认证升级的企业，以及 PCMM、ISO27001/BS7799、ISO20000、SAS70 等认证的企业，政府要给予适当的补助。

10. 提升行业协会能力

强化行业协会的桥梁和纽带功能，提高行业协会在帮助企业获取市场信息、沟通联系、组织宣传和展览、市场推介等方面的能力。借鉴印度NASSCOM 的经验和运作模式，行业协会应重点发挥以下职能：与政府展开协作，制定服务外包行业政策和法规；与全球会员展开合作，促进服务外包在全球市场的发展；开展世界先进水平的研究项目和战略，对行业和会员加大投资支持力度；鼓励并监督成员遵守品质标准；保护知识产权和信息安全；促使各公司平等竞争，使中国成为全球服务采购的首选地；增加印度知识人才的数量并提高其品质等。

参考文献：

[1] Amy Jocelyn Glass & Kamal Saggi. Innovation and Wage Effects of International Outsourcing, European Economic Review, 2001, 45.

[2] Besanko David. David Dranove and Mark Shanley. Economics of strategy. John Wiley & Sons, Inc, 1996.

[3] Rick l. Click & Thomas N. Duening. Business Process Outsourcing: the Competitive Advantage. John Wiley & Sons, Inc, 2005.

[4] Runjuan Liu & Daniel Trefler. Much Ado About Nothing: American Jobs and the Rise of Service Outsourcing to China and India. Working Paper 14061, 2008.

[5] 中国服务外包研究中心、中国国际投资促进会、中欧国际工商学院:《中国服务外包报告 (2008)》, 上海交通大学出版社, 2009 年。

[6] 胡昭玲、王洋:《中国承接服务外包的影响因素分析》,《国际经贸探索》, 2010 年第 2 期。

[7] 霍景东:《发展服务外包业的财税政策探析》,《税务研究》, 2009 年第 3 期。

[8] 霍景东:《服务外包:城市增长的新引擎》, 见:中国社会科学院财贸所:《中国服务业发展报告 No.8》, 社会科学文献出版社, 2010 年。

[9] 江小涓:《服务外包:合约形态变革及其理论蕴意——人力资本市场配置与劳务活动企业配置的统一》,《经济研究》, 2008 年第 8 期。

[10] 李仲周:《发展服务外包政府应该做些什么》,《WTO 经济导刊》, 2006 年第 11 期。

[11] 王诏怡、刘艳:《离岸服务外包与东道国技术进步——基于中国的现实思考》,《广东工业大学学报 (社会科学版)》, 2011 年第 1 期。

[12] 徐兴锋:《服务外包国家竞争优势分析及对策研究》, 对外经济贸易大学博士论文, 2007 年。

[13] 严启发:《服务外包:我国经济发展的重大战略机遇》,《经济研究参考》, 2006 年第 61 期。

[14] 于慈江:《接包方视角下的全球 IT 和 ITES 离岸外包——跨国服务商与东道国因素研究》, 经济科学出版社, 2008 年。

十二、中国服务贸易与可持续发展

隆国强　张丽平[①]

摘　要：本报告重点阐述中国服务业及服务贸易可持续发展的潜在贡献。从经济活动类型和空间配置的角度看，在促进经济结构转型的各种动力背景下，考察服务业的发展特点与经济转型期的贸易可持续发展阶段性特征，以及目前服务业和服务贸易的发展现状及问题，通过国际比较可以厘清中国服务贸易可持续发展存在的机遇与挑战，并提出相关政策建议。

关键词：服务业　服务贸易　经济转型　可持续发展

（一）引言

中国已经成为国际社会公认的产品制造和货物出口大国，然而在过去的30多年里，或许并不为众人所知的是中国服务业同样经历了更加迅速的发展。改革开放以来，服务业的国民收入占比已经从不足 1/4 增长到 2/5 以上。这足以表明中国的经济结构与体制经历了深刻的变革。然而，与很多其他发展中国家相比，中国的服务业在国民收入中占比仍较小。在中国经济社会发展面临的资源环境瓶颈越发突出和贸易失衡问题越发严重的背景下，作为具有极大发展潜力和比较优势的中国服务业，究竟可以为中国贸易可持续发展做出哪些贡献？本报告试图从中国服务贸易的可持续发展视角来进行有益探索，以期为相关研究和政策建议提供参考。

[①] 隆国强，现任中国国务院发展研究中心对外经济研究部部长、研究员；张丽平，现任国务院发展研究中心对外经济研究部第二研究室主任、研究员。

（二）服务业、经济转型与贸易可持续发展战略

服务业在我国国民经济核算中，被视为第三产业，包括除农业、工业和建筑业之外的其他所有产业部门。服务具有不可感知、不可分割、不可储存、品质不一致、所有权不可转让的特性（裴长洪等，2008），[①] 即服务通常被视为无形之物，或者如人所说，是掉到脚上不会砸伤脚的东西。

各国日益关注服务业是因为，不论从就业还是附加值创造角度衡量，服务业都可以与第一和第二产业相媲美。如 Francois 和 Hoekman（2009）在其调查文章中指出，现代经济中，服务业日益占据主体地位。然而，最初研究者对服务业在国民经济中的份额增长是由供给还是需求因素导致意见并不一致。近年来，随着对服务业在经济社会发展中所做贡献认识的逐步深化和完善，服务不再被间接或明确视为终端消费者购买的产品，而更多考虑的是生产性服务和企业服务作为第二产业或制造业生产率水平的重要决定因素所起的作用。

从社会可持续发展的角度来看，一些面向个人的服务不仅会带来巨大的经济回报，如教育、社会服务及卫生服务等；而且也会在很大程度上影响个人和企业的生活生产状况，对个人和企业的经济发展空间（打工地和企业选址等）选择甚至有着决定性的影响，从这方面来看，无论是发展中国家还是工业化国家，决策者面临的挑战都是制定各种以最低成本提供高质量服务的机制。因此，通过完善个人服务并改善生活设施、提高生活标准，将有可能引发上述累加的关联过程而实现社会经济的可持续发展。

服务业发展与贸易平衡之间，显而易见，并非是简单直接的关系，这在很大程度上取决于企业的性质和企业提供服务的种类。如外向型企业主要向外国客户出售产品以推动出口；而有些服务企业则为最终从事出口贸易的国内企业以及外资企业在本国的分支机构提供企业服务。在这种情况下，服务企业对贸易平衡做出了间接贡献。

对服务业发展与自然环境之间关系的认识也不能过于笼统。Mayrand 和 Paquin（2007）指出，服务经济对环境不会造成严重影响的说法越来越遭到质疑，因为高收入、立足于服务发展的国家在世界自然资源消耗、污染气体排放以及对生物多样性的影响方面，仍然是最严重的。

综上所述，服务业对经济社会发展意义重大，也在很大程度上关系到中国"内外需结构"调整的成败；同时，贸易失衡和愈发严重的贸易保护行为和环

---

① 裴长洪、彭磊：《中国服务业与服务贸易》，社会科学文献出版社，2008 年。

境污染问题已经成为中国贸易可持续发展的桎梏。基于此,中国服务业的发展应被视为国民经济结构性转型的一部分,这种转型不仅涉及服务业,而且还应包括其经济活动的空间和机构的重新安排和规划。

(三)中国服务贸易发展的现状和趋势

1. 服务业

(1)发展概况。改革开放以来,中国的第三产业呈现出高速发展的态势。按当年价格计算,2010年服务业增加值为17100.54亿元,相比1978年水平增加了196倍,几何年均增长率为17.3%(没有考虑价格因素),高于同期GDP的增长率两个百分点,分别高出第一产业和第二产业5.6个和2.1个百分点;服务业增加值占GDP的比重由1978年的23.9%增加到了2010年的43%(见表12-1),因此,可以看出中国服务业日益成为国民经济发展的重要力量。然而,与发达国家服务业增加值占GDP的60%~80%的平均水平相比较,中国的服务业仍处于较低水平,具有巨大的提升空间。

表 12-1　中国第三产业在 GDP 中的比重(以现价计算)

年份	国内生产总值(GDP)(10亿元人民币)	第三产业	
		增加值(10亿元人民币)	比 重(%)
1978	364.52	87.25	23.9
2000	9921.46	3871.40	39.0
2001	10965.52	4436.16	40.5
2002	12033.27	4989.89	41.5
2003	13582.28	5600.47	41.2
2004	15987.83	6456.13	40.4
2005	18493.74	7491.93	40.5
2006	21631.44	8855.49	40.9
2007	26581.03	11135.19	41.9
2008	31404.54	13134.00	41.8
2009	34090.30	14803.80	43.4
2010	39798.33	17100.54	43.0

资料来源:中经网统计数据库(http://db.cei.gov.cn/)。

众所周知,服务业是以劳动密集型产业为主,随着服务业的大力发展和产业间的联动,第三产业吸纳社会劳动就业的比重呈逐步上升的趋势。从20世纪 90 年代中期开始，第三产业就业人口总数就已超过了制造业。统计显示，截至 2009 年年底，共有 2.66 亿人在第三产业实现就业，占总就业人口的 34.1%，比 1978 年提高了 22 个百分点。不管是新增劳动力还是从农业和制造业剥离出来的劳动力存量，基本上都是靠服务业来消化，服务业已经成为我国吸纳就业的主渠道（见表 12-2）。

表 12-2　中国第三产业就业状况（年末数）

年份	就业人数总计 （百万人）	第三产业	
		就业人数 （百万人）	比　重 （%）
1978	401.52	48.9	12.2
1994	674.55	155.15	23.0
2004	752.00	230.11	30.6
2005	758.25	237.71	31.4
2006	764.00	246.14	32.2
2007	769.9	249.17	32.4
2008	774.80	257.17	33.2
2009	779.95	266.03	34.1

注：本报告有关 1990~2000 年就业人员合计和城镇、乡村就业人员小计数据是根据第五次人口普查资料重新调整，2001 年及以后数据根据人口变动抽样调查资料推算，因此，与相应年份的分地区、分登记注册类型、分行业资料的分项数据之和不一致。

资料来源：国家统计局：《中国统计年鉴》（2010）。

从服务业的具体行业发展状况来看，现代服务业尤其是生产性服务业[①] 的需求得到进一步释放。从表 12-3 可以看出，批发零售业，交通运输、仓储和邮政业，这两类生产性服务业增加值占 GDP 的比重分别为 8.3% 和 5.2%，高于其他服务业，居于前两位；同时，生活性服务业，如房地产业发展也较为迅速，占 GDP 的比重逐步提升；然而与社会发展和环境发展密切相关的行业，包括卫生、社会保障和社会福利业，科学研究、技术服务和地质勘查业，文化、体育和娱乐业，水利、环境和公共设施管理业的发展相对落后，在 GDP 中的比重合计仅为 3.8%。2008 年生产性服务业占全部服务业的比重为 48.5%，占 GDP 的比重为 20.3%，可以看出中国的生产性服务业基本上占据了服务业的半壁江山，然而与发达国家生产性服务业占整个服务业的比重 70% 以上，占

---

　① 生产性服务业提供的是市场化的中间服务，即作为其他产品或服务生产的中间投入的服务，并具有专业化程度高、知识密集的特点，具体包括交通运输业、现代物流业、金融服务业、信息服务业和商务服务业等重要的行业和部门。

表 12-3　第三产业分行业增加值及构成（2008 年）

行业类别及其分类	增加值（亿元）	占 GDP 比重（%）
第三产业	131340.0	41.8
批发和零售业	26182.3	8.3
交通运输、仓储和邮政业	16362.5	5.2
房地产业	14738.7	4.7
公共管理和社会组织	13783.7	4.4
金融业	14863.3	4.7
教育	8887.5	2.8
信息传输、计算机服务和软件业	7859.7	2.5
住宿和餐饮业	6616.1	2.1
居民服务和其他服务业	4628.0	1.5
租赁和商务服务业	5608.2	1.8
卫生、社会保障和社会福利业	4628.7	1.5
科学研究、技术服务和地质勘查业	3993.4	1.3
文化、体育和娱乐业	1922.4	0.6
水利、环境和公共设施管理业	1265.5	0.4

注：本表按当年价格计算。其中，生产性服务业加总项包括：交通运输业、仓储和邮政业，信息传输、计算机服务和软件业，金融业，租赁和商务服务业，科学研究、技术服务和地质勘查业，水利、环境和公共设施管理业，公共管理和社会组织。

资料来源：国家统计局：《中国统计年鉴》（2010）。

GDP 的比重 30% 左右，仍有较大差距。生产性服务业发展缓慢会在很大程度上影响了中国经济结构转型，甚至进而延长了中国向服务型经济形态转变的过渡期。

（2）中国服务业开放进程逐步加快。自 2001 年加入世界贸易组织后，中国进入了新的开放阶段。中国严格履行加入世界贸易组织的承诺，服务业对外开放程度日益提高。中国在加入世界贸易组织时对 9 个服务部门的 84 个分部门均做出了具体承诺，占分部门总数（155 个）的 54.2%。对建筑及相关工程服务、分销服务、教育服务、环境服务的承诺覆盖率达到了 100%。其中环境服务贸易市场准入的承诺水平与实际开放市场程度非常接近，个别领域的开放程度甚至高于承诺水平，例如有些污水处理厂和垃圾发电厂完全是外商独资的，有些污水管网也已经对外开放了。

中国在区域经济一体化过程中加大了服务业开放的力度。2003 年 9 月，中国内地与香港、澳门特别行政区签署了"更紧密经贸关系安排"协议（CEPA），其中一个重要内容是内地向中国香港中国澳门进一步开放服务业。

之后经过 4 次补充和修正,[①] 开放的领域不断扩大，开放的程度不断加深。与中国加入世界贸易组织时的承诺相比，CEPA 在法律服务，会计、审计服务，医疗及牙医服务，广告服务，建筑设计服务，工程服务，集中工程服务，城市规划和风景园林设计服务，建筑及相关工程服务，房地产服务，管理咨询服务，增值电信服务，视听服务，分销服务，金融服务，与健康相关的服务和社会服务，旅游和与旅游相关的服务，娱乐、文化和体育服务，运输服务等领域，不同程度地放宽了从业资格限制和业务范围限制。如法律服务，中国加入世界贸易组织时，仅承诺允许外国律师事务所在境内以代表处的形式提供法律服务，同时还对代表处的设立地域、业务范围及代表的最短居留时间做出了限制。而在 CEPA 中，允许在内地设立代表机构的港澳律师事务所与内地律师事务所联营，放宽了其代表的最短居留时间的限制，允许内地律师事务所聘用港澳法律执业者；港澳永久性居民可以参加内地统一的司法考试，取得内地法律职业资格，从事非诉讼法律事务，为港澳的法律工作者在内地从事法律工作提供了多种途径。

2007 年 1 月，中国与东盟签署了《服务贸易协议》。中国允许东盟成员国在软件实施服务、数据处理服务、房地产服务、笔译和口译服务、环境服务、计算机订做系统服务、货物运输代理服务领域设立外资独资公司。另外，中国还增加了在市场调研服务、除建筑外项目管理服务、人员安置和提供服务、建筑物清洁服务、在费用或合同基础上的印刷和装订服务、娱乐文化体育服务、机动车保养和修理服务、城市间定期旅客运输服务等领域的承诺。

2009 年 6 月，海峡两岸共同签署了《两岸经济合作框架协议》（简称 ECFA），协议强调在服务贸易领域，两岸应致力于逐步减少或消除双方之间涵盖众多部门的服务贸易限制性措施；继续扩展服务贸易的广度和深度；增进双方在服务贸易领域的合作。

2. 服务贸易

（1）发展概况。20 世纪 90 年代以来，服务贸易的发达程度日益成为衡量一个国家现代化水平的重要标志。中国的服务贸易自 21 世纪初以来，尤其是加入世界贸易组织以来呈现出飞速发展的态势，在国际服务贸易中的地位和交易比重不断提高。2009 年中国服务贸易进出口总额超过了 2868 亿美元，跃升为世界第四位，占世界服务贸易进出口总额的比重达到 4.4%。服务贸易出口和进口在国际服务贸易中的比重也得以获得进一步的提高，统计显示，截至

---

① 补充和修订日期分别是 2004 年 10 月、2005 年 10 月、2006 年 6 月、2007 年 6 月。

2009 年底，两项比重分别达到 3.8% 和 5.0%，在世界排名分别升至第五位和第四位。但与发达经济体服务贸易水平相比，中国的服务贸易整体水平较低，服务贸易的比较优势仍然集中在传统服务业领域，新兴服务业发展相对滞后并呈净逆差的失衡状态（见表 12-4）。

表 12-4　2001~2009 年中国服务贸易出口和进口排名

年份	出　口				进　口			
	排名	金额（亿美元）	比重（%）	年增长率（%）	排名	金额（亿美元）	比重（%）	年增长率（%）
2001	12	329.0	2.2	3.1	10	390.3	2.6	8.9
2003	9	463.8	2.5	18.0	8	548.5	3.1	19.0
2006	8	914.2	3.3	23.7	7	1003.3	3.8	20.6
2008	5	1465.0	3.9	20.0	5	1580.0	4.6	22.0
2009	5	1286.0	3.8	−12.0	4	1582.0	5.0	0.1

资料来源：WTO 统计资料。

中国一直是服务贸易净进口国，且逆差额度呈扩大趋势。2010 年逆差总额达到 221 亿美元，与 2006 年相比高出近 130 亿美元。从近年服务贸易呈顺逆差行业看，服务贸易逆差仍然主要集中于运输、旅游、专有权利使用和特许费、保险服务等行业；而顺差则主要集中在建筑服务、咨询和其他商业服务业。从表 12-5 中可以看出，我国传统服务业逆差总额的绝对量依然较大（如运输、旅游），而现代服务业（保险、金融和咨询）总体逆差规模相对较小，有些项目表现为顺差。

表 12-5　2006 年和 2010 年中国服务贸易发展状况

单位：亿美元

项　目	2006 年				2010 年			
	总额	出口	进口	差额	总额	出口	进口	差额
合计	1928.3	920.0	1008.3	−88.3	3645	1712	1933	−221
运输	553.8	210.2	343.7	−133.5	975	342	633	−290
旅游	582.7	339.5	243.2	96.3	1007	458	549	−91
通信服务	15.0	7.4	7.6	−0.3	23	12	11	1
建筑服务	48.0	27.5	20.5	7.0	196	145	51	94
保险服务	93.8	5.5	88.3	−82.8	175	17	158	−140
金融服务	10.4	1.5	8.9	−7.5	27	13	14	−1
计算机和信息服务	47.0	29.6	17.4	12.2	123	93	30	63
专有权利使用费和特许费	68.4	2.0	66.3	−64.3	138	8	130	−122

续表

项　目	2006 年				2010 年			
	总额	出口	进口	差额	总额	出口	进口	差额
咨询	162.2	78.3	83.9	-5.6	379	228	151	77
广告、宣传	24.0	14.5	9.5	4.9	49	29	20	8
电影、音像	2.6	1.4	1.2	0.2	5	1	4	-2
其他商业服务	309.5	196.9	112.6	84.3	528	356	172	184
别处未提及的政府服务	10.9	5.8	5.1	0.7	21	10	11	-2

资料来源：国家外汇管理局官方网站（http://www.safe.gov.cn）。

如前所述，中国的服务贸易结构呈现不断优化的趋势，运输、旅游等传统服务行业在服务贸易中的占比进一步下降，而计算机和信息服务、通信和咨询服务等新兴服务行业的比重则有所提升。但从绝对量上可以看出，当前中国服务贸易业务仍主要集中在传统服务业上，而金融、保险、咨询等技术密集和知识密集服务行业发展水平仍较低。因此，大力发展服务业尤其是现代服务业对于优化我国的出口结构、实现货物贸易和服务贸易双轮驱动的对外贸易发展新模式具有战略意义。

（2）中国服务业发展特点与问题。综合现有文献研究和中国服务业发展现状，中国服务贸易发展呈现三大特点及相关问题需要值得关注。一是服务贸易进入快速发展阶段。2001 年，中国服务进、出口同比增幅分别只有 8.9% 和 3.1%，到 2009 年增幅均超过了 20%。服务贸易增幅不断提高可能意味着逆差的扩大。虽然相对于货物贸易顺差，服务贸易逆差似乎是可以接受的，但未来随着货物贸易出口形势的变化，服务贸易领域的自我平衡将变得越来越重要。二是服务贸易规模扩大快于服务业发展水平。2001~2009 年，中国服务贸易年均增长率为 21.6%，而同期服务业增加值的年均增幅为 10.5%。2001~2009 年，中国服务出口总额增长了近 4 倍这一事实表明，中国服务企业越来越迈向国际市场。三是服务贸易增速远高于世界平均水平。2001~2009 年，中国服务贸易进、出口年均增长分别为 20.8% 和 22.7%，均高于世界平均水平 8 个多百分点（12.1% 和 13.2%）。中国在国际服务贸易中的地位不断提高。但是服务贸易在量上的增长并不意味质上的相应提高。服务贸易发展中应尽量避免货物贸易发展中呈现的问题，即货物贸易大发展使中国成为世界瞩目的大国，但却没有成为世界贸易强国。

3. 中国服务业吸收外资情况

（1）概况。中国加入世界贸易组织后，服务部门新增的实际 FDI 每年都有所上涨。如 2006 年、2007 年服务业外商直接投资总量同比分别增长 34%、

56%。2009 年受到金融危机的影响，中国实际利用外资总额出现同比下降，其中第三产业实际利用 FDI 金额为 378.66 亿美元，下降了 0.67%。

表 12-6   2006 年服务贸易领域外商直接投资情况

	项目数		实际使用外资金额		占比（%）	
	个　数	同比（%）	金　额（百万美元）	同比（%）	项目数	金　额（百万美元）
合计	15024	7.04	19503.9	33.87	100	100
商业服务	8785	−0.86	13760.02	36.39	58.5	70.6
通信服务	23	9.52	19.29	−70.67	0.2	0.1
建筑与相关工程服务	352	−22.98	688.01	40.35	2.3	3.5
分销服务	3804	59.63	1641.94	84.81	25.3	8.4
金融服务	52	30	293.69	33.68	0.3	1.5
运输服务	665	−9.28	1984.79	9.25	4.4	10.2
旅游和与旅游相关的服务	1068	−12.03	842.14	33.96	7.1	4.3
教育服务	27	−47.06	29.4	65.63	0.2	0.2
与医疗相关的服务和社会服务	20	−9.09	15.17	−61.36	0.1	0.1
娱乐、文化和体育服务	223	−11.51	225.57	−23.72	1.5	1.2
环境服务	5	150	3.88	−82.92	0.03	0.02

注：2007 年开始服务贸易领域外商直接投资统计按世界贸易组织服务部门分类进行。
资料来源：商务部：《2007 年中国外商投资报告》。

从表 12-6 可以看出，外商直接投资主要集中于房地产、租赁和商务服务业，两大行业外商投资总量占服务业外商投资总量的比重在 60% 以上，其他服务业外资比重及其变化幅度都比较小。2009 年，中国房地产、租赁和商务服务业实际使用外资分别为 167.96 亿美元和 60.78 亿美元。2010 年，服务业中吸收外资最多的行业是房地产业，实际使用外资 239.86 亿美元，占服务业实际吸收外资的 49.24%，比上年提高了 4.88 个百分点。除房地产业以外，服务业中实际吸收外资最多的三个行业是：分销服务业（占 11.27%）、计算机应用服务业（占 5%）、运输服务业（占 4.61%）。此外，实际吸收外资增幅很大的行业有：环境服务、公路运输、卫生、金融服务、建筑与相关的工程服务、科学研究、文化艺术、农林牧渔服务业等，但由于基数较低，这些行业在服务业吸收外资总量中所占比重并不大。[1] 从外资的行业分布来看，在利用外资提高

---

[1] 商务部：《外资产业结构更加优化》，http://www.fdi.gov.cn/pub/FDI/tzdt/zt/ztmc/wz10hgy11zw/2010chinafdi/t20110519_133610.htm。

通信、保险、金融、计算机信息服务和商业领域的经营服务水平方面，还有很大的提升空间。

（2）外资在中国承接服务业跨国转移中的作用。外资在中国承接国际服务业跨国转移中的意义重大。从外资进入中国服务业的行业分布来看，占比较大的商业服务、分销服务和运输服务皆属于与制造业密切相关的生产性服务。这说明在发达国家将劳动密集型产业或生产环节向中国转移的同时，为这些制造业服务的生产性服务也在向中国转移。

根据商务部统计，交通运输、仓储及通信业和制造业外资企业是外资企业服务贸易收支的主体。2001~2006 年，这两大行业外资企业的服务贸易收入从24 亿美元上升到 152 亿美元，每年都占外资企业服务贸易收入的一半以上；服务贸易支出从 59 亿美元上升到 196 亿美元，在服务贸易支出中的比重保持在 80%以上。[①]

目前，外资引起的服务业向中国转移还远远不能满足中国服务业和服务贸易发展的需要。在服务外包越来越重要的服务业跨国转移中，利用外资发展中国国际服务外包业成为今后外资政策的主要方向之一。

4. 中国促进服务业和服务贸易发展的政策措施

（1）相关产业政策。为了促进产业结构优化升级，中国国务院于 2005 年发布了《促进产业结构调整暂行规定》。该规定明确提出要"提高服务业比重，优化服务业结构，促进服务业全面快速发展"；"大力发展环保产业，以控制不合理的资源开发为重点，强化对水资源、土地、森林、草原、海洋等的生态保护"；"大力发展服务贸易，继续开放服务市场，有序承接国际现代服务业转移"；"提高利用外资的质量和水平，着重引进先进技术、管理经验和高素质人才，注重引进技术的消化吸收和创新提高。吸引外资能力较强的地区和开发区，要着重提高生产制造层次，并积极向研究开发、现代物流等领域拓展"。

与此同时，国务院公布了《产业结构调整指导目录》，该目录成为引导投资方向，政府管理投资项目，制定和实施财税、信贷、土地、进出口等政策的重要依据。随着经济发展，国家发展和改革委员会于 2007 年对原有目录进行了调整，并对目录广泛征求意见，目前该目录正在对意见进行整理当中。调整后的目录将鼓励类服务业进一步细化，新增了现代服务业，金融服务业，科技服务业，商务服务业，商贸服务业，教育、文化、卫生、体育服务业六大行业，并将环境保护与资源节约综合利用分开，单独列出目录。与 2005 年目录

---

① 商务部：《2007 年中国外商投资报告》，http://www.fdi.gov.cn/pub/FDI/wzyj/yjbg/default.jsp。

相比，新目录鼓励的服务分部门共增加了 72 个，包括城市建筑供热平衡与节能控制系统技术开发及应用、新能源汽车加燃料站、充电站工程、数据处理及数据库服务、第三方物流设施建设及服务、物流信息公共服务平台建设、科研支撑条件共建共享服务、社会化、专业化康复服务、农村医疗服务、承接国际服务外包、生态旅游、蓄电池（铅酸蓄电池、镍氢电池、镍镉电池、锂电池等）环保回收技术及设备开发、废弃电子电器产品资源回收利用中心建设等。

"十二五"规划纲要强调要大力发展服务贸易。促进服务出口，扩大服务业对外开放，提高服务贸易在对外贸易中的比重。在稳定和拓展旅游、运输、劳务等传统服务出口同时，努力扩大文化、中医药、软件和信息服务、商贸流通、金融保险等新兴服务出口。大力发展服务外包，建设若干服务外包基地。扩大金融、物流等服务业对外开放，稳步开放教育、医疗、体育等领域，引进优质服务资源，提高服务业国际化水平。

（2）相关财政税收政策。按照现行的法律法规，在中国经营的服务企业主要缴纳营业税、城建税、教育费附加、地方教育费附加、印花税、城镇土地使用税、房产税、车船税、企业所得税等税费，发放工资时代扣代缴个人所得税。营业税税目和税率如表 12-7 所示。

表 12-7　营业税税目税率表

行 业	征收范围	税率（%）
交通运输业	陆路运输、水路运输、航空运输、管道运输、装卸搬运	3
建筑业	建筑、安装、修缮、装饰及其他工程作业	3
金融保险业		5
邮电通信业		3
文化体育业		3
娱乐业	歌厅、舞厅、卡拉 OK 歌舞厅、音乐茶座、台球、高尔夫球、保龄球、游艺	5~20
服务业	代理业、旅店业、饮食业、旅游业、仓储业、租赁业、广告业及其他服务业	5
转让无形资产	转让土地使用权、专利权、非专利技术、商标权、著作权、商誉	5
销售不动产	销售建筑物及其他土地附着物	5

资料来源：《中华人民共和国营业税暂行条例》（1993 年）。

对于国家鼓励的服务业，政府会给予一定的财政支持，对营业税、企业所得税等税费进行减免。如国家规定托儿所、幼儿园、养老院、残疾人福利机构提供的育养服务，婚姻介绍服务，殡葬服务，残疾人员个人提供的劳务，医院、诊所和其他医疗机构提供的医疗服务，学校和其他教育机构提供的教育劳务，学生勤工俭学提供的劳务，纪念馆、博物馆、文化馆、美术馆、展览馆、书画院、图书馆、文物保护单位举办文化活动的门票收入，宗教场所举办文化、宗教活动的门票收入等免征营业税。

（3）外贸政策。中国政府一直积极支持国际服务贸易的发展。中国给予其他缔约方或参与者与其在国际条约和协定中承诺的市场准入和国民待遇。在《对外贸易法》（2004 年）中仅列出了对有关国际服务贸易可以限制或者禁止或采取必要措施的原因：①为维护国家安全、社会公共利益或者公共道德；②为保护人的健康或者安全，保护动物、植物的生命或者健康，保护环境；③为建立或者加快建立国内特定服务产业；④为保障国家外汇收支平衡；⑤依照法律、行政法规的规定；⑥根据中国缔结或者参加的国际条约、协定的规定；⑦为国家安全，公共利益或公共道德。

（4）外资政策。2007 年 11 月，中国国家发展和改革委员会和商务部联合修订了《外商投资产业指导目录》。新《目录》对外商投资房地产业限制范围有所扩大，对金融业限制尺度有所放宽。新《目录》除继续限制外商投资于高档宾馆、别墅、高档写字楼和国际会展中心的建设、经营，规定外商投资土地成片开发则必须与内资企业合资、合作外，新增了对外商投资房地产二级市场交易及房地产中介或经纪公司的限制，并将"普通住宅地开发建设"从原《目录》的鼓励投资类别中删除。

对中国稀缺或不可再生的重要矿产资源，新《目录》不再鼓励外商投资；一些不可再生的重要矿产资源也不再允许外商投资勘查开采；限制或禁止高物耗、高能耗、高污染外资项目进入。

针对中国贸易顺差过大、外汇储备快速增加等新形势，新《目录》不再继续实施单纯鼓励出口的导向政策。

鼓励类外商投资服务业主要包括 8 大行业、41 个分部门，其中将节约能源开发技术，资源再生及综合利用技术、企业生产排放物的再利用技术的开发及其应用，环境污染治理及监测技术，化纤生产的节能降耗、三废治理新技术，防沙漠化及沙漠治理技术，污水、垃圾处理厂，危险废物处理处置厂（焚烧厂、填埋场）及环境污染治理设施的建设、经营列入鼓励类产业，反映了中国政府希望通过引进外资，改善环境，促进经济的可持续发展。

（5）与环境服务有关的政策。进入 21 世纪，为实现可持续发展，中国政府采取包括产业政策、外资政策、财政税收政策、价格政策等在内的各项政策，大力支持环保产业的发展。除前面提到的《产业结构调整指导目录》、《外商投资产业指导目录》外，国家还出台了《中华人民共和国清洁生产促进法》、《中华人民共和国环境影响评价法》、《中国 21 世纪初可持续发展行动纲要》、《排污费征收使用管理条例》、《关于加快市政公用行业市场化进程的意见》、

表 12-8　鼓励类外商投资服务业指导目录

行　业	分部门
交通运输、仓储和邮政业	1. 铁路干线路网的建设、经营（中方控股） 2. 支线铁路、地方铁路及其桥梁、隧道、轮渡和站场设施的建设、经营（限于合资、合作） 3. 高速铁路、铁路客运专线、城际铁路基础设施综合维修（中方控股） 4. 公路、独立桥梁和隧道的建设、经营 5. 公路货物运输公司 6. 港口公用码头设施的建设、经营 7. 民用机场的建设、经营（中方相对控股） 8. 航空运输公司（中方控股） 9. 农、林、渔业通用航空公司（限于合资、合作） 10. 定期、不定期国际海上运输业务（中方控股） 11. 国际集装箱多式联运业务 12. 输油（气）管道、油（气）库的建设、经营 13. 煤炭管道运输设施的建设、经营 14. 运输业务相关的仓储设施建设、经营
批发和零售业	1. 一般商品的配送 2. 现代物流
租赁和商务服务业	1. 会计、审计（限于合作、合伙） 2. 国际经济、科技、环保信息咨询服务 3. 以承接服务外包方式从事系统应用管理和维护、信息技术支持管理、银行后台服务、财务结算、人力资源服务、软件开发、呼叫中心、数据处理等信息技术和业务流程外包服务
科学研究、技术服务和地质勘查业	1. 生物工程与生物医学工程技术、生物质能源开发技术 2. 同位素、辐射及激光技术 3. 海洋开发及海洋能开发技术、海洋化学资源综合利用技术、相关产品开发和精深加工技术、海洋医药与生化制品开发技术 4. 海洋监测技术（海洋浪潮、气象、环境监测）、海底探测与大洋资源勘查评价技术 5. 综合利用海水淡化后的浓海水制盐、提取钾、溴、镁、锂及其深加工等海水化学资源高附加值利用技术 6. 节约能源开发技术 7. 资源再生及综合利用技术、企业生产排放物的再利用技术开发及其应用 8. 环境污染治理及监测技术 9. 化纤生产的节能降耗、三废治理新技术 10. 防沙漠化及沙漠治理技术 11. 草畜平衡综合管理技术 12. 民用卫星应用技术 13. 研究开发中心 14. 高新技术、新产品开发与企业孵化中心
水利、环境和公共设施管理业	1. 综合水利枢纽的建设、经营（中方控股） 2. 城市封闭型道路建设、经营 3. 城市地铁、轻轨等轨道交通的建设、经营（中方控股） 4. 污水、垃圾处理厂，危险废物处理处置厂（焚烧厂、填埋场）及环境污染治理设施的建设、经营
教育	高等教育机构（限于合资、合作）

续表

行　业	分部门
卫生、社会保障和社会福利业	老年人、残疾人和儿童服务机构
文化、体育和娱乐业	1. 演出场所经营（中方控股） 2. 体育场馆经营、健身、竞赛表演及体育培训和中介服务

资料来源：《外商投资产业指导目录（2007年修订）》。

《关于推进城市污水、垃圾处理产业化发展的意见》、《国务院关于加强城市供水节水和水污染防治工作的通知》等一系列重要的法律法规和政策，并制定修订了一大批污染物排放标准，初步形成了环保产业政策体系（见表12-9）。

表12-9　与环境服务发展相关的鼓励政策

政　策	内　容
投资政策	《关于加快市政公用行业市场化进程的意见》（2002年）鼓励社会资金、外国资本采取独资、合资、合作等多种形式，参与供水、废水处理和垃圾处理等市政公用设施的建设。《关于推进城市污水、垃圾处理产业化发展的意见》（2002年）鼓励各类所有制经济积极参与污水处理和垃圾处置的投资和经营，鼓励社会投资主体采用BOT等特许经营方式投资或与政府授权的企业合资建设城市污水、垃圾处理设施。
财政税收政策	《国务院关于加强城市供水节水和水污染防治工作的通知》（2000）规定，对各级政府及主管部门委托自来水厂（公司）随水费收取的污水处理费，免征增值税。《中华人民共和国企业所得税法》（2008年）规定，企业从事符合条件的环境保护、节能节水项目的所得，可以免征、减征企业所得税；企业购置用于环境保护、节能节水、安全生产等专用设备的投资额，可以按一定比例实行税额抵免。
价格政策	《关于推进城市污水、垃圾产业化发展的意见》要求已建有污水、垃圾处理设施的城市立即开征污水和垃圾处理费，其他城市在2003年底以前开征。征收的污水和垃圾处理费要能够补偿城市污水处理厂和垃圾处理企业的运营成本和合理的投资回报。

资料来源：根据有关文件整理。

（四）中国服务贸易可持续发展的必要性和挑战

1. 必要性

（1）"十二五"规划：良好的国内政策环境。"十二五"规划《纲要》明确提出在全面建设小康社会的关键时期，要"加快发展生产性服务业"，"加大环境保护力度"，"发展服务贸易"。把推动服务业大发展作为产业结构优化升级的战略重点，营造有利于服务业发展的政策和体制环境，拓展新领域，发展新业态，培育新热点，推进服务业规模化、品牌化、网络化经营，不断提高服务业比重和水平。到 2015 年，服务业产值占 GDP 的比重比 2010 年提高 4 个百分点（47%）。同时，在合乎标准的大中城市优先发展服务业，服务业增加值的增长率应高于 GDP 第二产业的增长率。到 2020 年，完成经济结构向服务业转型的目标，即服务业增加值在 GDP 中的比重超过 50%，服务部门就业人口显著增加，公共服务的均等化水平明显改善，服务业的市场竞争力显著加强，总体发展水平基本满足小康社会建设的需要。

发展循环经济、加强环境保护的主要目标包括：到 2010 年，二氧化硫（SO_2）和化学需氧量（COD）排放降低 10%；中国所有城市都要建设污水处理设施，城市污水处理率不低于 70%，全国城市污水处理能力达到 1 亿吨/日；城市废物的净化率不低于 60%。主要环保指标如表 12-10 所示。

表 12-10　"十一五"规划期间的主要环保指标

指　　标	2005 年	2010 年	"十一五"增减情况
化学需氧量排放总量（万吨）	1414	1270	-10%
二氧化硫排放总量（万吨）	2549	2295	-10%
地表水国控断面劣 V 类水质的比例（%）	26.1	< 22	-4.1%
七大水系国控断面好于Ⅲ类的比例（%）	41	> 43	2%
重点城市空气质量好于Ⅱ级标准的天数超过 292 天的比例（%）	69.4	75	5.6%

资料来源：《国家环境保护"十一五"规划》（2006~2010 年）。

2008 年，中国发布了《加快发展服务业若干政策措施的实施意见》，提出多项支持服务业发展的政策，包括深化服务业改革，进一步扩大服务业对外开放，提高对服务部门的资金投入，积极培育服务业的主导企业和著名品牌，以及对服务业进一步扩大税收优惠等。

与发展环境服务和卫生服务有关的现行措施包括以授权方式供水、供热、供气，以及提供公共交通、污水处理、废物处理等服务；提高中央政府对社会保障、卫生、教育、节能减排等领域的投入；着重提高农村、落后地区及中低收入城市居民的公共服务水平；支持医疗卫生系统的改革及其他重大改革等。

（2）服务业和服务贸易快速发展：积极的内部经济条件。"十二五"规划目标的制定，意味着未来服务业和服务贸易必须保持快速发展的态势。服务业要实现占 GDP 比重 47% 的发展目标，其"十二五"期间年均增速必须高于 GDP 名义年均增速。快速发展首先保证了可持续发展中的经济发展，同时在快速发展的前提下，服务贸易可持续发展所面临的社会问题和环境问题更容易得到解决。

环境服务市场规模不断扩大，环境服务业未来的发展前景十分广阔。统计资料显示，中国环境污染治理投资不断扩大，"十五"期间投资总额增长了1倍多，由2001年的1100多亿元提高到2380多亿元（见表12-11）。"十一五"期间，环境污染治理投资仍将继续扩大。随着投资规模的扩大，环境服务业增长速度将进一步提高。有研究预测，"十一五"时期中国环境服务业将保持15%~20%的增长速度，2010年，环境服务年收入1000亿元（见表12-12）。

表 12-11 2001~2008 年中国环境污染治理投资概况

单位：10亿元

年份	环境污染治理投资 (1+2+3)	1. 城市环境基础设施建设投资	2. 工业污染治理投资	3. 实际执行"三同时"项目环保投资
2001	110.66	59.57	17.45	33.64
2002	136.72	78.97	18.84	38.97
2003	162.77	107.24	22.18	33.35
2004	190.98	114.12	30.81	46.05
2005	238.80	128.97	45.82	64.01
2006	256.60	131.49	48.39	76.72
2007	338.73	146.75	55.24	136.74
2008	449.03	180.10	54.26	214.67

注：环境保护"三同时"的定义：《中华人民共和国环境保护法》规定，建设项目的污染防治设施的建设必须与主体工程同时设计、同时施工、同时投产使用（简称"三同时"）。

资料来源：国家统计局：《中国第三产业统计年鉴》（2009）。

表 12-12 "十一五"环境服务业各领域需求预测

领域	2004 年收入总额（亿元）	年均增长率预测值（%）	2010 年收入总额预测值（亿元）
环境技术研发	13.0	5~10	17.4~23.0
环境工程设计与施工	143.7	15~25	332.4~548.2
污染治理设施运营	72.7	25~35	277.4~440.1
环境监测	16.9	15~20	39.1~50.5
环境咨询	17.8	20~30	53.2~85.9
合计	264.1	15~20	719.5~1147.7

资料来源：李丽平：《环境服务贸易自由化对中国的影响》，中国环境科学出版社，2007年。

（3）全球服务贸易自由化正在强化。无论在多边自由贸易框架层面，还是在区域一体化层面，服务贸易自由化的程度都在不断提高。服务贸易是多哈回合谈判的关键领域之一。虽然由于涉及各方利益的进退取舍，多哈回合谈判一波三折，谈判结束时间一再推迟，但经广大成员共同努力，还是取得了一定的进展，尤其是在服务贸易领域。自 2003 年 3 月底以来，共有 69 个国家/地区提交了报价，2005 年 5 月 19 日以来，共有 30 个国家/地区提交了修订后的报价。短期内，多哈回合谈判最终能否达成协议尚不明朗。

在区域一体化层面，服务贸易自由化取得进展相对容易。随着服务贸易的作用越来越大，越来越多的区域经济集团将服务贸易协议作为重要组成部分，相互开放服务业，以扩大区域内的服务贸易。截至 2008 年 4 月 15 日，共有51 个 RTAs 涉及 GATS 第五条款。

（4）服务业跨国转移正在兴起。以服务外包为主要内容的服务业跨国转移正在兴起。据麦肯锡估计，2007 年全球服务可实现离岸的潜在市场规模达到4650 亿美元，其中 IT 应用服务、业务流程外包、IT 基础设施服务和设计研发服务分别为 900 亿、1700 亿、850 亿和 1200 亿美元。[1] 联合国贸发会议预测，未来几年将继续保持 30%~40% 的增长速度。服务业跨国转移直接影响着跨境提供和商业存在形式的服务贸易。发展中国家作为服务外包业务的主要承接方，服务外包业务的发展势必带来其出口的增加。以国内市场为目的的服务业跨国转移虽然不能直接带来东道国出口的增加，但其带来的竞争加剧有利于提高本地企业的竞争力，间接地作用于服务贸易出口。

2. 挑战

（1）中国服务业发展相对滞后。与同等发展水平的国家相比，中国第三产业仍有很大的发展空间。据统计，中等收入国家第三产业占比的平均水平为45%~55%，而中国 2010 年只有 43%。远低于世界平均水平（60% 以上）。"十一五"结束时，服务业吸纳就业比重有了一定的提高，达到了 34.8%，不仅低于发达国家，甚至低于某些发展中国家。促进制造业产业升级的生产性服务业和改善国民生活的消费性服务业严重缺失。

不但量上中国服务业的发展相对滞后，质上中国服务业的发展存在着质量低、价格高的问题。根据有关研究，一些供不应求的行业、价格明显高出国际市场的行业、服务质量远远不能满足消费者需求的行业，大多数存在于服务业中。[2] 服务业不发达，必然会削弱服务贸易可持续发展的基础。

（2）服务贸易自由化程度有待进一步提高。虽然在世界贸易组织所列出的12 个服务部门中，除健康服务、娱乐服务和其他服务外，中国对 9 个部门做出了承诺，但是中国服务贸易承诺的分部门覆盖率只有 54.2%，低于日本

---

①② 商务部：《中国服务贸易发展报告 2007》，中国商务出版社，2007 年。

（73.5%）和韩国（67.7%）（见表 12—13）。

表 12–13　中国服务贸易承诺的部门覆盖比率及根据 GATS 承诺计算的自由化指数

部 门	部门覆盖率 (%)	自由化指数			
		跨境支付	境外消费	商业存在	自然人流动
平均	54.2	0.36	0.54	0.28	0.06
商务服务	60.9	0.55	0.60	0.32	0.06
通信服务	62.5	0.38	0.63	0.3l	0.06
建筑及相关工程服务	100.0	0.10	1.00	0.50	0.10
分销服务	100.0	0.54	1.00	0.50	0.10
教育服务	100.0	0.10	1.00	0.50	0.10
环境服务	100.0	0.50	1.00	0.50	0.10
金融服务	76.5	0.44	0.65	0.44	0.08
健康服务	0.0	0.00	0.00	0.00	0.00
旅游及旅行相关服务	50.0	0.50	0.50	0.25	0.05
娱乐服务	0.0	0.00	0.00	0.00	0.00
运输服务	20.0	0.19	0.26	0.12	0.05
其他服务	0.0	0.00	0.00	0.00	0.00

　　注：①世界贸易组织的服务部门分类表中列出了 12 个部门和 155 个分部门。承诺的部门覆盖比率是指某一部门成员国做出承诺的分部门数与该部门分部门总数的比。
　　②根据世界贸易组织的释义，如果一国政府自我承诺允许外国投资在其本国市场进行经营，就被认为是市场准入承诺（Market–access Commitment）。承诺可以区分为无限制承诺、限制承诺和不作承诺（包括除水平承诺外不作承诺）。
　　③自由化指数 = 1˚ 无限制承诺部门覆盖率 + 0.5˚ 限制承诺部门覆盖率 + 0.1˚ 不作承诺部门覆盖率。指数在 0.1 与 1 之间，指数越大，部门的自由化程度越高。
　　资料来源：《中国服务贸易具体承诺减让表》。

　　为进一步分析中国服务贸易的自由化水平，根据承诺的程度，对不同方式的服务贸易进行了指数化处理。计算结果如表 12–13 所示。总体上来看，中国对商业存在形式服务贸易的开放比较谨慎，自由化指数仅是跨境消费的一半。就做出承诺的具体部门而言，中国通过商业存在方式进行的交通运输服务、通信服务和商务服务等生产者服务贸易的自由化程度相对较低。中国服务部门的开放程度不高，尤其是生产者服务的自由化程度低，对中国利用服务业的跨国转移发展服务业不利。

　　（3）中国服务贸易缺乏国际竞争力。与主要的贸易伙伴相比，中国服务贸易的显性比较优势很低。中国仅在资源密集的旅游部门和劳动力密集的建筑部门具有相对比较优势。相比之下，发达经济体具有比较优势的部门较多，而且多数是技术密集的现代服务业，如金融、计算机与信息服务、专利等（见表 12–14）。而且如表 12–15 所示，中国在旅游和建筑服务上的比较优势呈现出下

滑的趋势，在运输服务、计算机与信息服务部门虽然不具有比较优势，但
RCA 指数处在上升态势。

表 12-14　中韩与主要发达国家的 RCA 比较（2004 年）

	中国	韩国	美国	英国	德国	法国	日本
运　输	0.89	2.50	0.75	0.72	1.08	1.07	1.52
旅　游	1.50	0.50	1.01	0.56	0.71	1.34	0.42
通　信	0.35	0.48	0.68	1.02	1.12	1.37	0.23
建　筑	1.26	0.05	0.47	0.12	2.56	1.56	3.77
保　险	0.23	0.06	0.69	2.44	0.96	0.52	0.42
金　融	0.03	0.48	1.17	2.87	0.71	0.24	0.82
计算机与信息	0.74	0.02	0.55	1.64	1.57	0.38	0.30
专利及许可费	0.07	0.83	2.96	1.27	0.69	0.88	3.08
其他商业服务	1.36	0.86	0.88	1.20	1.20	0.97	0.96
私人文化及娱乐	0.05	0.25	1.78	1.50	0.54	1.66	0.06
政　府	0.22	1.22	1.99	0.75	2.06	0.28	1.00

注：RCA = x_{ij}/x_{iw}，x_{ij} 是商品 i 在国家 j 出口中的比重，x_{iw} 是商品 i 在世界出口中的比重，RCA 大于
1 意味着 j 国在 i 商品上具有竞争力，小于 1 则不具竞争力。
资料来源：IMF。

表 12-15　中国服务贸易各部门的 RCA 指数

年　份	1999	2003	2004
运　输	0.42	0.79	0.89
旅　游	1.73	1.31	1.50
通　信	1.06	0.65	0.35
建　筑	1.54	1.37	1.26
保　险	0.38	0.22	0.23
金　融	0.07	0.06	0.03
计算机与信息	0.42	0.60	0.74
专利及许可费	0.06	0.04	0.07
其他商业服务	1.25	1.53	1.36
私人文化及娱乐	0.02	0.05	0.05
政　府	0.11	0.27	0.22

资料来源：IMF。

另一个可以用来衡量比较优势的指数是 TSI。该指标显示，除 RCA 显示的
优势部门外，中国在通信服务具有比较优势，但呈不断下降的趋势；在计算机
与服务部门具有比较优势，且呈上升态势（见表 12-16）。

表 12–16　中国服务贸易各部门的 TSI 指数

年　份	1999	2003	2004
运　输	−0.46	−0.32	−0.28
旅　游	0.22	0.15	0.22
通　信	0.57	0.28	0.04
建　筑	−0.13	0.13	0.12
保　险	−0.77	−0.85	−0.87
金　融	−0.11	−0.13	−0.12
计算机与信息	0.17	0.11	0.20
专利及许可费	−0.80	−0.93	−0.89
其他商业服务	0.10	0.33	0.25
私人文化及娱乐	−0.60	−0.28	−0.58
政　府	−0.72	−0.03	−0.10

注：TSI = $(X_{ij} - M_{ij})/(X_{ij} + M_{ij})$，$X_{ij}$ 指 j 国出口的 i 类服务的金额；M_{ij} 指 j 国进口的 i 类服务的金额。如果 TSI 大于零，则 j 国在 i 类服务具有比较优势；如果小于零，则不具比较优势。

资料来源：IMF。

尽管 TSI 指数显示中国在计算机与信息服务部门具有比较优势，但实际上中国在该部门的优势更多的是利用劳动力成本优势，承接劳动密集环节的服务外包，而在增值率比较高的研发环节并不具竞争力。总体而言，RCAs 和 TSI 均显示中国服务贸易的竞争力，尤其是生产者服务的竞争力较弱。

（4）服务业吸引外商直接投资主要集中于以国内市场为目的的部门。进入中国服务业的海外直接投资更多的是以占领国内市场为目标。虽然可以通过竞争促进中国该服务部门服务质量的提高，增加消费者的福利，但在通过参与服务业跨国转移促进服务业发展与服务贸易出口方面的作用有限，尤其是与以发展离岸外包业务为目的的外资相比。

（5）离岸第三方外包① 业务不发达。业务流程外包（BPO）向一些发展中国家提供了扩大服务出口的巨大机遇。印度是这方面的佼佼者。1995~2005 年，印度服务出口年均增长率高达 25%。技术进步，尤其是信息技术的提高和国际通信成本的降低，以及企业集中于最擅长的业务活动这一管理理念的转变，造成对廉价 BPO 供应商巨大的、不断增长的需求。数据录入和其他后台办公活动最先被工业化国家的企业外包出去，外包的承接方主要是拥有相同语言背景的发展中国家。之后发展中国家的一些企业融入到"价值链"当中，并

---

① 离岸第三方外包（Off-shoring Outsourcing），指制造商或服务供应商为降低成本，将本企业核心业务以外的服务环节转移给第三国承包商的活动。

向"价值链"的上端转移，提供直接的客户服务和管理，人力资源管理，医疗检查的分析（如 X 光），以及产品开发。Hoekman 和 Mattoo（2008）认为印度在价值链上的升级意味着其他发展中国家（他们特别提到中国）在 BPO 的低端可以有所作为。

（五）结论及相关政策建议

不可否认，改革开放以来尤其是我国加入世界贸易组织之后，我国的服务业和服务贸易获得了快速的发展，无论是增加值、绝对额还是相对比重，无论是贸易总额还是占据世界地位都发生了翻天覆地的变化。但同时，我们也要看到随着中国经济社会的深入发展，各种资源环境问题日益突出，内外需结构失衡问题越发严重，因此转变发展方式和产业结构优化越发迫切；同时，服务业和服务贸易自身存在的短板问题也日益显现，传统服务业大而不强的局面依然存在，新兴服务业发展良莠不齐依然突出，这对中国可持续的外贸发展战略构成了极大的挑战。基于此，本报告认为未来要实现中国服务业和服务贸易的又好又快的可持续发展需要作以下几方面努力：一是继续坚定不移地推动和加快发展方式转变和产业结构优化进程。资源环境问题、贸易失衡问题和经济服务化趋势均要求中国加快发展方式转变。服务业自身存在着各种问题，意味着优化产业结构和实现各类服务业协调快速发展是其必然选择。二是继续探索区域合作和贸易自由化发展模式，加强同周边地区和国家的互利共赢外贸发展战略，积极加强服务业合作和服务贸易发展，减少贸易摩擦和避免贸易冲突。三是坚持自主创新和有效引进外资相结合的开放战略，加强风险意识和知识产权保护意识，提高服务企业自身竞争力并培育具有比较优势的中国服务业。四是坚持内外需协调发展，加快发展现代服务业；坚持发挥市场的基础性作用和政府的宏观调控相结合，解决不合时宜的服务业发展体制机制问题，引入竞争机制，发挥社会资本在公共服务领域的积极作用。

参考文献：

[1] 李丽平：《环境服务贸易自由化对中国的影响》，中国环境科学出版社，2007 年。

[2] 裴长洪、彭磊：《中国服务业与服务贸易》，社会科学文献出版社，2008 年。

[3] 商务部：《中国服务贸易发展报告 2007》，中国商务出版社，2007年。

[4] 商务部：《外资产业结构更加优化》，http：//www.fdi.gov.cn/pub/FDI/tzdt/zt/ztmc/wz10hgy11zw/2010chinafdi/t20110519_133610.htm。

[5] 商务部：《2007 年中国外商投资报告》，http：//www.fdi.gov.cn/pub/FDI/wzyj/yjbg/default.jsp。

十三、比较优势与中国服务贸易发展

张　艳　唐宜红[①]

　　摘　要：中国服务进口、出口和服务业外商直接投资（FDI）表现出强劲增长势头。本报告从理论上和实证上探讨中国服务贸易快速发展的原因。主要结论是比较优势理论适用于中国服务贸易，相对比较优势的提高会增加一国服务出口，减少一国服务进口。服务贸易自由化、服务业外商直接投资和服务产业发展是解释中国服务进口和出口增长和服务业产业内贸易的重要决定因素。

　　关键词：服务贸易　比较优势　产业内贸易　贸易自由化

（一）导言

　　国际产业转移的重心逐渐向服务业调整，服务贸易迅速发展，成为世界经济新的制高点。中国加入世界贸易组织（WTO）在服务领域做了积极的承诺，并认真履行承诺，随着加入世界贸易组织后过渡期（2002~2006 年）的结束，中国服务市场的对外开放程度不断深化。中国服务进口、出口和服务业外商直接投资（FDI）也表现出强劲增长势头。然而，中国的服务贸易在总体上和大多数服务部门内都不具有比较优势，但却表现出显著的产业内贸易的特征。那么，中国服务贸易快速发展的主要原因是什么？比较优势理论是否适用于服务贸易？服务贸易开放起到了怎样的作用？这些问题正是本报告试图解释的问题。

　　本报告首先从理论上探讨比较优势理论对服务贸易的解释力。服务贸易的时空一致性和全球生产共享（Production Sharing）的特征使国际分工扩展到生产任务（或服务环节），这种垂直型国际分工仍然建立在比较优势的基础上，

---

　　① 张艳，中央财经大学国际经济与贸易学院讲师；唐宜红，中央财经大学国际经济与贸易学院教授、院长。

只是层次更加细化。而服务贸易联合生产（Joint Production）的特征使其对本国相对生产成本的变化更为敏感。服务贸易自由化和服务业 FDI 提高了服务的可贸易性，扩大服务进口和出口。

一些文献也从实证的角度探讨服务贸易的决定因素。Grünfeld 和 Moxnes（2003）沿用货物贸易的引力模型对服务贸易和服务业 FDI 的决定因素进行研究；程大中（2008）、Srivastava（2006）、Sichei 等（2007）、Li 等（2003）将研究货物产业内贸易的方法应用到服务贸易的研究。本报告使用中国服务部门层面（1997~2006 年）面板数据，通过服务贸易比较优势的动态变化来讨论比较优势理论对中国服务贸易的解释力。中国比较优势的改善可以提高一国的出口，减少一国的服务进口。

本报告结构如下：（二）分析中国服务贸易的特征，并计算中国 IIT 指数和 RCA 指数；（三）进行理论回顾；（四）在理论基础上，建立实证模型，并讨论实证结果；（五）对本报告进行小结，并提出相应的政策建议。

（二）中国服务贸易发展状况及结构特点

1. 中国服务贸易发展状况

服务贸易的两种较流行的定义包括基于 GATS 4 种提供模式的定义和基于 BPM5 的定义。本报告有关服务贸易的主要数据是基于后者的统计，Cave（2002）指出基于 BOP 统计的服务贸易数据包含了 GATS 定义中模式 1、2，一小部分模式 3 和部分模式 4 方式提供的服务贸易。《国际服务贸易统计手册》（"Manual on Statistics of International Trade in Services"，MSITs，2001）建议将居民与非居民之间的传统服务贸易扩展到通过在一国之内设立外国附属机构提供服务，被正式表述为外国附属机构服务贸易 ["Foreign Affiliates Trade in Services Statistics"（FATs）]。FATs 可以分为内向 FAT 和外向 FAT，别国附属机构在东道国的服务交易称为"内向 FATs"，东道国附属机构在别国的服务交易称为外向 FATs。FATs 统计数据在世界的普及率并不高，只有少数国家，如美国实现了较全面的统计，而中国在内向 FATs 统计上有所推进。目前，服务业 FDI 数据仍是 FATs 或以商业存在模式提供的服务贸易的暂时性替代。

近年来，中国服务贸易和服务业 FDI 迅猛发展。中国服务贸易（国际收支口径统计，不含政府服务）进出口总额从 1982 年的 43.4 亿美元上升到 2009 年的 2868 亿美元，增长了近 66 倍，平均增长速度为 17%。其中中国服务贸易出口额达到 1286 亿美元，进口达到 1582 亿美元，2009 年中国服务出

口和进口分别位于全球第七位和第五位，中国服务贸易出口额和进口额的全
球占比分别为 3.7% 和 4.2%。旅游一直保持着良好的增长态势， 1997~2007
年平均增长速度为 13.2%，但是旅游服务占比从 1997 年的 49.3% 下降到 2009
年的 18.3%。交通、计算机和信息服务、咨询服务出口迅速发展，其占比从
1997 年 12%、1.4%、3.5% 分别上升到 2009 年 30.8%、5.1%、14.5%。服务
进口增长也非常快，特别是服务业、金融保险业、专利使用费和特许费以及
咨询服务业等。

加入世界贸易组织后，中国服务业吸引外商直接投资快速增长，年平均
增长率达 18.7%。2009 年中国服务业吸引 FDI 共计 900 亿美元，较 2008 年
增长 0.4%，而中国吸引 FDI 总额却下降了 2.5 个百分点。2009 年中国服务
业吸引 FDI 达 43.6%。中国在很多服务产业的引资增长率超过 20%，批发
零售业的增长率为 21.6%，租赁和商业服务业的增长率为 20.1%。2009 年，
中国服务业对外 FDI 占对外直接投资总额的比重高达 70%。其中租赁和商
业服务业对外直接投资 204.7 亿美元，占对外直接投资总额的比重达
36.2%；金融服务业实现对外直接投资 87.3 亿美元，占比 15.5%；批发零售
业对外直接投资 61.4 亿美元，占比 10.8%；交通运输、仓储和邮政业对外
直接投资 20.7 亿美元，占比 3.7%；房地产业对外直接投资 9.4 亿美元，占
比 1.6%。

2. 中国服务贸易发展的结构特征

（1）RCA 指数。显性比较优势指数（Revealed Comparative Advantage），既
RCA 指数，是美国经济学家 Balassa Bela 于 1965 年测算部分国际贸易比较优
势时采用的一种方法，可以反映一个国家（地区）某一产业贸易的比较优势。
计算公式如下：

$$RCA_{j,t}^i = \frac{X_{j,t}^i / X_{j,t}}{X_t^i / X_t} \quad i \in N, \ j \in J$$

式中，$X_{j,t}^i$ 是国家 j 在服务部门 i 的出口，N 是服务部门的总数，J 是考察
的国家的总数，$X_{j,t} = \sum\limits_{i=1}^{N} X_{j,t}^i$，$X_t^i = \sum\limits_{j=1}^{J} X_{j,t}^i$，$X_t = \sum\limits_{i=1}^{N} \sum\limits_{j=1}^{J} X_{j,t}^i$。

它用该产业在该国出口中所占的份额与世界贸易中该产业占世界贸易总额
的份额之比来表示，剔除了国家总量波动和世界总量波动的影响，可以较好地
反映一个国家某一产业的出口与世界平均出口水平比较来看的相对优势。当
RCA = 1 时，一国该服务产业在该国服务出口的比例与世界平均比例相等。当
RCA > 1 时，一国在该服务产业具有比较优势，反之，当 RCA < 1 时，一国在
该服务产业不具有比较优势。

中国 RCA 的均值（0.8085）小于 1，中国服务贸易总体上并不具有比较优势。如表 13-1 所示，中国在大多数服务部门都不具有比较优势，特别是高附加值、高技能、高技术含量的服务部门。

表 13-1　中国 RCA 指数（2000~2008 年）

	2000 年	2001 年	2002 年	2003 年	2004 年	2005 年	2006 年	2007 年	2008 年
运　输	0.54	0.63	0.67	0.80	0.88	0.92	1.03	1.16	1.14
旅　游	1.75	1.79	1.74	1.31	1.48	1.46	1.42	1.22	1.13
其他服务	0.74	0.69	0.71	0.92	0.79	0.80	0.78	0.84	0.89
通信服务	2.06	0.36	0.65	0.62	0.32	0.29	0.33	0.41	0.45
建　筑	1.04	1.28	1.64	1.44	1.25	1.73	1.42	2.02	2.82
保险服务	0.21	0.37	0.20	0.24	0.25	0.39	0.28	0.34	0.45
金融服务	0.04	0.05	0.02	0.06	0.02	0.03	0.02	0.02	0.03
计算机和信息服务	0.39	0.41	0.45	0.59	0.62	0.58	0.70	0.74	0.81
专有权利使用费和特许费	0.05	0.06	0.06	0.04	0.07	0.04	0.04	0.05	0.08
其他商业服务	1.13	1.10	1.11	1.54	1.34	1.31	1.33	1.37	1.30
个人、文化和娱乐服务	0.03	0.07	0.06	0.05	0.05	0.15	0.12	0.22	0.27

资料来源：UNCTAD，UNCTADstat。

（2）IIT 指数。产业内贸易（IIT）指数可以衡量一国的产业内贸易水平，主要测定两个指数：产业内贸易的静态指数（GL 指数）和产业内贸易的动态指数（Brulhart 指数）。1975 年，Grubel 和 Lloyd 第一次对产业内贸易进行了计算，GL 指数公式是：

$$GLIIT_{it} = 1 - \frac{|X_{it} - M_{it}|}{X_{it} + M_{it}}$$

式中，X_i 和 M_i 代表服务部门 I 的出口和进口，t 代表时间。中国服务贸易 GL 指数的计算采用中国对世界其他国家的服务贸易数据。该指数介于 0 和 1 之间，越接近 1，服务产业内贸易水平越高。可见除保险（S5）和专有权利使用和特许费（S8）两个部门，中国多数服务部门都表现出很高的产业内贸易水平，如图 13-1 所示。

GL 指数是衡量产业内贸易的一种静态指标，不同时间上的 GL 指数并不能正确反映出产业内贸易的变化。因此，我们引入了 Brulhart（1994 年）的边际产业内贸易指数（MIIT），它基于贸易变量的变化，公式如下：

$$BUIIT_{it} = 1 - \frac{|\Delta X_{it} - \Delta M_{it}|}{\Delta X_{it} + \Delta M_{it}}$$

中国 Brulhart 产业内贸易指数的计算结果如图 13-2 所示，中国服务贸易产业内贸易水平很高。

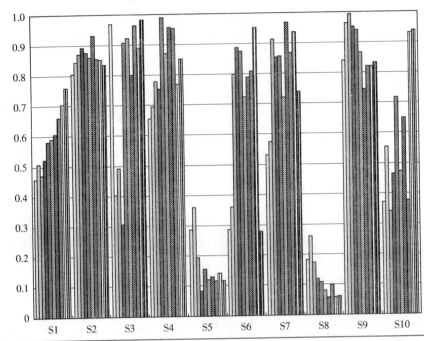

图 13-1　中国 GL 产业内贸易指数

注：服务行业包括：交通（S1）、旅游（S2）、通信服务（S3）、建筑服务（S4）、保险服务（S5）、金融服务（S6）、计算机和信息服务（S7）、专有权利使用费和特许费（S8）、其他商业服务（S9）、个人、文化和娱乐服务（S10）。

（三）国际服务贸易及其自由化理论综述

1. 比较优势理论在服务贸易领域的适用性

比较优势是国际贸易的基本理论，对国际贸易产生的原因和贸易模式有很强的解释力。比较优势理论强调国家间的差异是国际贸易产生的最基本动力。比较优势通常用本国（Autarky）的生产成本或价格来衡量，一个国家出口在本国生产成本（或价格）较低的产品，到相对于该生产成本（或价格）较高的国家。李嘉图（Ricardian）比较优势理论中，比较优势主要来自国家间生产技术或劳动生产率的差异，而在赫克歇尔—俄林（Heckscher-Ohlin）的要素禀赋理论中，贸易产生的基础是两国要素禀赋的差异和产品要素密集度的差异。两个国家要素禀赋的差异包括同质劳动和资本的差异以及技能或人力资本的差距等。此外，比较优势的来源还包括其他影响可贸易商品的价格和成本的因

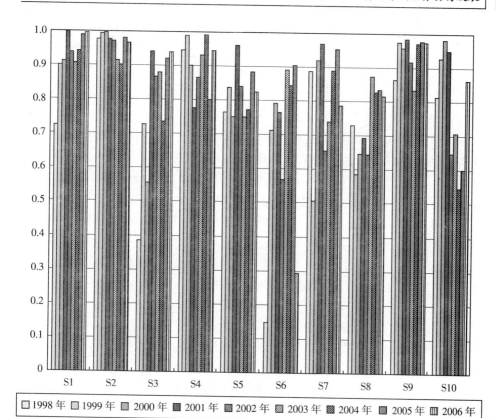

图 13-2 中国 Brulhart 产业内贸易指数

注：服务行业包括交通（S1）、旅游（S2）、通信服务（S3）、建筑服务（S4）、保险服务（S5）、金融服务（S6）、计算机和信息服务（S7）、专有权利使用费和特许费（S8）、其他商业服务（S9）、个人、文化和娱乐服务（S10）。

素，例如技术变化的差异，市场结构、产业特征、国家政策环境、制度（Institution）条件以及一些需求方面的因素等（Costinot，2009）。

（1）服务贸易的特征。比较优势理论是解释货物贸易的基本理论，然而比较优势理论在服务贸易领域的适用性一直未有定论。问题的关键是服务贸易和货物贸易的差异，以及服务或服务贸易不同于货物或货物贸易的特征是否影响比较优势理论对服务贸易的解释力。

第一，服务是无形的，不可储存的。服务贸易研究的难点是如何定义服务贸易和统计服务贸易。Hindley and Smith（1984）\cite {hindlay1984} 得出结论：从概念和原则的角度，比较优势理论完全适用于服务贸易和投资。服务的另一个重要特征是时空一致性（Proximity）。Hill（1977）认为"服务的生产和消费必须同时发生，就是消费者单位的变化必须与生产者对该变化的生产同时发生，且它们是一个同样的过程"。这一特征也强调了服务贸易联合生产（Joint Production）的特征，既不同的国家使用各自的生产要素共同完成一项服务（Mirza and Nicoletti，2004）。主要有以下几种服务贸易的形式来实现服务提供者和服务消费者的时空一致性要求，并且都需要服务生产共享。①服务贸易通过服务环节全球再分配和要素流动得以实现。例如，发达国家在发展中国家建立分支机构，并转移其先进的技术和管理方法到其海外分支机构，与发展中国家当地便宜的劳动力相结合，向东道国发展中国家的消费者提供服务。②服务外包，即一国将其部分商业流程转移到更具优势的国家（Amiti and Wei，2005）。例如，美国将很多商业流程外包（如呼叫中心或法律、会计等商业服务）转移给印度和中国，充分利用当地低成本高质量的劳动，以降低服务整体的成本。然后，发达国家将外包的任务和本国完成的服务环节（或基础电信服务）结合起来为本国的消费者提供服务。这些可外包的服务都是 IT 密集型的，因此两国都应配套好互联网和可靠的电信电话服务等，为服务贸易提供必要的技术支持。

第二，一些服务贸易，如旅游和交通服务等，需要消费者（货物）的流动得以实现。这些服务贸易同样需要本国和外国共同参与完成（Grünfeld and Moxnes，2004）。例如，国际旅游的实现不仅包括旅行者在国外目的国的住宿、餐饮和娱乐活动，还包括本国旅行社所提供的市场营销和咨询等服务，而旅游的总价格由两国各自提供的服务的成本共同决定。再以交通服务为例，跨国的交通服务的实现，无论是海运、空运还是陆运，都需要两个国家甚至更多国家共同参与和运营。此外，虽然信息通信技术（ICT）革新和发展，使服务的生产者和消费者获得了同时在异地服务的可能，在空间维度上实现可分离，例如通过电信、互联网和电子邮件等方式提供视听、电子商务和金融服务等。但是生产共享的特征仍然存在。

（2）比较优势理论的适用性。因为服务贸易具有联合生产的特征，它可以被理解为垂直分散化生产链条上的前向—后向增值交易。国际分散化使一个国家通过参与全球分工体系来发展国际贸易。

假定一种产品（服务）X 生产可以使用一体化生产技术，或是不同生产任务（流程）的分散化生产技术。a_L 是一体化生产的边际劳动成本，a_{Li}（i=1，…，n）是分散化生产的每个生产任务的边际劳动成本。如果本国（Home Country）在生产最终产品 X 上具有比较优势，那么

$$\frac{a_L}{a_L^*} = \frac{a_{L1} + \cdots + a_{Li} + \cdots + a_{Ln}}{a_{L1}^* + \cdots + a_{Li}^* + \cdots + a_{Ln}^*} < \frac{w^*}{w}$$

该国将生产并出口最终产品 X，只存在单向贸易，即 X 的出口。

比较优势理论的原则可以解释国际生产和服务分散化，国际分工在产品内

部更细化的层次上展开，(Jones and et al. 1990，2005；Chen，2008)。如果 X 是由分散化的技术生产，需要 n 阶段服务任务。w*/w 代表外国（Foreign*）与本国的相对工资。如果，

$$\frac{a_{L1}}{a_{L1}^*} < \cdots < \frac{a_{Li}}{a_{Li}^*} < \frac{w^*}{w} < \frac{a_{L(i+1)}}{a_{L(i+1)}^*} < \cdots < \frac{a_{Ln}}{a_{Ln}^*}$$

本国在服务任务从 1~i 上具有比较优势，那么该国专业化生产并出口这些任务，并且同时进口其余的任务（i~n）。这样国际分散化会带来产业内贸易，甚至产品内任务贸易（task trading）。贸易模式由比较优势决定，根据传统的比较优势理论，比较优势来自于要素禀赋和劳动生产率等静态因素的差异。Jones and Kierzkowski（2000，2001）用 H-O 模型解释生产分散化的原因。因为不同的生产任务需要不同的生产要素投入，加上国家间在要素禀赋以及劳动成本上存在差异，劳动密集型的任务在劳动丰裕的国家生产，资本或技能密集型的任务在这些要素丰裕的国家生产。

Dixit and Grossman（1982）将制造业产品的生产看做连续生产阶段组成的垂直生产结构，生产阶段由要素密集度和相对要素禀赋内生决定，并由此决定一国的生产和贸易模式。劳动生产率和要素禀赋差异所决定的比较优势是相对静态的，决定一国潜在的比较优势。实际上，本国的相对成本所决定的比较优势是动态的，随时间的变化而变化。技术冲击、市场结构、产业特征、政策制度环境以及需求方面的变化都会影响一国的劳动生产率和相对本国成本。根据服务贸易国际生产共享特征，服务贸易对本国成本变化更为敏感。随着本国相对成本的下降，本国比较优势改进，参与国际分工的程度（i）上升，本国出口增加，进口减少。当本国相对成本上升，本国的比较优势恶化，国际分工程度（i）下降，出口下降，进口增加。

2. 服务贸易自由化和服务业 FDI

信息通讯技术的迅猛发展和服务贸易自由化改革，特别是在市场准入和国民待遇方面的服务市场开放，会提高服务的可贸易性和国际分散化程度。式 13-1 说明，不存在服务贸易自由化时，本国在任务 $1 \sim (m_1+i)$ 上具有比较优势，因此该国专业化生产并出口这些任务；外国专业化生产任务 $(m_2+i) \sim n$，并出口这些任务；服务任务 $(m_1) \sim (m_2)$ 之间的范围是不可贸易的。而服务贸易自由化提高了服务的可贸易性，深化了国际垂直化分工，因此 m_1 增加，m_2 减小。结果是服务出口和进口同时增加，因服务可贸易性的提高，贸易也在更广泛的范围内得以提高。

$$\frac{a_{L1}}{a_{L1}^*} < \cdots < \frac{a_{L(i+m_1)}}{a_{L(i+m_1)}^*} < \cdots < \frac{a_{L(i+m_2)}}{a_{L(i+m_2)}^*} < \cdots < \frac{a_{Ln}}{a_{Ln}^*} \tag{13-1}$$

FDI 理论根据跨国公司的投资动机可以划分为两类。服务业 FDI 包括垂直 FDI（生产任务在不同地区分散化生产）和水平 FDI（跨国公司在不同地方生产同一种最终产品）。垂直 FDI（VFDI）模型[①]首先由 Helpman（1985）提出。将不同的生产任务转移到不同的国家进行分散化生产的动机是要素价格存在国际差异。因此当国家在劳动力成本、生产技术和要素禀赋上存在显著差异时，服务业垂直 FDI 占主导地位，FDI 的动机是节约成本或寻求效率。而垂直型 FDI 和服务贸易在以下两种情况下存在正向关系。第一种是服务离岸外包情况，跨国公司将本国先进的技术与东道国低成本劳动结合生产服务任务，再将其从东道国出口到母国。第二种是在 Markusen（2002）中得以强调，即发达国家的母公司提供总部服务，如管理、营销、研发，并将这些服务转移到其在东道国建立的分支机构。Fukao（2003）建立了一个理论模型，来分析产业内贸易的主要决定因素，发现 FDI 和生产分散化促进了产业内贸易的快速增长。

3. 服务贸易自由化和规模报酬递增

Adam Smith（1776）在《国富论》中做了精辟论述："如果个人专业化从事一种活动，那么个体的劳动生产率水平会提高"。杨小凯等（2004）建立了数理模型来分析有关劳动分工和贸易壁垒的新兴古典贸易理论。如果每个个体专业生产，它的劳动生产率会提高，但是，当贸易壁垒存在时，劳动分工并没有遵循专业化分工的潜在模式。它适用于分析服务贸易自由化对贸易结构的影响。文中使用了拥有很多相同个体的经济体例子，每个个体的效用函数是 n 个服务任务的函数，并采用 Cobb Douglas 方程形式，且每个人只有一个单位劳动禀赋。生产函数是线性的，并有固定成本投入（$0 < A < 1$）。

生产函数是：

$y_i = \max(l_i - A)$, $0 < A < 1$, $i = 1, 2, \cdots, n$

交易方程是：

$g_i = kt_i$, $0 < k < 1$, $i = 1, 2, \cdots, n$

系数 k 是交易成本变量。随着服务贸易自由化和信息技术革新的发展，交易成本 k 下降。在特定均衡下，每个个体生产任务 m，到国际市场上购买其余任务（n-m）。当 $m = 1$ 时，实现完全专业化；当 $m = n$ 时，是完全封闭式生产模式。m 越小，专业化程度越高。

效用最大化问题是：

max: $x_1 \cdots x_{m-1}(x_m - x_{m+1} - \cdots - x_n)(kx_{m+1}) \cdots (kx_m)$

---

① VFDI 是基于垂直一体化分工的比较优势理论模型的框架（Baldwin，2007；Grossman and Rossi-Hansberg，2008；Grossman and Helpman，1983 等）。

$s.t.x_1 + x_2 + \cdots + x_m = 1 - mA$

最优结果是：

$$x_1 = \cdots = x_{m-1} = x_{m+1} = \cdots = x_n = \frac{1 - mA}{n}$$

$$x_m = \frac{(n - m + 1)(1 - mA)}{n}$$

每个个体的最优效用水平是：

$$U = (\frac{1}{n})^n (1 - mA)^n k^{n-m}$$

$$m^* = \text{argmax}(1 - mA)^n k^{n-m}$$

国际分工或专业化水平 m^* 是贸易壁垒 k 的函数，$m^*(k)$ 是 k 的弱减函数。因此，当服务贸易自由化水平提高，交易成本 k 下降，专业化水平提高，一国服务的进口和出口都会提高。

4. 本地市场效应（Home Market Effect）

当规模报酬递增和贸易成本存在时，Krugman（1980，1991）代表的新贸易理论和经济地理理论认为：一个国家对某种商品的巨大需求使这个国家成为生产该商品的优越生产地，并出口该产品。"本地市场效应"适用于服务贸易。服务生产者和消费者的时空一致性成为服务贸易的自然贸易壁垒。服务贸易自由化改革使生产要素的流动成为可能，大大提高了服务的可贸易性。这样，一个国家服务市场需求成为拉动服务业出口的重要因素，而且服务的进口也会因服务要素流动和消费者流动等有所提高。

综上，比较优势理论能够在更细化的国际分工水平上以及全球垂直化生产链条上，解释服务贸易的原因和贸易模式。动态的比较优势决定了贸易规模和贸易模式的变化。服务贸易自由化、规模报酬递增和本地市场效应有力解释了服务贸易进口和出口同时增长及服务产业内贸易的迅速发展。

（四）实证模型

1. 数据和模型设定

在前面的理论基础上，我们构建实证方程来探讨中国服务贸易的决定因素和服务贸易模式。具体实证方程如下：

$$\ln x_{it} = \alpha + \beta_1 \ln sgdp_{it} + \beta_2 RSCA_{it} + \beta_3 openi_{it} + \beta_4 \ln sfdi_{i(t-1)} + v_t + \varepsilon_{it}$$

$$\ln m_{it} = \alpha' + \beta_1' \ln sgdp_{it} + \beta_2' RSCA_{it} + \beta_3' opene_{it} + \beta_4' \ln sfdi_{i(t-1)} + v_t' + \varepsilon_{it}'$$

X 代表服务出口，m 代表服务进口。下标 i 代表各服务部门，在本报告中服务部门主要包括旅游、建筑服务、电信通信和运输（包括计算机和信息）、金融保险服务和其他服务产业。因为标准国际贸易分类（SITC）和中国标准产业分类（SIC）对服务产业的划分标准并不统一，经调整，本报告只包括以上5个产业。t 是年份（1998~2008 年）。被解释变量是中国服务的总出口和总进口。

Hillman（1980）和 Hinloopen and Marrewijk（2008）的研究结果表明，如果 Hillman 条件满足，Balassa RCA 指数能够反映一国该产业相对价格或成本。Hillman 条件是：

$$1 - \frac{X_{jt}}{\sum_j X_t^i} > \frac{X_{jt}^i}{\sum_j X_{jt}} \left(1 - \frac{X_{jt}}{X_t}\right)$$

一般而言，当一个国家某种服务的市场份额[1]（$X_{jt}^i / \sum_j X_t$）很大，而且出口专业化的程度［出口专业化程度是指中国总出口占世界出口总量的比例：（$X_{jt}^i / \sum_j X_{jt}$）］很高，那么 Hillman 条件被打破。而中国服务贸易全球市场份额很低，2006 年只有 3% 左右，而且出口专业化程度也不高，因此中国服务贸易结构可以满足 Hillman 条件，服务部门 RCA 指数可以反映中国真实的比较优势和生产该服务的本国相对成本。RSCA 是系统显性比较优势指数，计算公式是：RSCA =（RCA − 1）/（RCA + 1），其数值在 −1 和 1 之间，便于比较和解释。sgdp 是中国服务产业的增加值，opene（openi）分别是服务出口（进口）与该服务部门的增加值之比，sfdi 是中国吸引服务业 FDI 的数额，[2] v_t，v_t 包含了不可观测的时间特定因素的影响，如中国加入世界贸易组织之后较全面的服务贸易开放，服务业市场结构的变化趋势，以及货物贸易的快速发展等。中国服务贸易数据来自 UNCTAD，[3] 其他数据来自《中国统计年鉴》（1998~2009）。

2. 实证结果

根据 Hausman 检验的结果选择固定效应模型。对总样本的回归结果如表 13-2 所示。表 13-3 汇报了服务顺差和服务逆差存在时分样本的回归结果。系统显性比较优势 RSCA 衡量本国生产该服务的相对成本，其对服务出口的影响是正的显著的，对服务进口的影响是负的显著的。

这一结果与比较优势理论的预期相一致。一国相对比较优势的改善（相对服务成本下降）会增加出口，降低进口；而一国相对比较优势的恶化（相对成

---

① 市场份额测算中国在指定服务部门的出口占该部门世界总出口比例。
② 旅游业 FDI 使用住宿餐饮业的数据近似衡量。
③ UNCTAD 的数据的计算根据 IMF 在 CD-ROM 以及其他国际国内资源的国际收支统计表。

本上升）会减少出口，增加进口。

中国服务贸易自由化改革推动一国服务进口和出口同时增加。所有开放变量的系数都是正的显著的。服务业 FDI 采用滞后一期的变量。[①] 服务业 FDI 对服务进口和出口的影响都是正的显著的。

服务业增加值，衡量一国市场规模和本地市场效应，对服务进口和出口的影响都是正的显著的。大的本地市场可以降低成本，实现规模经济，提高劳动生产率，培育服务竞争优势，促进服务贸易发展。

表 13-2　全样本回归结果

	Exports		Imports	
	（1）	（2）	（3）	（4）
rsca	2.468738 (20.01) **	1.88453 (14.73)	−2.781727 （−6.15） **	−2.080506 （−4.17） **
lnsgdp	0.9506552 (11.91) **	0.2426323 (2.18) **	1.19027 （6.72） **	0.9348253 （2.65） **
openi	9.128711 (13.53) **	2.185865 (2.89) **		
opene			22.37748 （8.07） **	11.63103 （3.24） **
lnsfdi	0.1108358 (3.28) **	0.0964297 (2.31) **	0.185802 （2.18） **	0.1114624 （0.85）
常数项	−3.617763 （−5.41） **	2.530017 (2.33) **	−7.232592 （−5.22） **	−4.368841 （−1.25）
R−sq	0.9895	0.9627	0.8957	0.9638

注：根据 hausman 检验，选择固定效应模型。模型（2）和（4）控制了部门虚拟变量。** 代表在信用水平 5% 上显著，括号里报告的是 t 值。

表 13-3　全样本回归结果

	X > M		X < M	
	Export	Import	Export	Import
rsca	1.043843 (4.16) **	−0.1980208 （−2.66） **	1.480945 (5.69) **	−3.179677 （−7.87） **
lnsgdp	0.968018 (20.35) **	0.85202472 (23.58) **	1.695066 (10.82) **	1.942685 (5.07) **
openi	14.4818 (13.19) **	4.131044 (3.44) **		

[①] 若使用当期数据，因内生性问题，估计系数是有偏的。因为 FDI 和服务贸易相互影响，而服务业 FDI 一阶滞后是解决这一内生性问题的最简单的方法。

续表

	X > M		X < M	
	Export	Import	Export	Import
opene			6.991432 (15.39) **	15.9045 (2.22) **
lnsfdi	0.394432 (0.9)	−0.0599841 (−2.89) **	0.4277483 (5.09) **	0.5458663 (5.31) **
常数项	−3.635393 (−6.62) **	−1.423287 (−3.9) **	−11.51238 (−6.84) **	−15.23282 (−4.46) **
R−sq	0.9795	0.9879	0.9896	0.94781

注：根据混合 OLS 方法。** 代表在信用水平 5% 上显著，括号里报告的是 t 值。

(五) 结论与政策建议

本报告的主要结论是比较优势理论适用于服务贸易领域，相对比较优势的提高会增加一国服务出口，减少一国服务进口。服务贸易自由化、服务业外商直接投资和服务产业发展是解释中国服务进口和出口增长和服务业产业内贸易的重要决定因素。

服务贸易的实现需要生产要素的跨国流动以实现生产者和消费者的时空交互，因此如何抓住新一轮国际产业调整的契机，参与世界服务市场竞争对中国未来发展是一个巨大的挑战。首先，中国应当继续推行服务贸易自由化改革，开展多边、区域服务领域合作，改善本国政策环境，充分实现中国潜在的比较优势。其次，中国通过高等要素的生成机制的健全和高等要素供给能力的提高，有利于在现有比较优势的基础上积极培育新的潜在比较优势，提高技能和知识密集型劳动的数量和质量，培育新的竞争力，进而促进我国国际服务贸易的长足进展。再次，将吸引外资的重心向服务业倾斜，通过税收优惠等方式，有针对性地吸引外资进入本国服务业，通过服务业 FDI 带动服务贸易的发展，促进我国服务贸易的产业结构向知识、资本密集型转变。最后，通过打破垄断，强化服务行业竞争机制，加快服务业管理体制改革，放宽市场准入限制，消除产业发展的体制性障碍，进而大力发展服务业，为服务贸易的发展提供坚实的产业基础。

参考文献：

[1] 程大中：《中美服务部门的产业内贸易及其影响因素分析》，《管理世界》，2008 年第9 期。

[2] 丁平中：《中国服务贸易国际竞争力的影响因素分析与对策研究》，《世界经济研究》，

2007 年第 9 期。

〔3〕胡景岩：《中国发展服务贸易的战略思考》，《国际贸易》，2008 年第 11 期。

〔4〕江小涓、李辉：《服务业与中国经济：相关性与加快增长的潜力》，《经济研究》，2004年第 1 期。

〔5〕殷凤：《中国服务贸易比较优势测度及其稳定性分析》，《财贸经济》，2010 年第 9 卷第 6 期。

〔6〕Alan V. Deardorff. International Provision of Trade Services, Tradeand Fragmentation. Review of International Economics, 2001, 9 (2).

〔7〕Amiti, Mary and Wei, Shang –Jin. Fear of Service Outsourcing: Is It Justified? Economic Policy, 2005, 20 (42).

〔8〕Ando, Mitsuyo. Fragmentation and Vertical Intra–Industry Trade in East Asia. The North American Journal of Economics and Finance, 2006, 17 (3).

〔9〕Bernard, Andrew B.; Jensen, J. Bradford and Schott, Peter K.. Trade Costs, Firms and Productivity. Journal of Monetary Economics, 2006, 53 (5).

〔10〕Costinot, Arnaud. On the Origins of Comparative Advantage. Journal of International Economics, 2009, 77 (2).

〔11〕Dixit, Avinash K. and Grossman, Gene M. Trade and Protection with Multistage Production, NBER working paper No. W0794, 1982.

〔12〕Francois, Joseph; Castejon, Carmen Fillat and Woerz, Julia Maria. Cross–Border Trade and Fdi in Services. Department of Economics. Johannes Kepler University Linz, Austria, 2008.

〔13〕Grubel, Herber G and Lloyd. Peter John.Intra–Industry Trade: The Theory and Measurement of International Trade in Differentiated Products. London: Macmillan, 1975.

〔14〕Helpman, Elhanan and Krugman. Paul R.Market Structure and Foreign Trade: Increasing Returns, Imperfect Competition and the International Economy. MIT Press, 1991.

〔15〕Kohler, Wilhelm. International Outsourcing and Factor Prices with Multistage Production. The Economic Journal, 2004, 114 (494).

〔16〕Krugman, PaulR. Increasing Returns and Economic Geography. Journal of Political Economy, 1991, 99 (3).

〔17〕Scale Economies, Product Differentiation, and the Pattern of Trade. American Economic Review, 1980, 70 (5).

〔18〕Li, Donghui Moshirian, Fariborz and Sim, Ah–Boon. The Determinants of Intra–Industry Trade in Insurance Services. Journal of Risk and Insurance, 2003, 70 (2).

〔19〕LloydP. J. and Lee. Hyun–Hoon.Frontiers of Research in Intra–Industry Trade Palgrave Macmillan, 2003.

〔20〕MacCharles DC.. Trade Among Multinationals: Intra–Industry Trade and National Competitiveness. Routledge Kegan & Paul, 1987.

十四、澳大利亚服务贸易发展经验借鉴

冯永晟　王栋①

摘　要: 中国同澳大利亚之间存在着紧密的贸易联系, 中国已经成为澳大利亚最大的贸易伙伴。在澳大利亚经济发展中, 服务业和服务贸易做出了巨大贡献, 特别是积累了丰富的服务业和服务贸易发展经验。中国目前正处于经济转型的时期, 学习和借鉴澳大利亚的成功经验和做法, 对于促进中国服务业和服务贸易发展具有重要意义, 同时对于加强中澳和中国与其他国家与地区的经贸联系也有重要促进作用。澳大利亚重视开放国内服务市场、促进国内政策改革的做法等具体措施, 尤其值得中国学习。

关键词: 中国　澳大利亚　服务贸易　开放　改革

(一) 引言

中国服务贸易进入20世纪90年代后开始迅速增长, 取得了可喜成就, 但是与庞大规模的货物贸易相比, 中国服务贸易明显发展不足。2010年, 中国货物进出口贸易总额达到2.9万亿美元, 排名世界第二位, 仅次于美国, 而服务贸易总额只有3000多亿美元, 很明显, 中国的对外贸易主要依赖于货物贸易的增长。若仅考虑服务贸易进出口就会发现, 长期以来, 我国服务贸易持续处于逆差状态, 虽然近几年有所改善, 但还没有转逆为顺 (见图14-1)。2009年服务贸易逆差更是达到了历史罕见的296亿美元, 虽然2010年有所缓解, 为219亿美元, 但是从总体上来看, 逆差趋势不是短期内可以解决的问题, 将

---

① 冯永晟, 经济学博士, 中国社会科学院财政与贸易经济研究所服务贸易与WTO研究室助理研究员, 中国社会科学院对外经贸国际金融研究中心副秘书长; 王栋, 中国社会科学院研究生院硕士研究生。

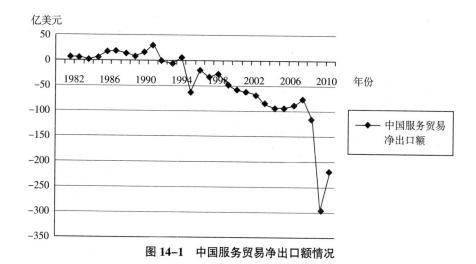

图 14-1　中国服务贸易净出口额情况

会在相当长的时间里持续存在。

伴随着经济转型、结构调整、环境保护、节约资源等重大问题的产生，在对外经济方面中国迫切需要从贸易大国向贸易强国转变，这一点对于主要依靠外需出口来拉动经济发展的中国尤为重要。综观国际形势，随着世界贸易规模的不断扩大，贸易结构不断调整，服务贸易与服务业无论是在总量、比重方面还是在发展速率上都持续增大。世界各主要国家纷纷进行贸易结构及产业结构的调整，同时，服务型经济也已成为世界经济转型的方向。美国服务业占GDP的比重高达 75%左右，印度服务业占 GDP 的比重也在 50%以上，而本报告研究的澳大利亚的服务业产值占 GDP 的比重已经达到了 80%左右。相比而言，中国服务业和服务贸易的发展起步较晚，产业结构与贸易结构明显失衡，也亟须调整。

长期以来，中国对外贸易的短板是"重量轻质"，长期依靠劳动力、资源等密集型产品贸易的发展，但这种发展模式缺乏可持续性。中国要成为贸易强国，就需要顺应世界经济发展的趋势，调整贸易结构，提升国际贸易整体的竞争力，特别是要重视服务贸易的发展。贸易结构的调整不仅包括货物贸易与服务贸易比重的调整，即保证货物贸易增长，增加服务贸易比重，以货物贸易为基础，货物贸易反哺服务贸易发展；还包括货物贸易及服务贸易内部结构的调整，即增加高附加值产品的研发与推广，扩大人力资本投入，增加金融等新兴服务行业的政策扶持力度与法律保障。

随着中国对外开放程度的不断深入，中国与澳大利亚两国之间的经济联系日益密切。中国目前已经成为澳大利亚的第一大贸易伙伴，是澳大利亚规模最大的出口市场和进口来源地。目前中国处于经济转型的重要时期，因此借鉴包

括澳大利亚在内的发达国家发展服务业与服务贸易的成功经验，对中国经济的
持续健康发展，无疑具有重要意义。

（二）澳大利亚服务业现状

1. 服务贸易情况及其发展趋势

2009 年澳大利亚服务贸易总额达到了 1067 亿澳元，较 2008 年下跌 3.1%，
其中出口额为 530 亿澳元，较 2008 年上涨 0.8%；进口额为 538 亿澳元，比
2008 年滑落 6.7%。澳大利亚长期以来在服务贸易方面拥有较强的竞争优势，
特别是在教育、旅游服务方面始终处于优势地位。表 14-1 给出了 2003~2008
年澳大利亚服务贸易的基本情况；图 14-1 更为直观地显示了澳大利亚服务贸
易的发展趋势。

表 14-1 澳大利亚服务贸易基本情况（分项目）

单位：亿美元

年份		2003	2004	2005	2006	2007	2008
服务贸易总额	差额	18.2	5.1	5.4	8.7	16.6	−4.8
	出口	236	284.4	310.5	330.6	402	446.3
	进口	217.8	279.3	305.1	321.9	385.4	451.1
运输服务	差额	−24.8	−39	−45.9	−49.7	−58.3	−69.6
	出口	47	57.8	61.7	63.5	72.2	77.5
	进口	71.7	96.8	107.6	113.2	130.4	147.1
旅游服务	差额	51.4	49.5	56.1	61.6	80.6	89.4
	出口	123.5	151.9	168.7	178.4	222.4	246.6
	进口	72.1	102.4	112.5	116.8	141.9	157.2
通信服务	差额	−1.7	−0.8	0	0	−0.5	−2
	出口	6.2	6	6.2	6.5	6	7.8
	进口	8	6.8	6.2	6.4	6.4	9.7
建筑服务	差额	0.6	0.8	0.9	1	1.2	0.7
	出口	0.6	0.8	0.9	1	1.2	0.7
	进口	0	0	0	0	0	0
保险服务	差额	−1.2	−1.4	−1.5	−1.5	−1.7	−1.8
	出口	4.4	5	5.3	5.3	6	6.2
	进口	5.6	6.4	6.8	6.8	7.7	8
金融服务	差额	2.8	3.4	3.6	3	3.4	3.5
	出口	6.5	7.4	7.6	7.6	8.5	8.8
	进口	3.6	4	4.1	4.5	5.1	5.3

续表

年份		2003	2004	2005	2006	2007	2008
计算机和信息服务	差额	0.8	1.6	0.8	1.3	0.1	1.1
	出口	7.6	9.4	8.9	10.6	12.5	14
	进口	6.9	7.8	8	9.3	12.4	12.9
专有权利使用费和特许费	差额	−10.6	−12.2	−14.5	−15.7	−21.2	−23
	出口	4.3	5.2	5.5	6.2	7	6.9
	进口	14.9	17.4	20	21.9	28.2	29.8
其他商业服务	差额	1.8	6.1	8.5	11.8	17.2	2.4
	出口	26	30.3	34.5	40.1	54.2	64.2
	进口	24.1	24.2	26.1	28.2	36.9	61.8

资料来源：中国服务贸易指南网，http://tradeinservices.mofcom.gov.cn/c/2011-03-21/89593.shtml。

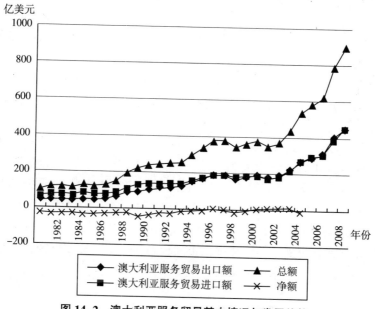

图 14-2 澳大利亚服务贸易基本情况与发展趋势

从图 14-2 中可以看到，澳大利亚服务贸易基本呈现上升趋势，特别是在 2001 年之后出现了大幅上升的态势，澳大利亚的服务贸易进出口总体保持平衡态势，基本维持了一个微小顺差的状态。

2. 具有竞争优势的服务产业的贸易情况

澳大利亚服务贸易发展良好，是与其国内服务业高度发达分不开的。其国内的服务业包括物流服务业、电信与邮政服务业、金融服务业、旅游服务业、零售商业服务业、建筑与房地产业服务业等。服务业的产值约占全国 GDP 的 80%，雇佣劳动力占全国的 85%。而其中教育服务业、旅游服务业和金融服务业又是其最具竞争优势的产业。

首先来看教育服务业。澳大利亚是目前全球教育服务贸易发展最为迅速的国家，已经成为世界上第五大留学生目的国。1994 年在澳留学生总数为 93722 人，至 2008 年已增加到 543898 人，在短短的 15 年内人数增加了近 5 倍。而海外留学就牵涉到境外消费，即一个国家留学生越多，教育服务出口越多，贸易额越大。澳大利亚教育服务贸易出口额增长非常迅速，从 1993~1994 年的 16.9 亿美元增加到 2007~2008 年的 137.26 亿美元，出口额增加了 7 倍，教育服务出口已成为其服务贸易出口的第一大行业。

其次来看旅游业。澳大利亚旅游业是其经济的主要组成部分，是澳大利亚最大、发展最迅速的服务产业之一，入境旅游业收入大约占澳大利亚国内生产总值的 3%左右。澳大利亚旅游业和国际教育产业的发展也带动了服务业的快速扩展，仅旅游业的收入就已经超过煤炭收入的两倍以上，成为澳大利亚经济的一个增长点。长期预测表明，实际经济增加值的年均增长率将达到 1.3%，到 2015 年实际经济增加值为 638 亿澳元。

最后来看金融服务业。澳大利亚有一个综合的金融体系，它包括各种专业银行、保险公司、信托公司、证券交易所、金融公司、信用社、信托基金组织及短期金融市场等。此外，澳大利亚开发银行可提供长期贷款，并为商业银行开发计划贷款提供资金。澳大利亚储备银行是"中央银行"。金融服务业是澳大利亚经济中具有较强竞争力、增长最快的产业之一，自 20 世纪 80 年代中期以来一直保持 5.3%的年平均增长率。澳大利亚金融活动创造的年收益超过 400 亿澳元，提供了 32 万个工作岗位。近年来，由于贸易资本自由化，澳大利亚金融市场迅猛发展，国际化程度不断提高。金融服务业的强劲增长，使澳元成为全球第八大常用的国际货币。

（三）中澳双边服务贸易发展现状

1. 双边整体贸易状况的相互排名

澳大利亚统计局数据显示，2010 年澳大利亚对华货物贸易总额为 975.24 亿澳元（合 900.44 亿美元），其中对华出口 582.75 亿澳元（538 亿美元）。从中国进口 392.49 亿澳元（362.37 亿美元），实现贸易顺差为 190.26 亿澳元（175.69 亿美元）。2010 年中国仍保持住了澳大利亚最大贸易伙伴的地位。澳大利亚前五大出口市场依次是：中国 567.66 亿澳元、日本 435.79 亿澳元、韩国 204.04 亿澳元、美国 92.48 亿澳元、中国台湾 83.20 亿澳元。前五大进口来源国依次是：中国 392.48 亿澳元、美国 226.84 亿澳元、日本 181.74 亿澳元、泰国 110.05 亿澳元、新加坡 106.82 亿澳元。

目前欧盟、美国、日本仍为中国的前三大贸易伙伴，2010 年与中国的贸易额分别增长 3.18%、29.2% 和 30.2%。同期，与东盟、印度、澳大利亚、巴西、俄罗斯等新兴市场双边贸易快速增长，进出口额分别增长 37.5%、42.4%、46.5%、47.5% 和 43.1%。澳大利亚在中国对外贸易主要伙伴国中排名第八（见表 14–2）。

表 14–2　2010 年中国贸易伙伴排名

中国主要贸易伙伴	对外贸易额（亿美元）	排名
欧盟	4797	1
美国	3853.4	2
日本	2978	3
东盟	2927.8	4
中国香港	2305.8	5
韩国	2000	6
中国台湾	1453.7	7
澳大利亚	900.44	8
印度	600	9
俄罗斯	554.5	10

资料来源：根据中国统计局相关统计资料整理而得。

2. 双边服务贸易发展情况

澳大利亚外交贸易部最新数据统计，2010 年澳大利亚对华服务贸易出口达 58 亿美元，同比增长 13.4%。中国已成为澳大利亚最大的服务贸易出口市场，而一直以来作为澳大利亚第一大贸易市场的美国退居第二位。2009 年，澳大利亚对华教育相关旅游服务出口在澳大利亚对华服务贸易出口中占比最大，达 44 亿澳元；占第二位的是其他个人旅游服务出口，为 6.1 亿澳元；商业服务出口（如金融、保险、专业和技术服务出口），为 2.55 亿澳元。

根据表 14–3 及表 14–4 可知，目前澳大利亚与中国主要的服务贸易领域仍集中在旅游服务贸易及运输服务贸易。

表 14-3　2009 年澳大利亚对华服务贸易出口类别

单位：百万澳元

排序	类别			金额
1		旅行服务		4920
	包括	个人旅行		4705
		（其中包括教育等相关服务）		（4102）
		商业旅行		215
2	运输服务			218
3	其他商业服务			155
4	个人、文化及娱乐服务			44
5	计算机及信息服务			42
6	政府服务			29
7	版税及许可服务			14
8	通信服务			14

资料来源：Market Information and Research Section，Department of Foreign Affairs and Trade（2009）. *Trade in Services Australia* 2009.

表 14-4　2009 年澳大利亚对华服务贸易进口类别

单位：百万澳元

排序	类别			金额
1		旅行服务		871
	包括	个人旅行		637
		（其中包括教育等相关服务）		（59）
		商业旅行		265
2	运输服务			408
3	其他商业服务			99
4	通信服务			43
5	政府服务			16
6	个人、文化及娱乐服务			3

资料来源：Market Information and Research Section，Department of Foreign Affairs and Trade（2009）. *Trade in Services Australia* 2009.

（四）澳大利亚贸易政策的两大支柱

　　根据澳大利亚政府的官方解释，澳大利亚贸易政策的两大支柱是通过国际贸易谈判开拓国际市场和深化国内产业改革，以提高生产率和竞争力。

1. 通过国际贸易谈判开拓国际市场

在开拓国际市场的进程中，澳大利亚政府对 WTO 框架下的多哈回合多边贸易谈判寄予厚望，同时也在努力与重要贸易伙伴进行双边贸易谈判，特别是中国等亚洲国家和地区。澳大利亚与中国等亚洲国家和地区不仅在地理位置上毗邻，而且在贸易结构上具有很强的互补性。近年来，澳大利亚不断推进与亚洲国家的自由贸易区谈判，其中与中国的谈判成为各国关注的焦点。

（1）中澳自由贸易协定谈判。

中澳不断深入的经济合作伙伴关系主要归功于两国经济动态上的互补性。这种互补性起源于中澳两国各自不同的经济禀赋和发展路径，并在不断发展的双边贸易和投资流量模式中显示出来。正是这种经济的互补性推动了两国开启自由贸易谈判的大门。自 2005 年两国启动自由贸易区谈判以来，至今已经进行了 15 轮的谈判。但遗憾的是，双方的谈判至今并未取得任何具体实质性意义的结果。

虽然双方均认同"通过谈判达成全面、高质量、平衡和互利的双边自由贸易协定符合两国长远利益"（2009 年《中澳联合声明》），但在具体问题的谈判上，双方仍在短期内难以达成共识。这其中最大的阻碍在于对各自利益和共同利益的识别与判断上。

中国同其他国家和地区的自由贸易协定主要是关于货物贸易，但澳方对中澳自由贸易协定的设想是全方位的一揽子协议。澳大利亚设想的路径是从货物贸易的开放，扩展到两国服务业等领域的开放。在银行、金融、保险服务等行业，澳方希望中国给予特惠政策。在这一问题上，代表澳大利亚服务业利益的服务业圆桌会议表达了对中国金融市场开放度的极大关注，并希望中国尽早开放金融市场，亦有利于中澳促进双边金融服务贸易。

当然，在现阶段，双方并没有停止促进双边贸易自由化的努力。目前两国均采取了"迂回"的策略，通过具体的、局部的合作协议来推动整个自由贸易进程，比如在 2011 年，两国就签署了《中国科技部和澳大利亚创新、工业与科研部部长级联合声明》、《中国商务部与澳大利亚外交贸易部关于建立中澳服务贸易促进论坛的谅解备忘录》、《中国海关总署和澳大利亚联邦海关及边境保卫署关于海关合作与行政互助的谅解备忘录》、《中国国家旅游局与澳大利亚资源、能源和旅游部关于加强旅游合作的谅解备忘录》等。

（2）中澳自由贸易区内服务贸易发展前景展望。

事实上，中国加入世界贸易组织之后，澳大利亚金融、保险、教育、旅游、法律咨询等服务行业在华市场规模不断扩大。目前澳大利亚在双方谈判中的主要目标是能够进一步确保和强化澳大利亚服务业在中国市场的地位，并进一步从已有优势服务产业向中国未充分开放产业延伸。从发达国家和发展中国家之间签订自由贸易协定的经验判断，发达国家最希望通过自由贸易协定的谈判打开发展中国家服务业的大门，特别是通过服务业的开放打开发展中国家的金融、保险等行业的大门，而这正是发达国家的比较优势所在。但与此不对等的是，包括澳大利亚在内的许多国家并不愿对其国内市场的开放做出相应的承诺。

实际上，澳大利亚国内各方对中澳自由贸易区的谈判也有着不同的态度。总括起来看，主要包括三种：

第一，联邦政府希望推动双边谈判取得进展，但在关键利益的研判上仍未与中国达成共识，他们仍寄希望于中国能够接受其主张和路线图，比如希望中国能够给予澳大利亚与新西兰相同的待遇，等等。

第二，地方政府迫切希望谈判取得进展，特别是对华贸易关系密切的州，更是如此。比如南澳州，其教育、旅游、羊毛和红酒对华贸易依存度较高，希望中澳能够尽快达成协议，以保持和促进该州的对华利益。特别是在部分联邦政府规定与地方利益冲突的背景下，这种诉求尤为明显，比如联邦政府对澳洲留学生在相关就业的条件上限制过于苛刻，无疑抑制了澳大利亚教育产业的国际吸引力。

第三，部分学界的观点则较悲观（Wilson 等）。他们认为，双方自由贸易区的谈判涉及过多的政治利益，谈判的成败并非仅取决于双边的经济贸易利益，在很大程度上也要看双方政治领导人是否有远见卓识。

综上所述，我们认为，虽然目前难以确定谈判成功的时间表，但成功的关键仍在于双方能否站在更高的战略层面上，在更广阔的领域内寻求双边共同利益。同时，双方扩大在各个经贸领域的合作，应以具体产业的合作协议，如双边服务贸易协定等来为整体自由贸易协定的签署创造条件，这将是未来一段时期的主基调。我们很高兴地看到目前双方在沿此路径前进，因此，总体而言，我们对中澳自由贸易协定的签订持乐观态度。

更重要的是，双方如果能够成功签署自由贸易协定，将对中国同世界其他主要经济体，特别是发达国家间自由贸易协定的签订起到重要的示范意义，尤其能够为中国同部分欧洲国家、日本、韩国等国的谈判提供借鉴。

2. 国内规制政策与对外开放

在 1972 年刚刚加入 OECD 组织时，澳大利亚相对于其他 OECD 国家而言，贸易保护水平仍比较高。但之后，澳大利亚开始着力于产业和贸易政策改革。澳大利亚贸易委员会根据"有效规制"①原则来不断推行市场开放，以使国外企业能够在无歧视、无负担、无限制地与国内企业竞争。这一改革有效地促进了澳大利亚国内服务业生产率和竞争力的提升。一个明显的例子就是教育产业，澳大利亚政府允许国内大学和科研机构同国外教育机构争夺国际生源，从而提升了澳大利亚教育的国际竞争力。同时，澳大利亚的规制改革也主张充分发挥市场竞争的作用，通过市场来保持和提升国内产业的竞争力。

具体而言，澳大利亚的国内市场的规制改革包括：提升决策和诉讼程序的透明和公开性；确保非歧视；避免不必要的贸易限制；鼓励国际间的协调政策；认同其他国家的规制措施；基于国际视角的竞争原则。

（1）提升决策和诉讼程序的透明度和公开性。

澳大利亚政府的信息可以在其官方网站上查询得到，并且 1982 年的《信息自由法案》确保了每个人都有权查阅大多数澳大利亚政府机构的文件。这一透明和公开性政策旨在确保每个利益相关体都能够及时方便地获取信息。许多政府机构还有专门的信息披露方式，比如发布《进口风险分析手册》（Import Risk Analysis Handbook）和成立澳大利亚关税信息和支持中心（Australian Customs Information and Support Centre）等。同时澳大利亚还建立起比较完善的政策制定的咨询机制，这种机制具有透明性和无歧视性，允许国外企业参与其中。根据澳大利亚法律，一般而言，涉及贸易、关税和产业求助的问题均可以提起诉讼，针对反倾销和反补贴，还可提起特别诉讼。此外，针对技术规制和技术标准，以及政府采购方面的信息，澳大利亚也努力做到透明公开。

（2）确保非歧视。

非歧视原则旨在确保所有企业具有均等的竞争机会，最惠国待遇和国民待遇是确保非歧视原则的两大手段。作为当今 WTO 框架下的通行惯例，澳大利亚还向其主要贸易伙伴提供优惠贸易条件，根据《澳大利亚关税优惠体系》和PATCRA②等协议向最不发达国家提供单边优惠等。同时，澳大利亚还在努力与贸易伙伴国之间签订自由贸易协定，目前澳大利亚已经与新西兰（1983年）、新加坡（2003 年）、泰国（2005 年）、美国（2005 年）和智利（2009 年）等国达成了自由贸易协定。在服务贸易自由化方面，澳大利亚的开放度更高。GATS 允许列出的项目可以不适用最惠国待遇，但澳大利亚的自由贸易协定列

---

① "有效规制"原则由 OECD 在 1997 年的《规制改革报告》中最早提出，由贸易委员会进一步发展，并在 2005 年《规制质量和绩效的指导原则》（Guiding Principles for Regulatory Quality and Performance）中再次确认。

②《巴布亚新几内亚和澳大利亚商贸关系协定》，Papua New Guinea and Australia Trade and Commercial Relations Agreement。

举了更多的例外产业，从而为其贸易伙伴提供了更大的贸易收益。

（3）避免不必要的贸易限制。

为了达到特定的规制目标，澳大利亚政府要求规制措施要保证将贸易限制降到最低程度。比如，澳大利亚政府在设置技术性限制条件时，以绩效评估为基础而非设计标准；通过使用税收和贸易许可证的方式来代替直接的规制。为了贯彻这一原则，澳大利亚会评估规制措施对国际贸易和投资的影响效果；同时，努力避免在联邦以下的各级政府中出现不必要的贸易限制措施。

（4）鼓励国际间协调贸易措施。

澳大利亚政府非常重视国际间相互协调贸易措施。世界各国受地理、环境、自然资源和生产传统等因素的影响，具有不同的标准和规制措施。这就给从事国际贸易的企业带来了各种贸易成本。实际上，国际标准正是因此而诞生，以降低这种国际标准多样化所产生的国际贸易成本。澳大利亚的国内规制政策反映了其清晰明确支持国际协调标准的立场，并通过标准化运动，将其技术标准建立在国际标准基础之上。

（5）认同其他国家的规制措施。

当国际间协调可能出现不可行的情况时，不同国家之间相互认同各自的规制措施就十分重要。比如尽管国际标准发展迅速，但在许多领域内，不同国家的自主标准仍占据主导地位，这就使得国际贸易企业无法在这些国家进行自由贸易或面临较高的贸易成本。澳大利亚为了创造更好的贸易环境，降低贸易成本，积极同贸易伙伴国家之间相互承认各自标准，为保证相互承认的有效性，澳大利亚严格控制了检验、认证和授权工作的质量。同时，为了满足日益增长的贸易需求，澳大利亚政府允许私人机构来承担这些工作。

（6）基于国际视角的竞争原则。

作为市场经济发达的国家，澳大利亚尤其认同"自由竞争"理念，并将这一理念贯彻到与其他国家的自由贸易协定谈判中。市场开放为企业和消费者带来的收益可能会因贸易规制中的反竞争效应而削弱，因此，澳大利亚在每一个自由贸易协定中都要加入关于竞争政策的专门章节。其做法从体制上保证了澳大利亚企业能够自由公平地进入对方市场，参与竞争。

（五）澳大利亚的服务业与服务贸易的发展措施

从历史的角度来看，澳大利亚曾是服务贸易进口国，但随着其服务贸易出口的不断增长，服务贸易的赤字逐渐缩小，至 1997 年澳大利亚服务贸易首次出现顺差，2000 年悉尼奥运会的成功举办使得服务贸易再次出现顺差。服务业之所以能够成为澳大利亚的支柱产业，澳大利亚之所以能够成为服务贸易出口大国，在很大程度上得益于澳大利亚政府对服务业和服务贸易发展的大力支持。

澳大利亚政府对服务业的支持分为直接和间接两种途径，包括预算支持和税制安排。产业扶持措施包括施行具有倾向性的投资激励、对出口营销和特定产业的项目进行支持等。澳大利亚政府对服务业的预算支持在 2005 年就已经达到了 30%，并构成了政府对服务业支持总量的近 60%，其余部分则为税收优惠。与此同时，澳大利亚仍在不断加强政府对服务部门的支持力度。这里主要介绍三点可供借鉴的具体发展措施。

1. 设置专门的研究协调服务经济发展机构

澳大利亚服务业圆桌会议（Australia Services Roundtable，ASR）是专门服务于澳大利亚国内服务业和服务贸易发展的组织机构，其目的非常明确，即要确保澳大利亚在全球服务经济中的领先地位。

在澳大利亚，服务业及服务贸易吸收了全国近 85% 的劳动力人口，成为经济增长贡献最大的动力源泉。然而最初，服务贸易发展问题在澳大利亚并没有得到相关部门广泛且深入的研究、支持，导致有关澳洲服务贸易的研究成果鲜有出现。然而，世界贸易的发展与变革要求对服务贸易给予更大的支持与研究，因此，ASR 便应运而生，它为澳大利亚服务贸易的发展和研究贡献了力量，为扩大对服务贸易和服务业的社会认知度奔走相告。ASR 在澳大利亚经济、贸易、社会、文化、政治等多方面、多领域扮演着越来越重要的角色。它是澳大利亚最顶尖的服务业及服务贸易行业组织，也是唯一专门致力于综合服务贸易研究和发展的行业机构，代表着澳大利亚服务贸易最权威的声音，同时也是全球服务联盟（Global Services Coalition）的成员。

澳大利亚服务业圆桌会议机构运行的具体目标有以下几点：

第一，为全澳大利亚所有服务行业提供最权威的信息来源，确立全澳大利亚最顶尖的服务行业机构地位。

第二，代表着包括金融服务贸易、专家咨询服务贸易、卫生服务贸易、教育服务贸易、环境能源服务贸易、旅游服务贸易、信息技术服务贸易、运输服务贸易等所有的服务贸易领域部门的发展权益及呼声。

第三，促进有关服务业及服务贸易发展问题的深入且广泛的研究。

第四，唤起全澳大利亚各级政府对服务贸易支持的兴趣及热情。

第五，增强服务业及服务贸易在澳大利亚全社会的认知度。

第六，关注澳大利亚贸易政策、产业发展政策、竞争策略、投资策略、移民政策及税收政策，并且分析研究这些政策的变化会对澳大利亚服务贸易发展的影响。

第七，为澳洲服务贸易企业在国际贸易谈判中的策略与方法提供技术支持和信息支持。

澳大利亚服务业圆桌会议的具体工作内容包括：提高澳大利亚服务贸易生产率水平，增强服务贸易竞争优势，制定服务贸易发展竞争策略；建立健全澳大利亚服务贸易体系，使澳大利亚成为全球及区域性的服务贸易中心；设定有效的服务贸易规制策略；丰富服务贸易运作技巧，推进服务贸易模式创新，做到有效投资；创造新的国际服务贸易和投资机会；领导全澳洲致力于服务贸易的研究，并期望获得并建立更好的服务贸易统计数据库。

2. 针对性的鼓励政策

澳大利亚贸易政策为了扩大包括货物和服务在内的出口贸易，推行了一系列鼓励政策。比如出口市场发展补贴（Export Market Development Grants，EMDG）计划。该计划是澳大利亚政府为现有的和有意向的出口商提供的财政支持计划，由澳大利亚贸易委员会（Austrade）主管。该计划的主要目的是鼓励中小型企业开拓海外市场。该计划规定年收入及出口推广费用满足一定条件、主要从事出口业务的任何澳大利亚个人、组织或公司都可以申请返还一定的出口推广费用。出口推广费用须为货物和大部分服务的出口、澳国内旅游、知识产权和技术出口、在澳大利亚召开的会议所用。

2007年7月1日起，出口市场发展补贴又加大了优惠强度：最大返还金额由5万澳元上调至200万澳元；年收入限制由3000万澳元上调至5000万澳元；出口推广费用最小限额由5000澳元上调至1万澳元；允许海外专利产品费用适用该计划，企业可以申请返还的数量限额由7个上调至8个；以"非旅游服务"分类取代原有的国内外服务清单，扩大服务业范围，使服务出口商申请补贴更便利；允许促进出口的州、地区、经济开发区及工业体申请该计划；对已经获得两项补贴的申请者适用出口市场发展补贴履行评估（Emdg Performance Measure），申请者必须通过出口履行测试（Export Performance Test）或者澳大利亚净利益要求（Australian Net Benefit Requirement）测试以满足该评估的要求。这些优惠政策对于扩大澳大利亚的国际市场和增加就业起到了非常显著的作用。

3. 必要的服务贸易壁垒

尽管澳大利亚在不断开放其国内市场，对待国外投资的政策也是开放和透明的，但在一些关键性的敏感行业，澳大利亚仍旧保持了必要的投资限制等贸易壁垒，以避免国外企业对本国产业带来不良影响。商务部发布的《国别贸易投资环境报告2010》显示，澳大利亚对银行、航空等行业实行个案审批制度，并对这些行业设定了具体的限制措施。

（1）银行业：对澳大利亚银行业的投资需符合《1995年银行法》、《1998年金融部门法》（FSSA）及其他相关的银行政策，包括审慎性要求。澳大利亚政府对外国公司购并澳银行的申请进行逐案审批，且审批标准带有一定的主观性。外国银行只有在其和母行的财务状况均良好，且同意遵守澳审慎管理局有关审慎监管（Australian Prudential Regulation Authority，APRA）的协议后，才能获取经营许可。

（2）航空业：对国内航线来说，在不违背澳大利亚国家利益的前提下，外国投资者可以持有澳大利亚国内航空运营商（澳QANTAS公司除外）100%的股份。但对国际航线，在不违背澳大利亚国家利益的前提下，外国投资者占有澳大利亚国际航空运营商的股权不得超过49%。在QANTAS公司中，单个外国公司所占股权不得超过25%，外国股权累计不得超过49%，其中外国航空公司所占股权不得超过35%。除此之外，外国投资者还必须满足一系列国家利益标准，例如，机组人员的国籍、企业的运营地点等。

（3）机场：外国投资澳大利亚机场须经逐案审查。《1996年机场法》规定，单个机场累计外国投资不得超过49%，外国航空公司股权不得超过5%，并禁止外国航空公司在悉尼机场和墨尔本机场之间、布里斯班和佩斯机场之间享有交叉股权。

（4）海运：《1981年海运管理法》规定，凡是在澳大利亚注册的船只都必须由澳大利亚公民或者澳大利亚公司拥有多数股权，除非该船只由澳籍经营者特许定制。

（5）媒体：外商投资澳大利亚媒体业，无论规模大小均需预先审批（Prior Approval）。外资以证券投资的方式在媒体业进行股份投资并控股5%以上的，均须申报审批。

（6）电信：Telstra公司83%的股权由机构和个人投资者掌握，剩下的17%由澳政府转化为未来基金，该基金由澳政府建立以资助公众服务养老金事业。转为未来基金的股份将在两年内处于托管状态。单个外国投资者在Telstra公司拥有的股权不得超过其私有化股权的5%，累计外国股份不得超过私有化股权的35%。

在审批期限方面，通常要求企业在适当的时间内完成，如果某已批准的交易未及时进行或交易方重新达成协议，或者该交易在12个月内未完成，则该交易必须另外递交审批。《2001年公司法》之下的全部或部分股权转让审批只适用于出价期间获得的股权，例如，如果某出价获得批准，那么出价人只获得60%的股权，如果出价人希望通过《2001年公司法》蠕变条款（Creep Provisions）继续获得更多的股权，出价人必须另外提交预先审批（Prior Approval）。

这些特殊的贸易保护措施有效地缓冲了国外资本和企业对本国关键服务领域的冲击，对于保护澳大利亚的服务业利益起到了重要作用。

（六）中国可以借鉴的经验及发展策略

1. 完善国内服务市场竞争秩序

服务行业内各产业的市场结构不同，因此规范国内服务市场竞争秩序的策略也存在一定差异，但根本性的一点是要普遍地降低进入和退出壁垒，提高市场准入。针对关系国家经济命脉和战略安全的服务产业，比如电信业、航空业等，要通过加强政府的经济监管和反垄断措施来规范企业的竞争行为，保障消费者的利益。针对竞争程度较高、中小企业众多的服务产业，比如旅游业等，要为中小服务企业的成长创造自由宽松的经营、投资环境。总体来看，目前进入管制和垄断问题还普遍存在于服务业中，特别是许多行业的准入仍以行政管制为主，不仅浪费资源，更抑制竞争，阻碍生产率提高，特别是对创新型服务业的成长不利。因此，中国必须借鉴澳大利亚改革国内规制措施的做法，切实将政策目标转移到促进服务产业竞争、提升企业竞争力的路径上来。

2. 促进国内服务业的对外开放

目前，中国服务业的开放程度已经大幅提高，但距离现代市场经济的要求仍有距离。对外开放服务产业确实具有两面性：一方面可能对国内基本薄弱的产业形成压制，阻碍国内企业的成长；但另一方面，国外先进服务企业的进入也能够带来先进的服务技术和管理经验，通过示范效应和溢出效应带动国内服务企业的发展，更重要的是，通过开放可以迅速地改善国内服务产业的市场环境。澳大利亚的经验表明，对外开放配合国内改革，加之必要的保护措施，完全能够推动国内服务产业的跨越式发展。因此，中国应进一步扩大国内服务业的开放程度，拓展外资进入的领域。当然考虑到经济安全和改革风险，对部分关键产业如金融、航空等，这些产业的开放措施应当有计划、有步骤、有底线地开放，而对于市场竞争较强的行业，则可以充分开放，以进一步鼓励竞争。

3. 建立专门的服务业与服务贸易行业机构

目前，中国仍缺乏致力于促进服务业与服务贸易发展的权威专业机构。尽管中国商务部设有服务贸易司，但其主要职能仍过于行政化，在跟踪国际服务业和服务贸易发展趋势，提供服务贸易政策扶持与战略规划及决策咨询研究支持，加强国际服务贸易发展机构沟通联系与合作方面的运行功能明显不足。该机构可定位于半官方机构性质，其对内加强政府与服务企业之前的沟通，对外可代表政府发布中国服务业和服务贸易的权威信息和表达诉求。同时我们需要注意到，中国对于服务贸易和国际服务贸易规则的研究仍非常落后，该机构对于加强国内服务领域的研究也将起到重要的推动和引导作用。

4. 制定针对性的服务贸易鼓励政策

纵观改革开放 30 多年来，中国货物贸易的大发展很大程度上得益于税收和贸易政策的支持，比如对于外商投资企业的优惠政策、给予出口企业的退税支持等。服务领域的企业以中小企业为主，相关支持政策对这些企业的经济效应将非常明显，对于它们提高生产率、促进研发、扩大市场将有积极效果，同时对于促进国内服务市场迅速建立起能够应对大型国企的竞争力，完善市场体系将具有重要作用。虽然服务贸易的形式与货物贸易的形式不同，但税收和贸易政策效应的作用机理是类似的，因此，加强对服务贸易政策扶持体系的研究，并出台具有针对性鼓励政策，特别是税收优惠，将是促进中国服务贸易发展的重要措施。

5. 完善中国的服务贸易保护措施

首先需要强调，完善必要的服务贸易保护措施与自由贸易主张并不冲突，也是 WTO 规则所允许的。特别对处于发展中国家地位的中国而言，现代、新兴和高端服务业发展滞后，国际竞争力不强，同时中国又在逐步放开国内服务市场，如何在促进国内服务竞争的同时，有效避免国外企业对国内服务业产生不良影响，已经成为中国亟待解决的重大问题，对中国服务业和服务贸易的健康发展具有重要意义。建议中国根据不同服务产业的特点，制定针对性的保护措施，以《反垄断法》为依据，从市场竞争审查和国家安全审查角度确保国内服务业的健康发展和有序开放。特别是对于金融和电信服务领域，开放和保护的关系更值得深入研究。

6. 推动自由贸易区谈判

目前已经同中国签订自由贸易协定的国家和地区主要集中于发展中国家，而以贸易额论，中国与发达国家之间的关系更为密切。目前同中国签订自由贸易协定成功的发达国家仅有新西兰，因此，中国应将同澳大利亚的自由贸易协定放在战略高度考虑，一旦签订成功，可能对其他发达国家的谈判产生积极的示范效应，同时，对于争取让美国承认中国"市场经济"的地位也有积极影响。同时，中国也应加强同发展中经济体的自由贸易谈判，以期为中国企业创造更好的全球贸易环境。

参考文献：

［1］中华人民共和国商务部：《国别贸易投资环境报告 2010》。

［2］世界贸易组织动态与研究：《澳大利亚的贸易概览（2009 年）》，2010。

［3］牟欣伟、王春晖：《中澳建立 FTA 的可行性分析——从互补性的角度探析》，《现代商业》，2009 年第 17 期。

［4］ACCI Submission. Australia's Services Sector, 2006.

［5］Australian Services Roundtable. The New Economic Challenge：Responding to the Rise of Services in the Australian Economy, 2011.

［6］Department of Foreign Affairs and Trade. Trade in Services Australia 2009–2010, 2011.

［7］OECD. Market Openness in Australia, 2010.

十五、后危机时代"金砖国家"服务贸易竞争力研究

董　萍[1]

摘　要： 大力发展服务贸易是后危机时代"金砖国家"保持对外贸易增长的共同选择。本报告运用国际市场占有率、贸易竞争力指数和显性比较优势指数等指标，对"金砖国家"服务贸易的国际竞争力进行了对比分析，认为印度服务贸易具有较强的国际竞争力，中国服务贸易总额在五国中居首位，但缺乏国际竞争力，现代服务贸易发展相对不足，贸易结构不合理，并针对这些问题提出了若干对策建议。

关键词： 后危机时代　"金砖国家"　服务贸易竞争力

　　服务贸易是国际贸易的重要组成部分，随着经济全球化和新一轮产业结构调整在世界范围的推进，服务贸易在国际贸易中的比重不断加大。1980年，全球服务贸易总额为7674亿美元，2009年增至64950亿美元，30年间增长了7.5倍，服务贸易占全球贸易部额的比重已从1980年的1/7达到现在的1/5。加快发展服务贸易对于我国转变经济发展方式、扩大出口贸易具有重大意义。

　　"金砖国家"[2]是当今世界最具发展活力的经济体。国际金融危机过后，以"金砖国家"为代表的新兴经济体和发展中国家在世界经济中的地位日益重要。"金砖国家"具有相似的发展背景和发展模式，调整和优化产业结构、大力发展服务贸易是后危机时代"金砖国家"进一步提升出口竞争力、保持经济持续增长的共同选择。因此，本报告通过对中国、印度、俄罗斯、巴西、南非这5个国家的服务贸易竞争力进行对比分析，力图找出我国服务贸易的优势、劣势

---

　　① 董萍，经济学硕士，中国社会科学院财政与贸易经济研究所《财贸经济》编辑部助理编辑。
　　② 2010年12月，"金砖四国"（BRIC，即巴西、俄罗斯、印度、中国）首次扩员，吸收南非作为正式成员，并更名为"金砖国家"（BRICS）。

和发展潜力,为制定科学合理的服务贸易政策提供理论依据。

(一)"金砖国家"服务贸易概况

1. "金砖国家"服务贸易基本呈增长态势

2000~2009 年(见图 14-1),中国服务贸易总额从 664.6 亿美元增长到 2884 亿美元,增加了 3.3 倍;印度从 358.73 亿美元增长到 1654.93 亿美元,增加了 3.6 倍;俄罗斯从 257.94 亿美元增长到 1033.19 亿美元,增加了约 3 倍;巴西从 261.59 亿美元增长到 747 亿美元,增加了 1.86 倍;南非从 108.68 亿美元增长到 267.75 亿美元,增加了 1.46 倍。受国际金融危机影响,2009 年 5 国服务贸易额均有不同程度下滑,但 5 国服务贸易年均增速仍高于 9%这一世界平均水平,10 年间,中、印、俄、巴、南非服务贸易额年均增速分别为 17.71%、18.52%、16.67%、12.37%和 10.54%。中国的服务贸易额在 5 国中一直居首位,其次是印度和俄罗斯,巴西和南非相对落后。2009 年,5 国服务贸易总额达 6586.89 亿美元,占世界服务贸易总额的 10.14%。

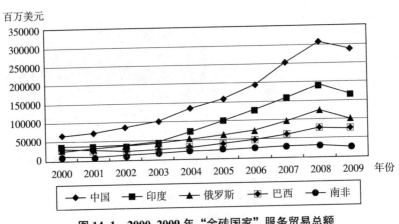

图 14-1 2000~2009 年"金砖国家"服务贸易总额

资料来源:UNCTADSTAT。

2. "金砖国家"服务贸易竞争力普遍较低

2009 年,中国服务贸易进出口额均保持在千亿美元以上,分别居世界第 4 位和第 5 位;其他 4 国则尚未突破千亿美元,也未能进入世界前 10 名。印度服务贸易进出口额的世界排名均为第 12 位,俄罗斯服务贸易进出口额的世界排名分别为第16位和第23位，巴西则分别排在第21位和第31位。从服务贸易进出口差额来看（见图14-2），印度从2004年开始由逆差转为顺差，此后年份顺差不断扩大；中国、俄罗斯和巴西则年年处于逆差状态，且逆差有逐步加大的趋势；南非除2003年出现顺差外，其余年份也均为逆差。总体来看，"金砖国家"服务贸易竞争力相对较弱。

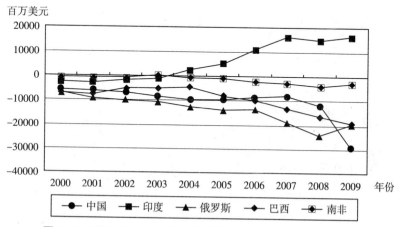

图14-2 2000~2009年"金砖国家"服务贸易进出口差额情况

资料来源：UNCTADSTAT。

3. "金砖国家"服务贸易出口的行业构成情况

世界贸易组织将服务贸易分为三大类：运输、旅游和其他商业服务，前两者属于传统服务贸易，其他商业服务则主要是现代服务贸易，世界服务贸易三大行业出口的比重分别为25%、25%和50%。如表14-1所示，印度的其他商业服务出口占比最高，达77%，已超过发达国家的平均水平，这主要是因为印度的计算机和信息服务优势明显，占到印度服务贸易出口的40%~50%。巴西的其他商业服务出口占比也相对较高，占其服务贸易出口的60%以上。中俄两国其他商业服务的比重则略低于世界平均水平，运输和旅游的比重相对较大。南非的其他商业服务比重最低，旅游业发达，占其服务贸易出口的60%以上。相比之下，印、巴的服务贸易结构更加合理，均是现代服务贸易发展优于传统服务贸易，中俄和南非则在传统服务贸易领域保持优势，现代服务贸易发展相对不足。

表 14-1　2006~2008 年"金砖国家"服务贸易各行业出口占其服务贸易出口总额的比重

单位：%

国别	年份	服务贸易（100）			其他商业服务				
		运输	旅游	其他商业服务①	通信	建筑	保险	金融	计算机和信息服务
中国	2006	22.84	36.90	40.26	0.80	2.99	0.60	0.16	3.21
	2007	25.63	30.47	43.90	0.96	4.40	0.74	0.19	3.56
	2008	26.11	27.76	46.12	1.07	7.02	0.94	0.21	4.25
印度	2006	10.84	12.38	76.77	3.13	0.89	1.60	3.38	41.72
	2007	10.39	12.34	77.27	2.70	0.87	1.73	3.89	43.11
	2008	10.99	11.49	77.51	2.35	0.70	1.50	3.94	47.96
俄罗斯	2006	32.41	24.52	43.06	2.58	9.81	1.21	1.89	2.03
	2007	30.13	24.06	45.80	3.24	8.79	0.97	2.99	2.79
	2008	29.37	23.10	47.53	2.92	9.12	1.26	2.58	3.21
巴西	2006	17.67	22.18	60.16	1.06	0.12	1.67	3.79	0.52
	2007	17.20	20.68	62.13	1.15	0.07	2.27	4.55	0.67
	2008	17.77	19.00	63.23	1.53	0.08	2.72	4.06	0.62
南非	2006	12.18	66.48	21.34	2.13	0.33	1.25	5.78	1.05
	2007	13.04	63.53	23.44	1.69	0.39	1.55	6.34	1.61
	2008	12.16	62.13	25.71	1.64	0.45	1.96	6.29	1.59

资料来源：UNCTADSTAT。

（二）"金砖国家"服务贸易竞争力比较

国际上测算贸易竞争力的常用工具有国际市场占有率、贸易竞争力指数和显性比较优势指数等，本报告将采用这三个指标对中国、印度、俄罗斯、巴西和南非的服务贸易竞争力进行分析比较。

1. 国际市场占有率

国际市场占有率（International Market Share，IMS），指一国某产品（服务）出口额占世界该产品（服务）出口总额的比例，反映一国某产品（服务）出口的整体竞争力，其计算公式为：

$$IMS_{ij} = X_{ij}/X_{wj} \tag{14-1}$$

---

① 其他商业服务（other commercial services）包括通信、建筑、保险、金融、计算机和信息服务、专利和特许、咨询、个人文化娱乐、其他商业服务（other business services）等。

式中，IMS_{ij} 表示 i 国 j 产品（服务）的国际市场占有率，X_{ij} 为 i 国 j 产品（服务）的出口额，X_{wj} 为世界 j 产品（服务）的出口总额。IMS_{ij} 值越高，表示该产品（服务）在国际市场的竞争力越强。

2000~2009 年（见表 14-2），中、印、俄三国服务贸易的国际市场占有率稳步上升，中国从 2000 年的 2.12% 上升到 2009 年的 3.87%，印度从 1.16% 上升到 2.72%，俄罗斯从 0.67% 上升到 1.25%。巴西服务贸易的国际市场占有率在个别年份出现下降，但总体呈上升态势，不过增速慢于前三个国家。南非服务贸易的市场占有率有升有降，10 年间一直保持在 0.3%~0.5% 之间。从出口规模看，中国服务贸易出口占世界的份额最大，2008 年和 2009 年已接近 4%，其次是印度，2006 年以来均在 2.5% 以上，俄罗斯和巴西相对较小，南非则更小。

表 14-2　2000~2009 年"金砖国家"服务贸易市场占有率

单位：%

	2000 年	2001 年	2002 年	2003 年	2004 年	2005 年	2006 年	2007 年	2008 年	2009 年
中国	2.12	2.28	2.53	2.60	2.94	3.08	3.34	3.71	3.89	3.87
印度	1.16	1.19	1.24	1.33	1.80	2.18	2.53	2.64	2.72	2.72
俄罗斯	0.67	0.78	0.89	0.90	0.97	1.03	1.13	1.19	1.35	1.25
巴西	0.66	0.64	0.61	0.58	0.59	0.66	0.71	0.73	0.81	0.83
南非	0.35	0.33	0.32	0.47	0.46	0.47	0.44	0.42	0.34	0.36

资料来源：UNCTADSTAT，WTO International Trade Statistics。

2. 显性比较优势指数

显性比较优势指数（Revealed Comparative Advantage，RCA）指一国某产品（服务）出口占该国总出口的份额，与世界该类产品（服务）出口占世界总出口的份额的比例。RCA 指数剔除了经济总量波动的影响，能够较好地反映一国某产品（服务）出口相对于世界平均水平的比较优势。RCA 指数的计算公式为：

$$RCA_{ij} = (X_{ij}/X_i)/(X_{wj}/X_w) \tag{14-2}$$

式中，RCA_{ij} 表示 i 国 j 产品（服务）的显性比较优势指数，X_{ij} 为 i 国 j 产品（服务）的出口额，X_i 为 i 国总出口额，X_{wj} 为世界 j 产品（服务）的出口额，X_w 为世界总出口额。

若一国服务贸易的 RCA 指数大于 2.5，表明该国服务贸易具有极强的国际竞争力；若 RCA 指数介于 1.25~2.5 之间，表明该国服务贸易具有较强的国际竞争力；若 RCA 指数介于 0.8~1.25 之间，表明该国服务具有中等比较优势；

RCA 指数低于 0.8，表明该国服务贸易处于比较劣势，国际竞争力较弱。

2000~2009 年（见表 14–3），中国服务贸易的 RCA 指数从 2000 年的 0.60 降到 2009 年的 0.46，服务贸易竞争力略微呈下降的趋势，且竞争力不强，始终未能超过 0.8。而印度服务贸易的 RCA 指数不但稳定地保持在 1.25~2.5 之间，而且总体呈上升趋势，表现出较强的国际竞争力。俄罗斯服务贸易的 RCA 指数一直在 0.5~0.6 之间，竞争力不强，处于相对比较劣势。巴西服务贸易的 RCA 指数基本在 0.60~0.8 之间，竞争力比中、俄两国略强，但与国际相比，竞争力仍然较弱。南非服务贸易的总体规模虽然小，但 RCA 指数相对较高，始终在 0.8 以上，具有中等比较优势。

表 14–3　2000~2009 年"金砖国家"服务贸易 RCA 指数

	2000 年	2001 年	2002 年	2003 年	2004 年	2005 年	2006 年	2007 年	2008 年	2009 年
中国	0.60	0.58	0.56	0.50	0.51	0.48	0.47	0.48	0.49	0.46
印度	1.55	1.48	1.44	1.49	1.79	1.84	1.97	1.96	1.90	1.60
俄罗斯	0.47	0.54	0.59	0.56	0.54	0.50	0.51	0.53	0.52	0.57
巴西	0.81	0.72	0.70	0.65	0.61	0.64	0.67	0.68	0.70	0.72
南非	0.88	0.82	0.91	1.10	1.05	1.04	1.02	0.93	0.78	0.86

资料来源：UNCTADSTAT。

分行业看（见表 14–4），占中国服务贸易出口比重较大的运输和旅游的 RCA 指数处在 0.8 以下，国际竞争力相对较弱；建筑服务发展较快，RCA 指数从 2006 年的 0.64 提高到 2008 年的 1.45，竞争力逐渐增强；现代服务业发展落后，通信、保险和金融服务的 RCA 指数始终低于其他四国，尤其是金融服务，RCA 指数仅为 0.01。印度的运输、旅游、建筑和金融服务的 RCA 指数基本都超过了 0.8，处于中等竞争力水平，其中金融服务的 RCA 指数达 0.96，在发展中国家里属于较高水平；通信和保险具有较强竞争力，RCA 指数在 1.25~2.5 之间；计算机和信息服务的 RCA 指数则高达 17.68（2008 年），显示出极强的国际竞争力。俄罗斯运输服务的 RCA 指数略高于中国，旅游服务的 RCA 指数略低于中国，通信服务在 5 国里处于中等水平，但不具国际竞争力；建筑服务竞争力很强，RCA 指数接近 1.25；保险、金融、计算机和信息服务等现代服务业 RCA 指数较低，缺乏竞争力。巴西运输和旅游服务的国际竞争力与中国不相上下，通信、保险和金融服务的 RCA 指数在 5 国里处于中等水平，但缺乏国际竞争力；建筑、计算机和信息服务 RCA 指数很低，均小于 0.1。南非旅游服务业发达，竞争优势明显，通信、保险和金融服务在 5 国里处于较高水平，RCA 指数接近 0.8；运输、建筑、计算机和信息服务在 5 国里

表 14-4　2006~2008 年"金砖国家"服务贸易分行业 RCA 指数

	年份	运输	旅游	通信	建筑	保险	金融	计算机和信息服务
中国	2006	0.47	0.64	0.15	0.64	0.13	0.01	0.33
	2007	0.54	0.56	0.19	0.99	0.16	0.01	0.35
	2008	0.54	0.54	0.22	1.45	0.20	0.01	0.40
印度	2006	0.94	0.90	2.43	0.80	1.45	0.85	18.14
	2007	0.89	0.93	2.18	0.80	1.49	0.86	17.38
	2008	0.89	0.87	1.88	0.56	1.27	0.96	17.68
俄罗斯	2006	0.72	0.46	0.51	2.28	0.28	0.12	0.23
	2007	0.70	0.49	0.70	2.17	0.22	0.18	0.30
	2008	0.65	0.48	0.64	1.98	0.29	0.17	0.32
巴西	2006	0.52	0.55	0.28	0.04	0.51	0.32	0.08
	2007	0.51	0.54	0.32	0.02	0.68	0.35	0.09
	2008	0.53	0.53	0.45	0.02	0.85	0.37	0.08
南非	2006	0.54	2.50	0.85	0.15	0.58	0.75	0.24
	2007	0.53	2.28	0.65	0.17	0.63	0.67	0.31
	2008	0.40	1.92	0.53	0.15	0.68	0.63	0.24

资料来源：UNCTADSTAT，WTO International Trade Statistics。

属于中等偏下，不具有国际竞争力。

3. 贸易竞争优势指数

贸易竞争优势指数（Trade Specialization Coefficient，TC）指一国某产品（服务）进出口差额占其进出口贸易总额的比重。TC 指数剔除了通货膨胀等宏观经济波动的影响，是反映一国产品（服务）相对于他国的竞争优劣程度的重要指标。TC 指数的计算公式为：

$$TC_{ij} = (X_{ij} - M_{ij})/(X_{ij} + M_{ij}) \tag{14-3}$$

式中，TC_{ij} 表示 i 国 j 产品（服务）的贸易竞争优势指数，X_{ij} 为 i 国 j 产品（服务）的出口额，M_{ij} 为 i 国 j 产品（服务）的进口额。

TC 指数介于（-1，1）之间。如果一国服务贸易的 TC 指数大于零，表明该国服务贸易具有较强的国际竞争力，越接近于 1，表示竞争力越强；如果一国服务贸易的 TC 指数小于零，则表明该国服务贸易不具有国际竞争力，越接近于-1，表示竞争力越弱。

2000~2009 年（见表 14-5），除印度服务贸易的 TC 指数于 2004 年由负转正外，其余 4 国的 TC 指数均小于 0，属于服务贸易净进口国。相比之下，俄巴两国服务贸易的 TC 指数比中国和南非更低，竞争力更弱。印度和俄罗斯的 TC 指数呈上升趋势，俄罗斯从 2000 年的-0.26 提高到 2008 年的-0.19，印度

表 14-5　2000~2009 年"金砖国家"服务贸易 TC 指数

年份	2000	2001	2002	2003	2004	2005	2006	2007	2008	2009
中国	−0.08	−0.08	−0.08	−0.08	−0.07	−0.06	−0.05	−0.03	−0.04	−0.10
印度	−0.07	−0.07	−0.04	−0.02	0.04	0.05	0.09	0.10	0.08	0.10
俄罗斯	−0.26	−0.29	−0.26	−0.25	−0.24	−0.22	−0.18	−0.19	−0.19	−0.19
巴西	−0.27	−0.29	−0.21	−0.19	−0.16	−0.21	−0.20	−0.22	−0.22	−0.26
南非	−0.07	−0.04	−0.05	0.02	−0.02	−0.04	−0.08	−0.09	−0.14	−0.10

资料来源：UNCTADSTAT。

则从 −0.07 提高到 0.08。

分行业看（见表 14-6），中国服务贸易 TC 指数大于 0 的行业有旅游、通信、建筑、计算机和信息服务，而运输、保险和金融则相对缺乏竞争力。印度服务贸易 TC 指数大于 0 的行业有旅游、通信、金融、计算机和信息服务。俄罗斯除运输、计算机和信息服务有一定竞争力外，其他行业 TC 指数均小于 0。巴西除通讯和建筑的 TC 指数大于 0 外，其他行业均小于 0。南非服务贸易 TC 指数大于 0 的行业较多，除运输和保险外，其他行业 TC 指数基本全部大于 0。

表 14-6　2006~2008 年"金砖国家"服务贸易分行业 TC 指数

	年份	运输	旅游	通信	建筑	保险	金融	计算机和信息服务
中国	2006	−0.24	0.17	−0.02	0.15	−0.88	−0.72	0.26
	2007	−0.16	0.11	0.04	0.30	−0.84	−0.41	0.33
	2008	−0.13	0.06	0.02	0.41	−0.80	−0.28	0.33
印度	2006	−0.53	0.12	0.57	−0.12	−0.41	0.09	0.87
	2007	−0.55	0.13	0.46	0.02	−0.36	0.02	0.83
	2008	−0.57	0.10	0.41	−0.02	−0.47	0.07	0.87
俄罗斯	2006	0.20	−0.41	−0.07	−0.20	−0.31	−0.21	0.02
	2007	0.12	−0.38	−0.01	−0.30	−0.38	−0.11	0.07
	2008	0.07	−0.34	−0.11	−0.31	−0.32	−0.22	0.07
巴西	2006	−0.31	−0.14	0.34	0.68	−0.40	−0.08	−0.90
	2007	−0.35	−0.25	0.48	0.58	−0.41	0.15	−0.87
	2008	−0.32	−0.31	0.22	0.42	−0.34	0.04	−0.87
南非	2006	−0.63	0.41	0.14	0.75	−0.59	0.60	0.01
	2007	−0.61	0.38	0.01	0.79	−0.49	0.63	0.13
	2008	−0.66	0.29	−0.08	0.79	−0.40	0.73	0.02

资料来源：UNCTADSTAT。

（三）提升中国服务贸易竞争力的对策建议

通过以上分析可以发现，从总量上看，中国服务贸易总额在 5 国中居首位，服务贸易出口额占世界份额的比重最大，其次是印度，俄罗斯、巴西和南非相对较小；从结构上看，中俄和南非在传统服务贸易领域保持优势，现代服务贸易发展相对不足，印巴的现代服务贸易发展优于传统服务贸易，贸易结构更趋合理；从竞争力上看，印度服务贸易表现出较强的国际竞争力，其他 4 国服务贸易则缺乏竞争力，且长期处于逆差状态；分行业看，印度的通信、金融、计算机和信息服务竞争力优势明显，中、俄的建筑服务有较强竞争力，南非旅游业发达，通信和金融等现代服务业具有一定竞争力。针对我国服务贸易总体竞争力不强的现实，本报告提出如下对策建议。

1. 大力发展服务业，强化服务贸易基础

目前，全球服务业占 GDP 的比重平均在 60% 以上，主要发达国家达 70% 以上。"金砖国家"也要高于中国。从表 14-7 可以看出，印度服务业占 GDP 的比重在 50% 以上，俄罗斯达到世界平均水平的 60%，巴西则已超过世界平均水平，接近发达国家水平，相比之下，中国服务业占 GDP 的比重明显偏低，目前只有 43%。因此，中国服务业尚有巨大的发展空间，国家应从战略高度完善相关产业政策，重视服务业（尤其是现代服务业）的发展，形成有利于服务业发展的产业政策体系，逐步提高服务业在三次产业中的比重，转变经济和外贸发展方式，力争实现服务业的跨越式发展，为提升服务贸易的国际竞争力打下坚实基础。

表 14-7 2004~2010 年 4 国服务业占 GDP 的比重

单位：%

	2004 年	2005 年	2006 年	2007 年	2008 年	2009 年	2010 年
中国	40.4	40.5	40.9	41.9	41.8	43.4	43.0
印度	53.0	52.9	52.9	52.7	54.1	55.2	-
俄罗斯	58.0	57.0	58.2	59.2	59.6	61.5	59.2
巴西	63.0	65.0	65.8	66.6	66.2	68.5	67.4

资料来源：《金砖国家联合统计手册（2011）》。

2. 提高服务领域对外开放水平

以印度为例，其总体服务领域开放程度高于中国。至 2007 年 1 月，其大

部分产业的开放程度已明显高于其在 WTO 框架下的承诺。尽管各部门之间的开放程度仍存在明显差异，但其软件产业的开放度却尤其值得中国借鉴。

加入世贸组织时，我国在服务贸易市场准入方面作了广泛的承诺，并在 5 年全面履行完毕。目前，我国服务业开放涵盖了《服务贸易总协定》12 个服务大类中的 10 个，共涉及 160 个小类中的 100 个，占服务部门总数的 62.5%。然而，与制造业对外开放相比，我国服务业整体开放程度相对较低，开放时间较晚，在外资准入资格和进入形式等方面还存在较多限制。为此，我国应结合自身服务业发展水平，进一步规范服务行业外资准入制度和相关法律法规，有选择、有步骤地放宽市场准入条件，加大税收、信贷等政策的优惠力度，吸引跨国公司对华直接投资，引导外资更多投向知识、技术密集型的现代服务业部门。

3. 加强政府扶持和引导力度，积极推进新兴服务贸易发展

我国服务贸易结构仍有待改善，目前优势主要体现在旅游、运输等传统部门，高附加值和技术含量的现代服务业发展落后。服务贸易三大行业中，我国其他商业服务出口占服务贸易出口的比重还不到 50%，低于世界平均水平，而巴西和印度则分别达到 60% 和 70% 以上。对此，我国既要努力追赶发达国家水平，又要同发展中国家竞争以尽快改善服务贸易结构，其中需要政府加强扶持和引导力度，特别是促进新兴服务贸易的发展。我国要在继续扩大具有比较优势的传统服务贸易出口的同时，积极推进新兴服务贸易发展，重点加强金融、保险、计算机和信息服务、生物、国际物流、文化贸易等领域的出口能力；大力承接国际服务离岸外包，建立若干服务外包基地和示范区，以此为突破口参与服务全球化进程，带动我国服务贸易发展。为此，我国政府应加大对现代服务贸易行业的扶持力度，在税收、信贷、供地、出口收汇保险等方面给予优惠和政策倾斜，鼓励金融机构开发和提供能够满足服务企业需要的新产品，引导服务贸易各行业均衡发展，提升我国服务贸易的总体竞争力。

4. 完善服务贸易法律体系，提高管理水平

目前，我国服务贸易法律体系不健全，相关立法工作滞后，部门间合作不够协调，还存在地方分割和行业保护的现象，这些都严重制约了我国服务贸易的发展。为此，应结合我国国情，尽快建立符合国际规范的服务贸易法律法规体系，并切实提高工作和管理水平，明确各部门职责，为服务贸易发展提供制度保障和良好的外部环境。此外，要注意做好服务贸易的基础统计工作，以跨境贸易和附属机构为两条主线，按照联合国等国际组织规定的标准建立我国的服务贸易统计体系，完善统计方法，增强统计的时效性、规范性和可比性，为

国家制定政策和对外谈判提供详细可靠的信息依据。

5. 强化服务贸易专门人才培养

人力资本是服务价值构成的关键因素，高素质、复合型的专门人才是服务贸易发展的有力支撑，尤其在知识、技术密集的新型服务行业，对从业人员的素质和专业水平提出了更高要求。目前，我国服务贸易人才匮乏，技能型人才供应不足且结构不合理，制约了我国服务贸易的发展。据调查，我国在服务外包、物流运输、金融、保险、会展、工程承包、健康服务等行业的人才缺口很大，尚不能适应服务贸易发展的需要。因此，应重视对服务贸易人才的培养，制定教育改革方案，加大高等院校、职业技术学校以及社会培训机构对相关课程的投入和人才输出；完善人才激励机制，在企业内部建立有效的职业培训计划，加强对员工的职业培训，不断提高其综合素质，为我国服务贸易发展提供人才保证。

6. 充分发挥行业协会等中介组织的作用

我国可借鉴美国、印度等利用行业协会推动本国服务贸易发展的成功经验，积极培育建立以服务企业为主体的行业协会、进出口商会等中介组织。服务贸易行业协会的职责包括：加强对服务企业的监督和管理，维护市场稳定，促进公平竞争；关注国内外服务行业的发展动态，为企业提供信息咨询服务，帮助企业及时了解国外相关政策和市场信息；制定服务行业的标准和规范，协助政府尽快完成服务业标准化工作，建立健全我国服务业标准体系；搭建服务企业交流与合作的平台，提高共同抵御、应对风险的能力，提高行业整体形象；协调政府和企业以及行业内部各企业之间的关系，与国外有关协会或商会建立联系。通过充分发挥行业协会的桥梁和纽带作用，整合我国服务行业资源，促进我国服务贸易企业整体竞争力的提高。

参考文献：

［1］殷凤、陈宪：《国际服务贸易影响因素与我国服务贸易国际竞争力研究》，《国际贸易问题》，2009 年第 2 期。

［2］刘海云、余道先：《中国服务贸易：总量增长与结构失衡》，《国际贸易》，2008 年第 2 期。

［3］吕世平、范蕾：《中国服务贸易国际竞争力的比较研究》，《国际贸易》，2006 年第 8 期。

［4］董小麟、董苑玫：《中国服务贸易竞争力及服务业结构缺陷分析》，《国际经贸探索》，2006 年第 11 期。

［5］黄庐进、王晶晶：《中国和印度服务贸易国际竞争力的比较研究》，《财贸经济》，2010 年第 1 期。

后　记

实事求是地讲，服务贸易对于许多人而言还比较陌生，其对中国经济的重要作用也仍未得到深刻理解。这在很大程度上是因为长期以来中国服务业，特别是现代服务业的发展滞后，导致中国的服务供给能力大大落后于世界对高品质服务的需求，表现在国际收支平衡表中，即中国服务贸易占国际贸易总额的比重极小，同时长期处于逆差状态。

但也要注意到另一个事实：1978 年改革开放以来，特别是 2001 年中国加入世界贸易组织之后，中国服务部门的改革与开放为改善中国经济结构、提高人民收入和生活水平、提供可持续发展的动力做出了重要的贡献。同时，中国服务部门的市场竞争和开放程度总体上已经大大提高，截至 2010 年，中国已经开放了 100 多个服务贸易部门。这无疑为中国市场经济体制的完善创造了良好的条件。

如何发展服务贸易？这是对中国未来发展至关重要的问题，需要学界、政府、企业的共同关注。作为专注于服务贸易研究领域的学者，我们希望通过自己的研究成果来为中国服务贸易和中国经济的发展出谋划策。这部《中国服务贸易研究报告 No.1》集合了众多国内著名学者的最新研究成果，不仅加深了对中国服务贸易的整体认识，还深刻剖析了制约中国服务贸易发展的问题，并提供出了相应的对策建议。

如此群策群力地专门就服务贸易问题进行分析研究，且不停留于介绍现状，在中国尚属首例。正因为如此，我们要特别感谢支持帮助本研究报告形成的各位学者和领导。没有他们的支持和帮助，这份报告无法如此顺利地出版。除了直接参与本报告编写的作者外，我们还要真诚感谢在本次报告中提供建议帮助的各位学者和领导，他们包括澳大利亚阿德莱德大学 Findlay 教授，财贸所的高培勇所长、荆林波副所长、史丹副所长、林旗副所长、夏杰长所长助理、冯雷研究员等，以及科研处各位老师。同时，还要特别感谢经济管理出版社沈志渔总编辑、徐雪编辑的帮助，他们在本书的出版工作中付出了辛勤的劳动。

当然，我们也注意到，由于这是首次尝试，而且任务繁重，其中难免有些不尽如人意的地方。对此，我们真诚地欢迎来自各方面的批评和建议，以此作为我们继续进步和完善的基石，同时我们也希望更多相关领域的研究者能够加入进来，提供更多真知灼见，为我国服务贸易和国民经济的健康发展献计献策。

冯永晟

2011 年 11 月